Phillip Wearne
Die Indianer Amerikas

James BraveWolf: Von nun an bin ich Kriegerin – Eine indianische Erzählung ● Alexander Buschenreiter: Spuren des Großen Geistes – Indianische Weisheit der Gegenwart ● Alexander Buschenreiter: Unser Ende ist euer Untergang – Die Botschaft der Hopi an die Welt ● Walter Bauer: Grey Owl: Der weiße Indianer – Die Geschichte eines abenteuerlichen Lebens ● Vine Deloria jr.: Nur Stämme werden überleben ● Vine Deloria jr.: Gott ist rot ● Häuptling Büffelkind Langspeer erzählt sein Leben ● Häuptling Seattles Rede: Wie kann man den Himmel verkaufen? ● Elmar Engel: Blackfoot, Cree, Mohawks... – Zur Geschichte der Indianer im Norden Amerikas ● Elmar Engel: Chief Joseph, Häuptling der Nez Percé ● Elmar Engel: Die Comanchen und ihr Häuptling Quanah Parker ● Elmar Engel: Crazy Horse – Häuptling der Oglala-Sioux ● Elmar Engel: Geronimo und die Apachen ● Elmar Engel: Anahareo und Grey Owl ● Elmar Engel: Pontiac - Häuptling der Ottawa ● Elmar Engel: Sitting Bull und die Sioux ● Elmar Engel: Tecumseh und die Shawnee ● Geronimo: Ein indianischer Krieger erzählt sein Leben ● Elmar Engel: Uncas – Der letzte Mohikaner ● Barry H. Lopez: Der listige Coyote – Was sich Indianer am Lagerfeuer erzählen ● Carolyn Niethammer: Töchter der Erde – Legende und Wirklichkeit der Indianerinnen ● Renate Schukies: Hüter der Heiligen Pfeile – Red Hat erzählt die Geschichte der Cheyenne ● Schwarzer Hirsch: Die heilige Pfeife – Das indianische Weisheitsbuch der sieben geheimen Riten ● Schwarzer Hirsch: Ich rufe mein Volk – Leben, Visionen und Vermächtnis des letzten großen Sehers der Oglala-Sioux ● Wäscha-kwonnesin: Ihre Mokassins hinterließen keine Spuren – Grau-Eule erzählt ● Wäscha-kwonnesin: Im Land der Nordwinde ● Wäscha-kwonnesin: Kleiner Bruder – Grau-Eule erzählt von Indianern, Bibern und Kanufahrten ● Brigitte Weiprecht: Pocahontas und andere Töchter Manitous

Bitte fordern Sie unser kostenloses Gesamtverzeichnis an:
Lamuv Verlag, Postfach 2605, D-37016 Göttingen

Phillip Wearne

Die Indianer Amerikas

Die Geschichte der Unterdrückung und des Widerstands

Mit einem Vorwort von Rigoberta Menchú

Aus dem Englischen von Elisabeth Müller

Lamuv Taschenbuch 323

Originaltitel:
Return of the Indian Conquest and Revival in the Americas

Bitte fordern Sie unser kostenloses Gesamtverzeichnis an:
Lamuv Verlag, Postfach 26 05, D-37016 Göttingen, Telefax (05 51) 4 13 92
E-Mail: info@lamuv.de
www.lamuv.de

03 04 05 06   6 5 4 3 2 1

1. Auflage 2003
© Copryright by Phillip Wearne 1996
© Copyright der deutschsprachigen Ausgabe
Lamuv Verlag GmbH, Göttingen 1996, 2003
Zuerst erschienen beim Latin America Bureau, London 1996
Alle Rechte vorbehalten
Umschlaggestaltung: Gerhard Steidl
unter Verwendung eines Fotos von Edward S. Curtis
Gesamtherstellung: Steidl, Göttingen
Printed in Germany
ISBN 3-88977-635-3

Inhalt

Indianischer Widerstand heute

Anhang

*Für Catarina
und die Millionen Ureinwohner,
die bei der Verteidigung ihrer Heimat
ums Leben kamen*

Vorwort von Rigoberta Menchú, Friedensnobelpreisträgerin

In ganz Amerika beschäftigt man sich heute mit der Identität der indigenen Völker und beginnt, die Argumente für eine multiethnische und multikulturelle Gesellschaft ernst zu nehmen. Unsere Vielfalt wird sich als der wahre Reichtum Amerikas erweisen.

Obwohl ein weiteres Jahrtausend zu Ende geht, ohne ein Ende der schlimmen und systematischen Rechtsverletzungen an den indigenen Völkern, geben wir weder die Hoffnung noch unseren Kampf auf, um die gesellschaftlichen Beziehungen auf eine neue Grundlage zu stellen, basierend auf Gerechtigkeit, Gleichheit und der gegenseitigen Achtung unserer Völker und Kulturen.

Wir sollten anerkennen, daß die indigenen Völker in einigen Ländern die Bevölkerungsmehrheit bilden und daß sie, trotz der täglich erfahrenen Marginalisierung, der Ausgrenzung, des Rassismus und der anhaltenden bewaffneten Auseinandersetzungen, ihre politischen, wirtschaftlichen, sozialen und kulturellen Rechte einfordern, weil sie ihre alte Sehnsucht nach Gesellschaften, die auf der menschlichen Würde basieren, verwirklichen wollen.

Trotz großer Schwierigkeiten und obwohl noch ein langer und schmerzlicher Weg vor uns liegt, um der ganzen Welt die Rechte und Wertvorstellungen der indigenen Völker nahezubringen, sind wir bereits erfolgreich gewesen. Zahlreiche Länder haben durch Verfassungsänderungen Fortschritte bei der Anerkennung der kulturellen und sprachlichen Vielfalt ihrer Völker gemacht. Der Respekt zwischen indigenen und nicht-indigenen Völkern wurde dadurch gefördert, daß die technischen und wissenschaftlichen Kenntnisse indigener Völker der ganzen Gesellschaft nutzbar gemacht wurden. Diese hoffnungsvollen Tendenzen beweisen, daß Vielfalt nicht zwangsläufig Konflikt bedeuten muß, sondern daß sie für die nationale Identität und für die Weiterentwicklung der Menschheit zur Quelle des Reichtums werden kann.

Vor über fünfzehn Jahren hat die UN-Arbeitsgruppe Indigene Bevölkerungen einen Entwurf zur Erklärung der Rechte der indigenen Völker der Welt abgefaßt. Dieser Entwurf enthält die Mindestnormen zum Schutz der Rechte indigener Völker, die im Einklang mit der Natur, der Welt und dem Kosmos leben. Um Frieden zu schaffen, muß die wirtschaftliche Entwicklung mit dem sozialen, politischen und kulturellen Fortschritt einhergehen sowie mit dem Recht auf Selbstbestimmung, Gerechtigkeit und Freiheit. Es kann kein »Wachstum« geben, solange ein Volk ungebildet ist, unterernährt und vor Hunger stirbt. Es kann keinen »Frieden« geben, solange der Rassismus anhält und sich sogar noch verbreitet.

Die Erklärung ist am Ende des zweiten Jahrtausends eine Herausforderung an unser Gewissen. Jetzt, wo wir in das internationale Jahrzehnt der indigenen Völker der Welt eintreten, haben wir die Chance, unsere Hoffnungen auf einen Frieden in der Vielfalt, auf Gleichheit und Gerechtigkeit wahr werden zu lassen.

Guatemala, mein Land, hat 34 Jahre Krieg hinter sich, 34 Jahre Blutvergießen und Leid von Müttern, Witwen und Kindern – eines ganzes Volkes. Aber es findet heute ein Dialog statt, es finden Verhandlungen für eine politische Lösung statt in dem unerschütterlichen Glauben, daß kein Problem allein durch das gegenseitige Morden von Brüdern gelöst werden kann. Als Volk der Maya halten wir an der Hoffnung fest, daß der Friedensprozeß eines Tages zur vollen Anerkennung unserer Rechte und unserer Identität führen wird.

Leid und Blutvergießen führten in Guatemala dazu, daß viele Frauen beim Aufbau unserer Organisationen leitende Positionen übernahmen, um unseren Traum vom Frieden zu verwirklichen. Auf diesem steinigen Pfad haben sie Erfahrungen gesammelt, ohne die ihnen ihre Grundrechte vielleicht noch gar nicht bewußt wären. Dieser Erfahrungsschatz stimmt uns zuversichtlich. Denn die Frauen, die Witwen und Mütter, die ihre Kinder im Krieg verloren haben, sorgen mit ihrer unerschütterlichen Geduld für eine Veränderung in Guatemala; und diese Geduld geben sie an kommende Generationen weiter, so wie sie die Sitten und Werte unserer Vorfahren an uns weitergaben.

Es ist von entscheidender Wichtigkeit, daß wir immer neue Formen finden, uns zu verteidigen. Unser Volk lebt im Dauerwiderstand. Dieser Widerstand wurde nicht erst durch die jüngsten Konflikte hervorgerufen, vielmehr haben wir unsere traditionellen Werte schon immer verteidigt. Aber wir denken auch an die Zukunft und sind bereit, für die Lösung der weltweiten Krise, die eine Folge der sogenannten Modernität ist, das Beste unserer Kultur einzusetzen.

Die Menschenrechte stehen in Guatemala bei allen Gruppen auf der Tagesordnung. Das Thema Menschenrechte beschränkt sich nicht auf Opfer, Repression und Massaker. Es gibt eine umfassendere Sicht von Menschenrechten, welche die Entwicklung, den Fortschritt, das Bedürfnis nach echter Demokratie und die Erziehung miteinschließen.

Stück für Stück kommen wir voran. Wir haben schon viele Jahre gekämpft, und viele Menschen, viele treue Mitstreiter in vielen Teilen der Welt haben uns begleitet. Wir haben schon immer gesagt, daß sich Solidarität aus dem Bewußtsein entwickelt, aus der Liebe, der Liebe zum Leben und zu anderen Menschen.

Nach den langen Jahren des Kampfes scheint in dieser Epoche das Ende der 500jährigen Ungerechtigkeit, einer 500jährigen Nacht bevorzustehen. Wir schreiten ins Licht einer neuen Ära für unsere Völker. Nachdem wir so lange auf die neue Morgenröte gewartet haben, glauben wir, daß unsere Stimmen sich Gehör verschaffen, daß ihr uns zuhören werdet und unsere berechtigten Wünsche unterstützen werdet.

Die Indianer Amerikas

- In Ecuador legen Zehntausende Mitglieder indigener Völker eine Woche lang das Land lahm, indem sie Straßen blockieren und die Belieferung der städtischen Märkte verweigern. Ihre Proteste wurden als »der Aufstand« bekannt.

- In Bolivien legt der Aymara-Aktivist Victor Hugo Cárdenas bei seiner Amtseinsetzung als Vizepräsident die Vizepräsidentenschärpe über einen *vicuña*-Schal, eine traditionelle Insignie seines Volkes. In seiner Antrittsrede, die er in den drei indigenen Hauptsprachen des Landes Aymara, Guaraní und Quechua hält, kündigt er eine »neue Ära« an.

- In Mexiko nimmt eine gutgedrillte Maya-Armee vier Städte ein und zwingt die am längsten amtierende lateinamerikanische Regierungspartei zu langwierigen Verhandlungen über indigene Rechte und die Grundsätze der Demokratie.

- In Kanada verhindert der Cree-Ojibwa-Politiker Elijah Harper eine Verfassungsvereinbarung mit Quebec und ebnet den indigenen Völkern des Landes dadurch den Weg zu neuen Verhandlungen für eine Verfassung, die den Ureinwohnern das »unveräußerliche Recht zur Selbstverwaltung« einräumt.

- In Oslo wird Rigoberta Menchú Tum, eine 33jährige K'iche'-Maya, einstiges Dienstmädchen und des Schreibens und Lesens unkundige Kaffeepflückerin, die jüngste Friedensnobelpreisträgerin der Geschichte.

Es geschieht etwas in Amerika. Der hartnäckige Widerstand gegen den kulturellen Großangriff, der 1492 mit der Ankunft des verirrten Segelschiffs eines Genuesen namens Christoph Columbus seinen Anfang nahm, hat begonnen, sporadisch internationale Schlagzeilen zu machen. Damit wurde gleichzeitig ein

Mythos entlarvt – der Mythos, daß die Ureinwohner Amerikas jemals unterworfen, assimiliert oder ausgelöscht worden seien beziehungsweise daß sie niemals existiert haben. »Bei meinen Reisen durch die Welt treffe ich häufig Leute, die sich darüber wundern, daß es uns indigene Völker Amerikas überhaupt noch gibt. Sie glauben anscheinend, wir seien schon seit vielen Jahren ausgestorben«, bemerkt Rigoberta Menchú.

Die oben aufgezählten Ereignisse sind ebenso amorph und vielfältig wie die indigene Kultur selbst, denn ein allgemeines »Indianertum« ist ein europäischer Irrglaube, genauso wie die »Entdeckung« und »Eroberung« Amerikas von den Europäern erfunden wurde. Die scheinbare Erneuerung eines ethnischen Bewußtseins auf dem amerikanischen Kontinent entzieht sich jeder unter den Wissenschaftlern so beliebten Kategorisierung oder empirischen Untersuchung. Zudem ist das Phänomen allgegenwärtig, es zeigt sich irgendwo und überall von Alaska und Nordkanada bis nach Chile und Argentinien.

Diese Ereignisse stehen zwar nicht für eine einheitliche Bewegung quer durch den amerikanischen Doppelkontinent, doch verbindet sie sehr wohl ein immer lauter werdender Schrei nach Gerechtigkeit. Fragt man ihre Anführer, was der Wissenschaftler Javier Albó mit der »Rückkehr des Indianers« meint und was sie bewegt, erhält man unterschiedliche Fassungen immer derselben Antwort: »Wir fordern unsere Identität zurück«, »Wir fordern unser Recht«, »Wir wollen unsere Würde und unseren Selbstwert wiederhaben«, »Wir besinnen uns auf unseren Geist«.

Diese Ereignisse gewinnen zum Teil dadurch besonders an Bedeutung, daß sich die Berichterstattung der internationalen Medien in den vergangenen Jahren hauptsächlich mit der finsteren Seite des bekannten Schicksals der Ureinwohner Amerikas befaßt haben.

- In Brasilien starben Tausende Yanomami, weil Goldsucher ihr Territorium am Amazonas mit Krankheiten und Quecksilber verseuchten. Viele Yanomami haben keine körpereigene Abwehr gegen Krankheiten wie Masern, Windpocken oder sogar einfache Erkältungen.

- In Guatemala wurden in den achtziger Jahren des 20. Jahrhunderts ganze Maya-Dörfer niedergemetzelt oder ihre Einwohner vertrieben, als die Armee in den Berggebieten des Hochlandes im nordwestlichen Antiplano zu einem brutalen Gegenschlag gegen Aufständische ausholte.

- In Kanada fordert das Unternehmen Hydro-Quebec mit seinen Plänen, für das 12-Milliarden-US-Dollar-Projekt *Great Whale* Zehntausende Quadratkilometer Cree-Land zu überfluten, um einen Staudamm zur preiswerten Stromgewinnung für den Export zu bauen, den erbitterten Widerstand der Ureinwohner heraus.

- In Paraguay sucht die *New Tribes Mission* (Neue Stammesmission) Waldvölker auf, die bisher keinen Kontakt zur Außenwelt hatten, bekehrt sie in Missionsstationen zum Christentum und »zivilisiert« sie im Sinne ihrer eigenen engen christlichen Normen.

Krankheiten, militärische Unterdrückung, multinationaler Kapitalismus, religiöse Bekehrung... Land und Leben der indigenen Völker Amerikas sind noch heute den Kräften ausgeliefert, die vor über 500 Jahren anfingen, ihre Bevölkerungen zu dezimieren und ihre Kulturen zu zerstören. Für viele Ureinwohner nahm die Bedrohung in den letzten Jahren spürbar zu. »Sie haben uns an den Rand des Abgrunds gedrängt... jetzt wollen sie uns hinunterstoßen«, erklärt ein Innu aus Kanada.

Die zunehmende Landknappheit hat ganze Wellen von Siedlern gezwungen, in die einst abgelegenen indigenen Gebiete auszuweichen. Die freie Marktwirtschaft und die staatlichen Mittelkürzungen sorgten dafür, daß die Subsistenzwirtschaft und die geringen Sozialleistungen, die den indigenen Gemeinschaften zugestanden wurden, weiter unterminiert wurden. Bürgerkriege haben ganze Dörfer ausgelöscht, ihre Bewohner in die Flucht geschlagen, ins Kreuzfeuer genommen oder zur Parteinahme genötigt. Ein Leitartikel der indigenen Zeitschrift *Pueblo Indio* kommentiert es so: »Allein unsere Geduld hat uns vor der Vernichtung bewahrt, aber selbst die Geduld der Indianer hat Grenzen.«

Die Berichte über die erneute Bedrohung der indigenen Völker haben zumindest zur Aufdeckung eines weiteren Mythos beigetragen. Des Mythos, daß die Eroberung Amerikas, Nord-, Süd- und Zentralamerikas innerhalb weniger Jahrzehnte nach Ankunft der Europäer abgeschlossen gewesen sei; daß sie von einer Handvoll brutaler, selbst für damalige Verhältnisse, außergewöhnlich blutrünstiger und habgieriger Briganten durchgeführt worden sei; daß kein Zusammenhang bestehe zwischen den Ereignissen von gestern und heute.

Die Eroberung begann vor 500 Jahren und währt bis heute, ebenso der indigene Widerstand. »Es kommt der Punkt, an dem du es nicht mehr ertragen kannst. Das ist die Botschaft, die wir an unsere Kinder weitergeben«, sagt die Sirionó-Anführerin Juana Irubi, deren zehntes Kind Anahi Dignidad 1990 auf einem 480 Kilometer langen Protestmarsch der Ureinwohner in die bolivianische Hauptstadt La Paz geboren wurde.

Zahlen und Typen: Indigene Völker heute

Daß beides, Eroberung und Widerstand, sich bis heute fortsetzen, ist für diejenigen ein Schock, die immer dachten, die indigenen Völker Amerikas würden aussterben und allmählich durch die Assimilation an die von den Städten des Kontinents ausstrahlende »Moderne« und den »Fortschritt« verschwinden. Man sieht sich ja gern die farbenprächtigen Trachten in den mexikanischen Museen an oder die Pyramiden in den »verlassenen« Urwaldstädten Perus; die Realität in Gestalt protestierender Landarbeiter, Guerrillakämpfer oder Agitatoren unter den Slumbewohnern ist dagegen schon weniger attraktiv.

»Die Mexikaner sehen keinen Zusammenhang zwischen ihren aztekischen Vorfahren und dem armen Indio, der am Straßenrand Gemüse verkauft«, bemerkt ein Mitarbeiter des Nationalen Indigenen Instituts von Mexiko. »Für die meisten Mexikaner sind die ersten ein Symbol ihres Geschichtsstolzes, den zweiten betrachten sie als Schande der Gegenwart.« Ariel Araujo, ein Mokovi-Anführer aus Nord-Argentinien, stimmt dem zu: »Nach der offiziellen argentinischen Geschichtsschreibung wurden wir Anfang des Jahrhunderts vernichtet. Warum sollte es also heute noch über eine halbe Million von uns geben?«

Tatsächlich haben Schätzungen ergeben, daß es heute in Amerika 40 Millionen Ureinwohner gibt, das entspricht etwa sechs Prozent der Gesamtbevölkerung, und ihre Zahl nimmt rascher zu als die der übrigen Bevölkerung. Sie sind die Nachkommen der Überlebenden eines regelrechten Holocaust, der mit der Ankunft der Europäer Ende des 15. Jahrhunderts in Amerika einsetzte. Es war der größte Massenmord aller Zeiten, gefolgt von der größten Plünderung, die auf die zweifellos wichtigste »Entdeckung« der Weltgeschichte folgte.

Schätzungen über die Zahl der Bewohner Amerikas im Jahr 1492 belaufen sich auf bis zu 112 Millionen, ein Fünftel der gesamten Weltbevölkerung der damaligen Zeit. Nach Schätzungen sank sie danach durch Krankheiten, Hunger, Sklavenarbeit und kriegerische Auseinandersetzungen auf bis zu zwei Millionen. Das Fortbestehen und erneute Wachstum der indigenen Völker Amerikas ungeachtet dessen, was sie und ihre Vorfahren erleiden mußten, ist der beste Beweis für die Zähigkeit ihres Widerstands.

Die indigenen Völker von heute leben in denselben Gebieten, wo ihre fernen Vorfahren, die Azteken, Inka und Maya, bereits den Sitz ihrer Zivilisationen hatten. In Guatemala (5,4 Millionen) und in Bolivien (etwa fünf Millionen) bilden die Ureinwohner die Bevölkerungsmehrheit, in Peru sind es über acht Millionen, in Mexiko mindestens 10,5 Millionen und in Ecuador etwa 3,8 Millionen. Die drei größten Länder haben eine verhältnismäßig kleine indigene Bevölkerung: In Kanada leben schätzungsweise 892 000 Ureinwohner, das sind 3,4 Prozent der Gesamtbevölkerung, in den Vereinigten Staaten knapp zwei Millionen beziehungsweise 0,8 Prozent der Gesamtbevölkerung und in Brasilien etwa 325 000 oder 0,2 Prozent der 165 Millionen Einwohner.

Die indigenen Völker des Kontinents lassen sich traditionell in zwei unterschiedliche kulturelle Gruppen einteilen: Hochlandvölker und Tieflandvölker. Die Hochlandvölker bauen in der Regel Grundnahrungsmittel wie Mais, Bohnen und Kartoffeln auf weitgehend ungeeigneten schmalen Landstreifen in den gebirgigsten, unfruchtbarsten Gegenden der marginalen »Zufluchtsgebiete« an, in die sie über die Jahrhunderte abgedrängt wurden.

Hochlandvölker leben gewöhnlich in Dorfgemeinschaften oder Weilern mit einem, wenn überhaupt, sehr geringen Bevölkerungsanteil Nicht-Indigener. Sie sind vorwiegend in den Andenländern und nördlich davon, in Guatemala und Mexiko, anzutreffen. Viele von ihnen können nur durch zusätzliche Einkünfte als Saisonarbeiter auf Exporternte-Plantagen oder als Lohnarbeiter in den Städten überleben, wohin sie in wachsender Zahl abwandern müssen, weil sie dem doppelten Druck der Pachtzahlungen für ihr Land und ihrer wachsenden Bevölkerung nicht standhalten können.

Die Tieflandvölker stellen weniger als fünf Prozent der gesamten indigenen Bevölkerung des Kontinents, aber ungefähr 80

Prozent der verschiedenen ethno-linguistischen Gruppen. Auch sie wurden in die abgelegensten Teile des Kontinents abgedrängt. Sie fischen, jagen und betreiben Abholzungs- und Brandrodungsfeldbau sowie Gartenbau. Sie leben im Amazonasbecken, in den verbliebenen Wäldern Zentralamerikas und in kleiner Anzahl in den Prärien und der sub-arktischen Tundra Kanadas und der Vereinigten Staaten.

In einigen Gegenden deckt sich der Lebensstil von Hoch- und Tieflandvölkern, der jedoch stark abhängig ist von einem weiteren Faktor: von der Intensität des Kontakts zur herrschenden hispanischen, anglo- oder frankophonen Kultur. Am regen Kontakt zur nicht-indigenen Bevölkerung, am Tragen von deren Kleidung, an den Migrationsmustern und den europäischen Sprachkenntnissen läßt sich die im allgemeinen enge Verbindung der Hochlandvölker zur dominierenden Bevölkerung erkennen. Regierungen, politische Parteien und Gewerkschaften haben zuweilen gemeinsame Anstrengungen unternommen, die indigenen Völker in die staatlichen Institutionen zu »integrieren«, häufig indem sie sie zu »Landarbeitern« umdefinierten.

Die Tieflandvölker haben dagegen, zumindest bis vor relativ kurzer Zeit, im allgemeinen viel weniger oder gar keinen Kontakt zur Außenwelt gehabt. Als stammesbewußte und fanatisch unabhängige Ureinwohner waren die Tieflandvölker in der jüngeren Vergangenheit maßgeblich am Aufbau des indigenen Widerstands und seiner Organisationen beteiligt, wobei es ihnen gelang, trotz ihrer verhältnismäßig kleinen Anzahl, auf sich aufmerksam zu machen. »500 Jahre Kontakt haben unseren Hochland-Kollegen nichts anderes gebracht als Ausgrenzung, Ausbeutung und Elend. Dafür melden wir uns nicht freiwillig«, sagt Evaristo Nugkuag, ein Aguaruna-Anführer aus dem peruanischen Tiefland.

Sprachen: In vielen Zungen reden

Im Amerika der Gegenwart gibt es etwa 800 bekannte ethno-linguistische Gruppen – die Überreste von insgesamt auf über 2 000 geschätzten Sprachgruppen Ende des 15. Jahrhunderts. Die größte davon besteht aus den rund elf Millionen Quechua. Sie sprechen das *runasimi,* die Sprache der Inka, was in der wörtlichen Übersetzung aus dem Quechua »Mund des Volkes« oder »menschliche Rede« heißt, und leben auf dem Boden ihres einstigen Reichs, dem *Tawantinsuyu,* welches das heutige Peru, Bolivien, Ecuador, Südkolumbien und nördliche Gebiete Chiles und Argentiniens umfaßt.

Ihnen folgen die über Südmexiko, Guatemala, Belize und Honduras verstreuten Maya mit einer Bevölkerung von etwa neun Millionen, die in Hoch- und Tieflandgebieten zusammen über 30 verschiedene, jedoch verwandte Sprachen sprechen. Aymara, die drittgrößte Sprachgruppe, wird von etwa zwei Millionen Menschen gesprochen, sowohl rund um den Titicaca- und den Poopo-See in Peru und Bolivien als auch in Boliviens Hauptstadt La Paz. Nahuatl, die Sprache der Azteken, wird heute in Mexiko-City und in Zentralmexiko von etwa einer Million Menschen gesprochen und ist damit auch recht bedeutend. In Nordamerika sind Cree, mit rund 67 000 Muttersprachlern in Kanada, und Navajo, mit etwa 130 000 Muttersprachlern in den Vereinigten Staaten, zahlenmäßig die wichtigsten indigenen Sprachen.

In keinem der betreffenden Länder sind diese oder andere indigene Sprachen als offizielle Sprachen anerkannt, Quechua erlangte allerdings diesen Status kurzfristig ab 1968 in Peru unter einer Reformregierung, wurde dann aber wieder abgesetzt. Es gibt eine Ausnahme, die sogar recht ungewöhnlich ist: das Guaraní. Es ist die Muttersprache von etwa 35 000 Guaraní-Indianern in Paraguay und Zigtausenden weiteren in Bolivien, Brasilien und Argentinien.

Bevor Guaraní 1992 in Paraguay eine offizielle Sprache wurde, war es jedoch jahrhundertelang eine Verkehrssprache, insbesondere außerhalb der Hauptstadt Asunción. Ungefähr 90 Prozent der 4,2 Millionen Einwohner Paraguays sprechen es als ihre Muttersprache und behalten sich das Spanische für den öffentlichen Umgang vor. Damit ist Guaraní von der Verbreitung her die zweitwichtigste indigene Sprache des Kontinents, wobei die meisten Menschen, die es sprechen, weit von sich weisen würden, als Indigene bezeichnet zu werden. Dieser Fall illustriert die Komplexität der im folgenden Kapitel besprochenen Definition.

Die Geschichte hat gezeigt, daß die kleinsten Sprachgruppen am stärksten vom Aussterben bedroht sind. Rund 66 Prozent der ethno-linguistischen Gruppen Amerikas haben weniger als 5000 Muttersprachler; einige haben gerade eine Handvoll. In Nordamerika werden, nach Angaben des Sprachwissenschaftlers Michael Krauss von der *University of Alaska,* den Kindern 80 Prozent der indigenen Sprachen nicht mehr weitervermittelt. Wenn sich da nicht bald etwas ändere, meint er, seien diese Sprachen unwiederbringlich verloren.

Brasilien ist das Land mit der größten ethno-linguistischen Vielfalt, wobei die Angaben über die Zahl der Sprachgruppen zwischen 200 und 300 schwanken. Die bislang umfangreichste Erhebung des Ökumenischen Dokumentations- und Informationszentrums (CEDI), *Indigenous People of Brazil,* nennt eine Zahl von wenig mehr als 200 Gruppen. Davon haben 84 (40 Prozent der Gesamtzahl) eine Bevölkerung unter 200, 45 haben eine Bevölkerung zwischen 200 und 500, und 30 Gruppen haben 500 bis 1000 Mitglieder.

Das bedeutet, daß ein erheblicher Anteil, nämlich 77 Prozent der indianischen Völker Brasiliens, weniger als tausend Mitglieder haben. Nur vier Gruppen (die Guajajara, Potiguara, Xavante und Yanomami) haben eine Bevölkerung von 5000 bis 10000. Weitere vier Gruppen (die Terena, Makuxi, Tikuna und Kaingang) haben Bevölkerungen zwischen 10000 und 20000. Die Guaraní übertreffen als einziges Volk diese Bevölkerungszahlen. Die starke Verwundbarkeit der zahlenmäßig kleinen Völker erklärt, warum das größte Land Lateinamerikas seit 1900 durchschnittlich eine indigene Gruppe pro Jahr »verloren« hat, was inzwischen ein ganzes Drittel seiner Kultur ausmacht.

Die Vereinigten Staaten und Kanada stehen Brasilien jedoch in der Vielfalt und in der Verwundbarkeit kaum nach. Laut *Ethnologue: Languages of the World* gibt es in den Vereinigten Staaten über 170 bekannte Sprachgruppen. Davon haben mehr als zwei Drittel weniger als 5000 Muttersprachler. In Kanada fallen 56 der über 70 indigenen Sprachen in dieselbe Kategorie. Da überrascht es kaum, daß 90 Prozent der indigenen Sprachen Kanadas als niedergehend oder gefährdet eingestuft werden und fast 30 Prozent davon als akut vom Untergang bedroht. Trotz ihrer Vielfalt weisen die indigenen Sprachen Amerikas einige gemeinsame Züge auf, durch die sie sich deutlich von den europäischen Sprachen unterscheiden. Dazu gehören die Knacklaute, die durch eine Unterbrechung des Atems durch den unvermittelten Verschluß des Kehlkopfes entstehen, sowie das Reduplizieren, die Verdoppelung oder Verdreifachung eines Wortteils oder ganzen Wortes zur Veränderung seiner Bedeutung und die Polysynthese, die Aneinanderreihung mehrerer Wörter zu einem einzigen Wort als Bedeutungsträger dessen, was in einer europäischen Sprache mit einem ganzen Satz ausgedrückt wird.

Die Komplexität und Flexibilität indigener Sprachen wurde noch durch die Art und Weise vervollständigt, in der sie die Weltanschauung und den Bezug zur Umwelt ihrer Benutzer widerspiegelten. So schlugen sich kulturelle Normen in unzähligen sprachlichen Differenzierungen nieder, zwischen unveräußerlichen Beziehungen, zum Beispiel zu Verwandten oder auch Tieren, und weniger existenziellen Beziehungen zu Besitztümern wie Werkzeugen oder anderen Dingen. Beide Hauptsprachen der Inuit, das Yupik und das Inupik, besitzen Dutzende von Wörtern für Schnee und Eis, und die Amazonasindianer unterscheiden die wichtigen Pflanzen des Regenwaldes mit verschiedenen Bezeichnungen nach Alter und Größe.

Die indigenen Sprachen Amerikas kennen heute verschiedene schriftliche Formen. Cree beispielsweise wird immer noch mit einer 1840 von einem protestantischen Missionar erfundenen symbolischen Silbenschrift geschrieben. Cherokee wird heute mit der 1821 von Sequoyah (Charles Guess) zusammengestellten und bis heute unveränderten Silbentabelle aus 86 Buchstaben geschrieben. In der Überzeugung, daß die Macht des weißen Mannes auf seiner Beherrschung des geschriebenen Wortes beruhte, arbeitete Sequoyah, ein ungebildeter Handwerker, zwölf Jahre lang an einer Aufgabe, die normalerweise hochqualifizierten Linguisten vorbehalten ist. Aber die meisten indigenen Sprachen werden mit dem römischen Alphabet geschrieben und unterscheiden sich am deutlichsten von den europäischen Sprachen durch die Anhäufungen von Konsonanten und die Zeichen für Knacklaute (').

Namen und Identitäten

Wer sind diese Völker? Eingeborene, Stämme, Urvölker, Amerindians, Indianer, Uramerikaner, indigene Völker? Wie sollen wir sie definieren und wie bezeichnen? Wie bezeichnen sie sich selbst?

Columbus nannte sie »Indianer« und starb in der Überzeugung, die Welt umsegelt und Asien erreicht zu haben. Indem er ihnen dieses Etikett gab, das haften blieb und auf dem gesamten Kontinent inzwischen als Abwertung gilt, war er ironischerweise von der Wahrheit vielleicht gar nicht so weit entfernt. Genetiker und Archäologen vermuten, daß die Vorfahren der heutigen indigenen Völker 30 000 Jahre vor der Ankunft der Europäer die Landbrücke zwischen Asien und Amerika überquerten und über die Beringstraße den Kontinent erreichten. Die Mythen der Uramerikaner enthalten allerdings eine ganze Reihe unterschiedlicher Entstehungsgeschichten. Die ersten Menschen, die ihren Fuß auf amerikanischen Boden setzten, breiteten sich auf dem Kontinent aus und überlebten in einem der erfolgreichsten Anpassungs- und Evolutionsprozesse der Menschheitsgeschichte unter den unterschiedlichsten Umweltbedingungen, von der Wüste bis zum Urwald. Sie waren zunächst Jäger und Sammler, wurden später in großer Zahl seßhaft, betrieben Ackerbau und Viehzucht und gründeten, wie im Fall des Inka-, Azteken- und Maya-Reichs, große Zivilisationen, die dem antiken Griechenland und Ägypten in ihrer Architektur, Landwirtschaft, Mathematik und Astronomie in nichts nachstanden. Der Haupteinwand gegen die Bezeichnung »Indianer« gilt heute der Tatsache, daß sie den Ureinwohnern Amerikas von den Kolonialisten gegeben wurde. Als eurozentrischer Irrtum hält sie den Mythos am Leben, daß es ein allgemeines »Indianertum« gibt oder je gegeben hat. Im 16. Jahrhundert wiesen die indigenen Gesellschaften Amerikas aber eine weitaus größere Vielfalt auf als die in ihren Kontinent eindringenen europäischen Nationalitäten, und sie tun es bis heute.

Eine Sammelbezeichnung nimmt den indigenen Völkern die Möglichkeit, sich mit ihren eigenen Namen in ihren eigenen Sprachen selbst zu benennen, und ist daher möglicherweise ein Hindernis. »Wie ich das Wort ›Indianer‹ verabscheue ... ›Indianer‹, das wird benutzt, um etwas zu verkaufen – Andenken,

Zigarren, Zigaretten, Benzin, Autos ... Der ›Indianer‹ ist ein Phantasieprodukt des weißen Mannes«, sagt Lenore Keeshig-Tobias, ein Ojibwa aus Kanada.

Jemanden seines Namens und seiner eigenen Bezeichnung zu berauben, ihn dann nach eigenen Begriffen umzubenennen, ist der erste Schritt zur Enthumanisierung eines Menschen und ein wesentlicher Teil der Eroberung und Kolonisierung Amerikas. Das geschah in ganz Amerika, sowohl auf kollektiver als auch auf individueller Ebene, als viele Ureinwohner bei ihrer Bekehrung zum Christentum auf europäische Namen umgetauft wurden.

In diesem Buch sollen Völker und Individuen so weitgehend wie möglich mit ihren eigenen Bezeichnungen benannt werden. Da es sich jedoch um ein allgemeines Buch handelt, in dem sowohl Autor als auch Leser einen Sammelbegriff zur Beschreibung der indigenen Völker Amerikas benötigen, verwendet der Verfasser hin und wieder das Wort »Indianer«, weil es praktisch und allgemein verständlich ist, was auf »indigen«, die deutsche Entsprechung des verbreiteten spanischen Begriffs *indígena,* weniger zutrifft.

Doch der Begriff birgt eine gesunde Warnung, denn jede Verallgemeinerung ist gefährlich, um so mehr, wenn es sich um die indigenen Völker Amerikas handelt. In einigen Teilen Nordamerikas bestehen die indigenen Völker selbst auf ihrer Bezeichnung als »Indianer«. Diesen Namen tragen sie als Zeichen ihres ethnischen Stolzes, ebenso wie bestimmte Gruppen bewußt die Namen beibehalten, die ihnen von den Kolonisatoren gegeben wurden, zum Beispiel die Seminolen (»Reißausnehmer«) in den Everglades von Florida oder die Xicaques (»ungezähmte Rebellen«) aus der Provinz Yoro im mittleren Norden von Honduras.

In weiten Teilen Süd- und Zentralamerikas ist das spanische und portugiesische Equivalent *Indio* eine rassistische Beleidigung. Der Leser sollte also die Tücken der Sprache und ihrer unvermeidlichen Verallgemeinerungen stets vor Augen haben. Auf der Suche nach einer gewissen Ausgewogenheit werden in diesem Buch auch mehrere andere Termini verwendet, vor allem der Begriff »indigene Völker«, wobei der Plural »Völker« dazu dient, ihre Vielfalt zu betonen.

Zwar gibt es keine allgemein anerkannte Definition von »indigenen Völkern«, doch sollte man nicht vergessen, daß es sich bei diesem Begriff, ebenso wie bei »Indianer«, um eine von außen auferlegte Bezeichnung handelt, die relativ ist. Denn die indigenen, also eingeborenen Völker Amerikas werden ja nur deshalb als Eingeborene bezeichnet, weil sie und ihre Territorien von anderen kolonisiert wurden. Die meisten ihrer eigenen Bezeichnungen bedeuten einfach »Volk« – *Runa* auf Quechua, *Shuar* auf Shuar, *Eenou* auf Cree.

Es ist historisch unwiderlegt, daß die indigenen Völker Amerikas reinblütige Nachfahren der Uramerikaner sind. Damit unterscheiden sie sich von den weißen europäischen Invasoren und den Mestizen, *ladinos, mistis* oder Mischblütlern, die aus der Eroberung hervorgingen und heute in Ländern wie Peru, Mexiko und Ecuador die Bevölkerungsmehrheit bilden. Andererseits sind viele der heute als *ladinos* oder Mestizen bezeichneten Amerikaner rassisch eigentlich Indigene. Daher kann man sie zumindest in bezug auf ihre Rasse als ethnisch entfremdete Indigene betrachten.

Für eine soziale Klassifizierung gab es zwar im Laufe der Jahrhunderte unterschiedliche Kriterien, doch läßt sich auch heute noch der gesellschaftliche Status am besten an der Kultur ablesen. Denn, wer kulturell als hispanisch, englisch oder französisch gilt, wird unabhängig von seiner Abstammung als Nicht-Indigener angesehen. Doch überall in Amerika verflochten sich Kultur, Rasse und Klasse im Laufe der Zeit so eng miteinander, daß sie als Kategorisierungen häufig austauschbar sind. Indigene Völker sind in der Regel arm, leben auf dem Land, sind Bauern oder Jäger, unterbeschäftigt oder arbeitslos. Die »Weißen« (zumindest in Lateinamerika) sind dagegen im allgemeinen reich, leben in der Stadt, üben einen Beruf aus oder sind Geschäftsleute.

Zu wissen, was mit Kultur gemeint ist, ist das eine, sie zu definieren eine andere Sache. Theoretisch läßt Kultur sich definieren als eine Reihe gemeinsamer Werte, Überzeugungen und Praktiken, die eine Gruppe von Menschen an eine gemeinsame Lebensanschauung oder ein gemeinsames Lebensverständnis bindet. Praktisch läßt Kultur sich anhand des Lebensstils oder einer gemeinsamen Lebensweise definieren. Im spirituellen Sinne hat Kultur die Aufgabe, dem Leben Sinn und Bedeutung zu verleihen.

Trotz der kulturellen Vielfalt Amerikas lassen die Kulturen der Ureinwohner einige Gemeinsamkeiten erkennen. Traditionell gründete sich die indigene Kultur auf Ackerbau und Jagd in der einsprachigen Bauerngemeinschaft, die eine kollektive Identität besaß und häufig in ländlichen Randgebieten lebte. Das Gemeinschaftsleben wurde von einem streng rituellen Lebensablauf bestimmt, der sich auf die in der unmittelbaren Umgebung von Bergen, Flüssen und Wäldern lebenden und in der Erde ruhenden Vorfahren, Traditionen und Gottheiten berief.

Eine solche Kultur ist in den Traditionen von Zusammenarbeit, Gemeinschaft, Konsens und vor allem Kontinuität verwurzelt – Prinzipien, auf deren Einhaltung das Überleben einiger Völker allein zurückzuführen ist. »Hör auf deine Mutter, dann wirst du lange leben«, sagt ein Sprichwort der Dene.

Doch Kultur ist etwas schwer Faßbares. Europäer und Mestizen zogen es daher vor, die indigenen Völker nach Äußerlichkeiten wie rassischen Merkmalen, Kleidung und Sprache zu definieren. Unter diesen veränderlichen Charakteristika ist sicherlich die Sprache ein wichtiger oder sogar der wichtigste Hinweis auf eine Kultur.

Eine indigene Sprache ist fast immer ein einzigartiger Hinweis auf das Volk, das sie spricht, selbst wenn unterschiedliche Gruppen eine Sprache teilen. Dennoch gibt es genügend Beispiele für Individuen und sogar ganze Völker, die kulturell eindeutig Uramerikaner sind, jedoch keine indigene Sprache sprechen, sondern eine fremde (europäische oder indigene) Sprache zu ihrer eigenen gemacht haben.

Abgesehen von solchen Ausnahmen ist die Sprache das wichtigste Medium zur Vermittlung einer Kultur und ihrer Werte, was ein indigener Anführer als »Zugang zu sich selbst« beschrieb. Sie ist in vornehmlich oralen Kulturen das Hauptmittel zur Überlieferung von Mythen, Liedern und der eigenen Geschichte. »Sie erfaßt die Vorstellungen eines Volkes, seine Werte und sein Lebensgefühl«, sagt Robert St. Clair in seiner Untersuchung *Language Renewal Among American Indian Tribes.* »Jemandem seine oder ihre Muttersprache abzusprechen, ist der erste Schritt zu noch schlimmeren Formen des Völkermordes. Wenn die Sprache geht, geht auch die Kultur.«

Ein gutes Beispiel dafür bietet die in den Vereinigten Staaten in Nord-Michigan gesprochene Odawa-Sprache. Sie kennt 500 Arten, »Liebe« zu sagen. Aber 1992 gab es nur noch eine Person, nämlich Kenny Pheasant, der sie alle beherrschte. Odawa steht hier für jede bedrohte oder ausgestorbene indigene Sprache im heutigen Amerika.

Der Sioux Eli Taylor beschrieb, was der Gebrauch der indigenen Sprache und dessen Gefährdung kulturell bedeuten kann: »Unsere Muttersprache benennt die Beziehungen innerhalb der Sippe, die Aufgaben und Verantwortlichkeiten der Familienangehörigen, die Verbindungen innerhalb des größeren Clans ...

Für diese Beziehungen gibt es keine englischen Worte ... Wenn
ihr unsere Sprache zerstört, macht ihr nicht nur diese Beziehungen kaputt, sondern auch die Verbindung des Menschen zur Natur, zum Großen Geist und zur Ordnung der Dinge. Ohne unsere Sprachen werden wir aufhören, als eigenständige Völker zu
existieren.«

Beim Namen genannt: Das Recht zur Definition

Ist Kultur – insbesondere Werte und Anschauungen – der einzig
reelle Ethnizitätsnachweis, so folgt daraus, daß nur Indigene
einer spezifischen ethno-linguistischen Gruppe die Mitglieder
derselben Gruppe identifizieren können. »Ein Indianer ist jemand, der sich selbst für einen Indianer hält«, schrieb der mit
dem Pulitzer-Preis ausgezeichnete Schriftsteller N. Scott Moma-
day, ein Kiowa-Cherokee, in seinem Roman *House Made of Dawn*.
»Aber das ist nicht so einfach ... Du brauchst eine gewisse Welt-
erfahrung, um diese Vorstellung zu formulieren. Ich weiß, wie
mein Vater die Welt sah und sein Vater vor ihm. So sehe auch ich
die Welt.«

Diese Weltsicht und ihre Wahrnehmung ist für viele indigene
Anführer der Grund für den derzeitigen Aufbruch in ein neues
ethnisches Bewußtsein. »Wir haben nicht nur unsere Identität
wiederzuentdecken, sondern auch das Recht, diese Identität
selbst zu definieren. Das sollte nicht irgendwelchen europäischen oder nordamerikanischen Akademikern überlassen bleiben«, fordert Alberto Esquit, ein Maya-Archivar in Guatemala-
City.

»Die Definition der Dene ist das Recht der Dene. Die Dene
wissen, wer sie sind.« Dieser Satz wurde im Rahmen der Dene-
Deklaration bekannt, einer 1974 der kanadischen Regierung vor-
gelegten Landforderung. Die indigenen Völker Amerikas wissen

am besten, daß die Zugehörigkeit zu ihnen nicht von Federschmuck oder Körperbemalung abhängt. Wer sich damit begnügt, die indigene Kultur in Äußerlichkeiten zu suchen, wird niemals das Ganze erkennen, auf das diese hinweisen.

»Die meiste Zeit meines Lebens habe ich damit verbracht, immer wieder darauf hinzuweisen, daß ich Indianerin bin. Die Leute sagten: ›Aber du trägst Jeans, eine Uhr und Turnschuhe, und du sprichst Portugiesisch!‹« erzählt Eliane Potiguára, Potiguára-Indianerin und Gründerin des Bildungswerks indigener Frauen (GRUMIN) in Brasilien. »Diese Gesellschaft versteht Indianer nur als Nackte im Wald oder als Slumbewohner in den Großstädten.«

Die Frage der Definition wurde schon einmal vor Gericht geprüft. Als das Unternehmen Hydro-Quebec bei seiner Verteidigung gegen eine Klage der Cree vorbrachte, Kanadas Cree könnten nicht mehr als eigenständige Kultur angesehen werden, weil sie Motorschlitten führen, Hamburger äßen und mit Gewehren jagten, drehten die Richter den Spieß um. Sie verwandelten den Gerichtssaal in ein Kulturfestival, luden Älteste, Jäger und Mütter ein und gaben ihnen Gelegenheit, in ihrer eigenen Sprache durch Erzählungen, mündliche Geschichtsüberlieferungen und Lieder ihre enge Verbingung zum Land zu bezeugen. Das Gericht entschied zugunsten der Cree.

Trotzdem bleiben solche Definitionen subjektiv, selbst wenn sie von Mitgliedern derselben ethno-linguistischen Gruppe stammen. Indigene Selbstidentifikation bedeutet häufig den Bruch mit einer 500jährigen Kolonialisationserfahrung und einer auferlegten Identität. Fragt man Indigene heute, wer sie sind, werden ihre Antworten dies deutlich widerspiegeln.

In den Minen von Potosí (Bolivien) identifizieren sich die einsprachigen Bergleute der Quechua, die ihren Lebensunterhalt aus den ursprünglich von den Spaniern gebohrten Schächten schürfen, als gewerkschaftlich organisierte Bergleute und nicht als die Inka-Nachfahren *Runa*. Die Subsistenzbauern der Aymara, die auf dem Markt von Puno in Südperu Gemüse verkaufen, betrachten sich als kommunale Bauern und nicht als Abkömmlinge der lebensprühenden Kulturen am Titicaca-See. Die Mohawks, die in New York Wolkenkratzer bauen, fühlen sich mehr als Bauarbeiter und weniger als Erben der »Sechs Nationen«, des größten Indianerstaates Nordamerikas.

Diese Kategorisierungen, die Indianer sich selbst geben, beruhen nicht nur auf einer seit Hunderten von Jahren auferlegten fremden Identität und auf der Völkervielfalt, die sich hinter dem Sammelbegriff »Indianer« verbirgt. Vielmehr sind sie eine typisch indigene Überlebensstrategie, die darin besteht, die wahre Identität zu leugnen und dem *patrón* oder Boß zu erzählen, was er hören will. »Im Umgang mit der übrigen Gesellschaft müssen wir das tun, selbst wenn wir unsere Forderungen stellen, damit wir verstanden werden«, erläutert ein Maya-Aktivist. »Das kann an sich schon Kompromisse bedeuten.«

Sich selbst den zu unterschiedlichen Zeiten von Regierungen und politischen Parteien zu ihrer Kontrolle oder Mobilisierung auferlegten Identitäten gemäß zu definieren, ist für die indigenen Völker das Kernstück einer angepaßten, aber immer noch indigenen Lebensweise geworden. Die scheinbare Unterwürfigkeit ist häufig vordergründig; der wahre Indianer liegt direkt unter der Oberfläche.

Bewußt oder unbewußt haben viele den 100 Jahre alten Ratschlag des Cree-Häuptlings Pound Maker befolgt: »Unsere alte Lebensweise ist vergangen, aber das heißt noch lange nicht, daß wir uns zurücklehnen und den weißen Mann nachahmen sollten«, warnte er 1886. »Unsere Überzeugungen sind gut. Die Geister dienten uns redlich. Kein weißer Mann hat mir bisher etwas Besseres gezeigt. Wir haben jedenfalls immer nach unserem Glauben gelebt.«

Die meisten Uramerikaner wissen nur allzu gut, wer sie sind; ihr ethnisches Bewußtsein wurde durch die jahrelange Unterdrückung und den Rassismus eher geschärft als abgestumpft. Von einem Weißen danach befragt, werden sie allerdings ihr Selbstverständnis oder ihre Selbstdefinition kaum offenbaren. Denn Schmach, Ausbeutung, Verrat und »gespaltene Zungen« – eine nordamerikanische Metapher für Heuchelei – sind für sie Synonyme für die Ankunft der Europäer in Amerika.

Nach Jahren der Vertragsbrüche, Massaker und Landnahmen ist es kaum verwunderlich, daß es in der indigenen Literatur, in den Legenden und der mündlichen Überlieferung von Geschichten über die Rücksichtslosigkeit des weißen Mannes oder des Mestizen wimmelt. In der Volksmythologie nimmt er oft die Gestalt eines Kojoten, eines Raben oder Fuchses an – die listigsten und unverschämtesten Mitglieder des Tierreichs. Der Nahuatl-Dichter Joel Martínez Hernández drückt es so aus:

Se tsontlixiutl in techmachte	400 Jahre lehrten uns,
tlen kineki koyotl.	was der Kojote will.

Der Stolz, sich als Mitglied einer ethnischen Gruppe zu bezeichnen, ist ein Phänomen, das im zeitgenössischen Amerika zunimmt. Was die indigenen Führer »unsere Identität zurückfordern« nennen, bedeutet häufig, angesichts einer verstärkten Bedrohung der indigenen Kultur, den historisch begründeten ethnischen Stolz und das Selbstwertgefühl wieder aufzurichten. Völker, die sich jahrhundertelang geschämt oder gefürchtet haben, zu verunsichert oder einfach zu unbewußt waren, um zu ihrer eigenen Identität und ihrem Erbe zu stehen, geschweige denn diese einzufordern, erleben heute ihr »Coming-out«. »Es geht darum, die Wirklichkeit zurückzugewinnen«, betont der uruguayische Schriftsteller Eduardo Galeano. »Die hinter Lügen verborgene und verratene Wirklichkeit der Geschichte Amerikas muß wieder zum Vorschein kommen, um unsere aktuelle Wirklichkeit zu verändern.«

Zur Beseitigung dessen, was Galeano als »kollektiven Gedächtnisschwund« bezeichnete, trugen mündliche Geschichtswerkstätten, Radiosender in indigenen Sprachen, Zeitungen und Literatur in den Indianersprachen bei sowie ein wachsendes Interesse an der traditionellen Religion und Medizin. Ein Flüchtling der Mam im mexikanischen Exil beschreibt, wie sich dieser Bewußtseinsprozeß vertieft. »Je mehr man über sich selbst und sein Volk erfährt, desto mehr begreift man, daß die Invasoren nicht nur unsere Bodenschätze, unser Land und unser Leben gestohlen haben, sie haben auch unsere Geschichte, unsere Nationalität, unsere Erinnerung und sogar unsere Seele gestohlen.«

Das Zurückfordern der Identität geht mit der Forderung nach den alten Namen von Personen, Kollektiven und Orten einher. Während Hunderte indianischer Namen auf den heutigen Landkarten Amerikas als Ortsbezeichnungen auftauchen oder in der englischen, spanischen oder französischen Alltagssprache verwendet werden, sind Tausende anderer Worte verlorengegangen, wurden fehlinterpretiert oder mit einem fremden Alphabet oder in einer Sprache, die nie dazu bestimmt war, sie aufzunehmen, falsch buchstabiert.

Heutzutage fordern viele Uramerikaner ihre angestammten Namen zurück, während indianische Sprachwissenschaftler die indigenen Laute neu definieren. Viele Eigennamen in diesem Buch tragen diesem Prozeß Rechnung und sind daher für einige Leser nicht mehr unmittelbar zu erkennen. Beispielsweise wird die peruanische Stadt und einstige Hauptstadt des Inka-Reichs Cuzco Qosqo geschrieben, Carib wird Kwaib geschrieben und Quiché K'iche'.

Nationen und Völker:
Selbstidentifikation, Selbstbestimmung

In den Büros von Dachverbänden wie der *Organización Nacional de Indígenas de Colombia* (ONIC – Nationale Organisation der indigenen Völker Kolumbiens) in Bogotá definieren sich die indigenen Aktivisten heutzutage als »Volk« im Sinne ihrer »Nationalität«, zum Beispiel Páez, Guambiano oder Guajiro. Das klingt revolutionär und ist es auch.

Erstens ist das ein Angriff auf das festgefügte zentralistische Bild des herrschenden Nationalstaates, der eine seiner brutalsten Ausdrucksformen in Amerika mit der Aufopferung vor allem der indigenen Völker fand. Zweitens wird damit der Tatsache Rechnung getragen, daß sich eine »Nation« traditionell durch die Ethnizität und ihr Territorium definierte. Heute könnten sich Hunderte verschiedener ethnischer Gruppen in Amerika aufgrund beider Aspekte mit Fug und Recht als eigene Nationen bezeichnen.

Bis zur Unabhängigkeit Amerikas Ende des 18., Anfang des 19. Jahrhunderts bezog sich das Wort »Nation« immer auf die Ureinwohner des Kontinents. Die indigenen Nationen Amerikas füllten die Nationalität des Kontinents zuallererst mit Inhalt, einem Inhalt, der ihnen später von den »Patrioten« entwendet wurde, als diese für die Unabhängigkeit von Spanien, Portugal und England kämpften.

Unter anderem durch die heutige Definition des Begriffs der »Nation« fordern indigene Organisationen diesen Teil der Geschichte zurück, ebenso wie sie ihre Identität, ihre »Ethnizität« zurückfordern. Der Schlüssel zu beidem ist das Territorium, der Zugang und die Verfügungsgewalt über Boden, Untergrund, Luft, Gewässer, Meer, Eis und andere natürliche Reichtümer, aus denen die Ressourcen der indigenen Völker von der Antarktis bis zum Nordpol bestehen.

Das Recht auf ein Territorium beinhaltet das Recht auf eine eigene Lebensweise, das Recht zu jagen, zu fischen und, im Falle der Tieflandvölker, das Recht zum Abholzungs- und Brandrodungsfeldbau. Da das Konzept des Territoriums auch das Recht auf Land umfaßt, schließt es, im Falle der Hochlandvölker, das Recht auf eine kommunale Landwirtschaft ein. Doch es bedeutet noch mehr, vor allem das Recht der indigenen Völker, ihre eigene Rechtsprechung zu üben, einschließlich der Wahrung des Gewohnheitsrechts.

Somit gibt die Verfügungsgewalt über ein Territorium den indigenen Völkern die Chance zur »Selbstbestimmung«, das heißt zur Bestimmung ihrer eigenen zukünftigen Entwicklung und somit das Recht, eine eigene Nation zu sein. Das ist der Kern des neuen indigenen Bewußtseins in Amerika und damit der Grund, weshalb sich die Regierungen Amerikas an den Begriffen »Territorium«, »Selbstbestimmung«, »Völker« und »Nationen« stoßen.

Diese Begriffe stellen die gängigen Regierungsdefinitionen von »Souveränität« und »Nationalstaat« in Frage. Darum geht es, wenn in Amerika und anderswo von der »nationalen Frage« die Rede ist. Wenn Chile ein Staat ist, wie können die Mapuche sich dann als Nation bezeichnen? Können sich die Navajo in den Vereinigten Staaten, die Cree in Kanada und die K'iche' in Guatemala auch als Nation bezeichnen?

Ironischerweise stützen sich die territorialen Ansprüche der indigenen Völker mittlerweile auf das Konzept des Landenteignungsrechts, das die Staaten herkömmlicherweise als legales Mittel anwandten, um die Unveräußerlichkeit des nationalen Territoriums zu beweisen und ihr Recht, es im nationalen Interesse zu besetzen. Die indigenen Nationen wandten dieses Konzept auf sich an, da ihnen das Land schon vor der Kolonisierung gehörte. Sie argumentieren, daß sie die älteren Rechte haben, welche vor den später von den Nationalstaaten eingeführten Gesetzen Vorrang haben.

Es stellt sich die Frage, wie sich mehrere »Nationen« die Souveränität innerhalb eines gemeinsamen Territoriums oder, wie im Falle der Yanomami in Brasilien und Venezuela, sogar über bestehende Grenzen hinweg, teilen können. Viele indigene Völker wundern sich allerdings, daß das ein Problem sein soll. »Im Amazonasgebiet, in einer 1964 gegründeten Provinz, forderte man Besitztitel für das Land von uns... Von uns, die wir Tausende von Jahren die Eigentümer dieses Landes waren!« empört sich Ampam Karakras von der *Confederación de Nacionalidades Indígenas del Ecuador* (CONAIE – Verband indigener Völker Ecuadors). »Wir leben im eigenen Land im Exil. Deshalb fordern wir mehr Autorität.«

Einige indigene Führer unterscheiden zwischen der sogenannten internen Selbstbestimmung – dem Recht zur Kontrolle über Erziehung, soziale Angelegenheiten, Gesundheitsfürsorge, Religion und kulturelles Leben – und der externen Selbstbestimmung, zu der Landesverteidigung, Auslandsbeziehungen und Außenhandel gehören, die weiterhin Obliegenheiten einer größeren politischen Einheit, beispielsweise eines Bundesstaates, bleiben sollen.

Doch für viele wird hier lediglich zwischen Autonomie und echter Selbstbestimmung unterschieden. Sie betrachten die interne Selbstbestimmung als Trittbrett zur externen Selbstbestimmung, wenn die betreffende Nation sich dafür entscheidet. Einige haben sich bereits dafür entschieden und sind jetzt dabei, diesen Beschluß in die Tat umzusetzen. Das Volk der Shoshone im Südwesten der Vereinigten Staaten besitzt schon eigene Pässe, während die Nation der Mohawk sich einer eigenen Botschaft in der holländischen Stadt Den Haag rühmen kann.

Fast ausnahmslos streben die indigenen Völker und Organisationen Amerikas eine pluralistische, »multi-nationale« Gesellschaft an, die Assimilation und Integration ablehnt, allerdings noch mehr die totale Separation. Das gemeinsame Ziel besteht in den Worten des bolivianischen Vizepräsidenten und Aymara Victor Hugo Cárdenas darin, »eine multikulturelle, multiethnische Gesellschaft aus mehreren Nationen aufzubauen«. Ein Maya-Aktivist faßte dies in die Worte: »Wir wollen in den Staaten, aus denen wir so lange ausgeschlossen waren, eine Rolle spielen und sie weder stürzen noch zerstören.«

Vor der Ankunft der Europäer war Amerika »multi-national«. Daher waren die indigenen Völker seit dem Beginn der Eroberung immer wieder verwundert über das Bedürfnis der Kolonisten, ihnen eine fremde Identität aufzuzwingen. Für sie zeugt das von mangelndem Respekt, und die indigenen Anführer riefen in einer Stellungnahme nach der anderen zur gegenseitigen Toleranz und Akzeptanz zwischen den Völkern auf, um das Zusammenleben aller zu ermöglichen. »Wir wollen nur die gleichen Lebenschancen wie andere Menschen. Wir wollen als Menschen anerkannt werden«, so lautete die Bitte von Chief Joseph von den Nez Perce an den Kongreß der Vereinigten Staaten im Jahr 1879.

»Ihr sagt: ›Warum bestellen die Indianer nicht den Acker und leben wie wir?‹ Dürfen wir mit gleichem Recht zurückfragen, warum die Weißen nicht jagen und leben wie wir?« fragte Corn Tassel, ein Cherokee-Vertreter die US-Kommission im Jahr 1785. »Wir sind verschiedene Völker!« Die pluralistische, multiethnische Vielfalt war für die Ureinwohner nicht nur möglich, sondern vollkommen selbstverständlich, ein Spiegelbild der sie umgebenden Natur. Wie Tatanka Yotanka (Sitting Bull), der große Sioux-Häuptling des 19. Jahrhunderts, sagte: »Es ist nicht nötig, daß Adler zu Krähen werden.«

Für die indigenen Völker ist es lebensnotwendig, als »Nationen« und »Völker« betrachtet zu werden statt lediglich als »ethnische Gruppen« und »Leute«. Denn in bezug auf kollektive

Rechte und Selbstbestimmung kommt der Terminologie in der internationalen Gesetzgebung eine besondere Bedeutung zu. »Völker« haben ein Recht zur Selbstbestimmung, während ethnische Gruppen bestenfalls Minderheitenrechte in Anspruch nehmen können.

Bei dem Versuch, die indigene Identität zu definieren, stellt sich jedem Außenstehenden ein weiteres ernsthaftes Problem, denn sie verändert sich häufig. Von den Inuit der kanadischen Arktis bis hin zu den Mapuche in Südchile definieren die indigenen Völker Amerikas ständig ihre Identität neu. Früher waren sie fast alle Subsistenzbauern, Tagelöhner oder Jäger, sie waren einsprachig, Analphabeten, lebten auf dem Land und waren gesellschaftlich ausgegrenzt. Heute leben Millionen Indigener in Städten und Großstädten; Hunderttausende arbeiten im Handel oder in Fabriken; Zigtausende sind perfekt zweisprachig oder sogar dreisprachig, und Tausende haben Universitätsabschlüsse und üben einen Beruf aus. Sie beweisen eine der herausragendsten Qualitäten ihrer Vorfahren, nämlich die Fähigkeit, in einer fremden, oft feindlichen Umgebung eine neue Lebensform zu finden, ohne ihre Identität oder ihre Werte zu verlieren.

In den Büros ihrer Organisationen, bei ihren Zeitungen oder Radiosendern und in ihren Regierungsämtern kämpfen viele der neuen »Stadtindianer« an vorderster Front um die Rechte der Uramerikaner. Sind sie deshalb weniger indigen? Viele von ihnen würden genau das Gegenteil behaupten, weil die Erfahrung der größeren Welt sie kulturell aufgeweckt und politisch aufgerüttelt hat, selbst wenn Außenstehende das noch zu erkennen haben.

»Nur die westlichen Anthropologen wollen uns auf den Zustand des edlen Wilden einfrieren«, beschwert sich Valerio Grefa im Innenstadtbüro der *Coordinadora de Organizaciones Indígenas de la Cuenca Amazonica* (COICA – Koordination der Indigenen

Organisationen des Amazonasbeckens), in Quito (Ecuador). »Wer sagt denn, daß ich kein Quichua sein kann, weil ich in einer Großstadt wie Quito die größte multinationale Organisation der indigenen Völker Amerikas führe? Wer definiert mich wohl am treffendsten – ich oder sie?«

Kultur ist nie etwas Statisches gewesen, vielmehr muß sie sich weiterentwickeln, um zu überleben. Viele Muster, die indigene Frauen heute in ihre Stoffe und ihre Kleidung weben, würden von ihren Urgroßeltern nicht mehr als Muster der Maya, Mixteken oder Mohawks erkannt werden und gehören trotzdem zur indigenen Kultur.

Die überall in den Büros der indigenen Organisationen zu sehenden Funktelefone, Funkgeräte, Computer, Modems, Faxgeräte und Videorecorder sind ein Teil der Lösung, nicht des Problems. Sie sind ein Mittel, sich zur Wehr zu setzen und zu agitieren, nicht ein Mittel für den Umsturz und zur Zerstörung. »Kultur ist die Art, wie wir überleben. Anpassung und Veränderung gehören zum Überleben«, erläutert der Mohawk-Führer Kenneth Deer.

Die Identität zurückerobern: Ein wechselhaftes Ziel

Identität ist auch in einem anderen Sinne veränderlich, weil sie zu unterschiedlichen Zeiten etwas Unterschiedliches sein kann. Einem Uramerikaner ist es durchaus möglich, gleichzeitig oder zu verschiedenen Zeiten unterschiedliche Identitäten anzunehmen und nach Gutdünken in verschiedenen Kulturen ein- und auszugehen. »Die Indianer haben angefangen, ihre Identität strategisch und opportunistisch zu nutzen«, bemerkt Tomás Huanca, ein Ethno-Historiker der Aymara. »Aber niemand ist weniger Aymara, Quechua oder sonstwas, weil er oder sie seine beziehungsweise ihre Ethnizität auf intelligente Weise einsetzt.«

Umstände, Interessen und Motive sind jeweils ausschlaggebend dafür, welche Identität jemand zu einem bestimmten Zeitpunkt annimmt. »Es ist nichts Außergewöhnliches, einen peruanischen Tieflandindianer sagen zu hören: ›Wir Peruaner müssen
alle zusammenhalten‹, wenn er sich für irgendein Bürgerrecht
einsetzt, und ihn im nächsten Augenblick schimpfen zu hören:
›Diese verdammten Peruaner!‹, weil das Flußtal seiner Urwaldge-
meinde von Siedlern in Beschlag genommen wurde«, bemerkt
ein Anthropologe.

In Amerika gibt es unzählige Beispiele von Indianern wie den
Cree, die gelegentlich in den gefrorenen Niederungen Quebecs
jagen, nicht weil sie es für ihren Lebensunterhalt bräuchten, sondern weil das Jagen zu ihrem Selbstverständnis gehört und ihr
kulturelles Erbe ist; oder wie den Maya, die in Guatemala-City
Hosen und Hemden aus Synthetik tragen, während sie in selbst-
gewebten Trachten in ihre Bergdörfer zurückkehren; oder wie
den Aymara, die zur Saat- und Erntezeit ihre Jobs in La Paz aufgeben, damit sie sich um den im Heimatdorf behaltenen Hof der
Familie kümmern können.

Die Schwierigkeiten einer Identifikation lassen sich hervorragend am Beispiel von El Salvador veranschaulichen, dem dichtest besiedelten amerikanischen Land, das in Zentralamerika
zwischen Guatemala und Honduras eingezwängt liegt. Anthropologen schätzen, daß etwa 500 000 Einwohner von El Salvador,
also knapp zehn Prozent der Gesamtbevölkerung, sich selbst als
indios oder *naturales* bezeichnen und von anderen als solche identifiziert werden. Doch im Laufe der Zeit haben sie sämtliche
Merkmale ihrer Identität verloren, einschließlich ihrer Sprache,
ihrer Kleidung und dem größten Teil ihrer Kultur und ihrer Sitten. Aus anthropologischer Sicht sind sie fast vollständig »akkulturiert«. Wie werden sie dann als *indios* identifiziert? Welche
Identität geben sie sich selbst? Sie sehen sich als die ärmeren Spa-

nier, identifizieren sich mit Armut, einem geringen Selbstwert und einer größeren »Gottesnähe« als ihre mestizischen Landsleute, folgert der Anthropologe Mac Chapin aus umfangreichen Feldstudien in El Salvador.

Daraus schließt Chapin: »Man könnte sagen, daß die salvadorianischen Indianer ihre kollektive Identität und ihren Zusammenhalt als ethnische Gruppe hauptsächlich aus ihrer Rolle als Opfer der Ungerechtigkeit und maßlosen Ausbeutung beziehen.« Die gemeinsame Geschichte in einer »Kultur der Armut« oder einer »Kultur der Unterdrückung« – wenn man es so nennen will – ist wahrscheinlich das einzige, was sie verbindet. Doch eine gemeinsame Kultur dieser Art gibt es überall, ungeachtet dessen, welche indigenen Merkmale andere Gruppen beibehalten konnten.

Die Untersuchung über El Salvador machte deutlich, wie verfänglich Begriffe wie »Akkulturation« und »Assimilation« oder auch die Begriffe der Identifikation sein können. Leute als akkulturiert oder assimiliert zu bezeichnen, schließt aus, sie als Indigene zu definieren, was sie aber häufig bleiben.

Mestizaje ist das spanische Wort für Rassenmischungen und wird häufig in recht allgemeinen, oft politischen Zusammenhängen für die Mischung von Kulturen gebraucht. Aus diesen Mischungen gehen – je nach Land – *mestizos, mistis, ladinos* oder *cholos* hervor, die eine Reihe indigener Züge tragen, oder auch nicht, sich aber in jedem Fall selbst völlig anders definieren als jeder Anthropologe.

Eine kulturelle Vermengung, bei der verschiedene Kulturen Elemente voneinander übernehmen und mit neuen Inhalten füllen, sollte treffender als »Synkretismus« bezeichnet werden. Dieser Begriff stammt aus dem religiösen Bereich und ist nirgends passender als bei der Vermischung von christlichen und traditionellen Glaubensvorstellungen, die in Amerika stattgefunden hat.

Nach der Ankunft der Europäer interagierten die Kulturen Amerikas viel stärker miteinander, als häufig bekannt ist. Eine kulturelle Eroberung, die den militärischen Sieg der *conquistadores* vollendet hätte, hat es nie gegeben. Im Gegenteil: Die gegenseitige kulturelle Befruchtung wurde zum Bestandteil des Lebens. Sie fand an den verschiedenen Orten in unterschiedlichem Maße statt, aber immer als beidseitiger Prozeß.

Der Begriff »Synkretismus« sorgt für die Richtigstellung einiger historischer Verdrehungen, weil er die Worte, Ortsnamen, Nahrungsmittel, Arzneien, Traditionen, das Umweltwissen, die biochemischen Fachkenntnisse und die Philosophie berücksichtigt, welche sich die indigenen Völker Amerikas zu bewahren verstanden und auch heute noch an die Welt jenseits ihrer Gestade weitergeben.

Bei so vielen unterschiedlichen Kulturen Amerikas überrascht es kaum, daß das Zurückerobern der Identität für die einzelnen ethno-linguistischen Gruppen und Individuen Unterschiedliches bedeutet. Einigen kommt es nur auf die Neuentdeckung der Geschichte, Traditionen, Eigennamen und Sprachen an, die verloren schienen. Anderen geht es um die Aneignung der zunächst als fremd empfundenen Technologie, und eine weitere Gruppe möchte sich die Kontrolle über die wirtschaftliche Entwicklung ihrer Gemeinschaften erwerben. Eine vierte Gruppe betrachtet es für die Verwirklichung dieser Ziele als unabdingbar, sich auf einer viel tieferen Ebene ihre Selbstachtung zurückzuerobern. »Wir müssen uns auf die innere Heilung konzentrieren und uns selbst von Vorurteilen, Minderwertigkeitsgefühlen und unseren selbstausschließenden Tendenzen befreien«, sagt die Quechua-Anführerin Tarcila Rivera Zea. »Wir müssen unsere Würde wiedererlangen. Ohne sie können wir uns selbst nicht helfen, geschweige denn anderen.«

All diese Bemühungen sind Teil desselben kulturellen Kampfes um wirtschaftliche und politische Selbstbestimmung. Dieser

Kampf findet sowohl auf der praktischen als auch auf der geistigen Ebene statt. In zahlreichen Gemeinschaften wurden die traditionellen Formen des kommunalen Landbesitzes, die gemeinschaftliche Arbeit und Landwirtschaft zur Basis einer neuen Wirtschaftsentwicklung. »Die Rettung der Kultur ist ohne eine Entwicklung der Gemeinschaft unmöglich und umgekehrt«, bemerkt der ecuadorianische Quichua-Aktivist Juan García.

Während die Kultur offensichtlich das Mittel ist, sind Selbstidentifikation und die sich daraus ergebende Selbstbestimmung eindeutig das Ziel. Was mit diesen beiden Begriffen theoretisch gemeint ist, haben zwei Sonderorganisationen der Vereinten Nationen festgelegt. In dem Entwurf zur universellen Erklärung der Rechte indigener Völker wurde »Selbstidentifikation« von der Internationalen Arbeitsorganisation (ILO) definiert und »Selbstbestimmung« von der UN-Arbeitsgruppe Indigene Bevölkerungen. In der Praxis werden die beiden Begriffe von den verschiedenen Völkern Amerikas unterschiedlich interpretiert.

Einige durchsetzungsfähige, gut organisierte indigene Nationen haben sich bereits eine beträchtliche Autonomie erfochten und haben in einer Epoche, in der das Konzept des Nationalstaats immer mehr zu bröckeln scheint, die Möglichkeit, sich formal oder in der Praxis allmählich von diesem abzunabeln. Das andere Extrem bilden die vielen indigenen Gemeinschaften, die schon zufrieden wären, wenn sie überhaupt Gehör fänden oder die Behörden der Außenwelt davon abhalten könnten, die demokratischen Entscheidungen ihrer traditionellen Räte oder Ältesten zu unterwandern.

Der Kampf der indigenen Völker hat seine eigene Dynamik entwickelt und hält sich selbst in Schwung. Sobald sie ein paar Rechte errungen haben, haben sich die Völker oft die Mittel und das Selbstvertrauen erarbeitet, um für mehr zu kämpfen. »Momentan geht es darum, die Regierungen zu dem Eingeständnis zu zwingen, daß sie multinationale, multiethnische Staaten sind«, sagt Evaristo Nugkuag, ein führender Aguaruna-Aktivist aus Peru. »In Zukunft, wer weiß? Für dieses Terrain gibt es keine Landkarte.«

Mutter Erde: Der Kampf um Land

Wie unterschiedlich der von den einzelnen indigenen Völkern geführte Kampf auch sein mag, es geht dabei immer auch um Land. Der Kampf um Eigentum und die legale Anerkennung und Demarkation von Land und Territorien kann für die Tieflandvölker in der Forderung nach einem Hunderte Quadratkilometer großen Waldgebiet bestehen und für die Hochlandvölker in der Durchsetzung des Eigentumsrechts an ein paar Quadratmetern steilen, erodierten Berglandes. Zuweilen besteht er auch in der gemeinsamen Bemühung, bei der betreffenden Staats-, Provinz- oder bundesstaatlichen Regierung die Anerkennung der kommunalen Landrechte durchzusetzen, die in den vor über hundert Jahren unterzeichneten Abkommen verankerten wurden.

Die indigenen Völker des Kontinents definieren sich selbst vornehmlich im Bezug auf ihr Land. Während die Namen, die sie sich selbst geben – Inuit, Kayapó, Runa (Quechua) –, oft einfach »Volk« heißen, können die Bezeichnungen ihrer Territorien in der Regel schlichtweg mit »Land« übersetzt werden. Beide sind untrennbar. Der Welteingeborenenrat, ein internationaler Verband mit Sitz in Kanada, bemerkte im Jahr 1985 dazu: »Nach der Erschießung indigener Völker besteht der sicherste Weg, uns zu töten darin, uns von unserem Flecken Erde zu trennen.«

Für die meisten indigenen Völker ist das Land die »Mutter Erde«, die Pacha Mama der Anden. Sie ernährt die Menschen, unterhält und lehrt sie; sie wird als fühlendes Wesen verehrt, dem die Menschen Opfergaben schulden, um sich vor dem Pflügen zu entschuldigen, nach der Ernte zu bedanken und sie am Leben zu erhalten. Viele ethnische Gruppen glauben, daß ihnen die Erde oder ihre Früchte das Leben geschenkt haben. Der Popol Vuh, ein K'iche'-Maya-Text, dessen ausführliche Schöpfungsgeschichte ihn in den Rang einer Bibel der Uramerikaner erhob, berichtet, wie die ersten Menschen aus Maismehl geschaffen wurden, nachdem sich der Lehm des Adam als untauglich erwies.

Diese Schöpfungsgeschichte lebt im heutigen Lateinamerika bei einigen indigenen Völkern in der Überzeugung weiter, in irgendeiner Form ihre Identität zu verlieren, wenn sie aufhören, Kartoffeln, Mais oder Wildbret des eigenen Landes zu essen. Der buchstäbliche Glaube, zu sein, was man ißt, und sich von dem Boden ernähren zu müssen, den die Vorväter bestellt haben, ist bei vielen indigenen Völkern ungebrochen. »Der Mensch kommt mit Tieren zur Welt. Er muß Tiere essen. Deshalb sind Mensch und Tier gewissermaßen eins«, erklärt ein Jäger der Inuit.

Land bedeutet Identität – vergangene, gegenwärtige und zukünftige. Die Erde ist im wörtlichen und übertragenen Sinne die Heimstatt der Vorfahren, der Menschen also, die den heutigen Generationen das Leben gaben, daher gebührt ihnen Verehrung durch traditionelle Rituale und Bräuche. Die Bedeutung des Bodens beschreibt ein indigener Aktivist als »die lebendigen Seiten unserer ungeschriebenen Geschichtsbücher«. Ihre Geschichte hat für die Uramerikaner traditionell einen wesentlich höheren Stellenwert als die legale Landeigentümerschaft. »Die im Boden ruhenden Gebeine unserer Ururgroßeltern sind unsere Rechtstitel auf das Land«, so ein Ältester der Guajiro aus Manaure (Kolumbien).

Land, als Ackerboden und Jagdgrund, ist in zweierlei Hinsicht von Bedeutung. Zum einen dient es dem unmittelbaren Lebensunterhalt, zum anderen stellt es als treuhänderisch bewahrtes

Erbe die Zukunft der Kinder und Kindeskinder dar. Mehr als um jeden anderen Aspekt des indigenen Lebens dreht sich die Kultur um das Land und umgekehrt. »Die Kultur ist wie ein Baum. Wenn die grünen Zweige – Sprache, Legenden und Bräuche – rücksichtslos abgehauen werden, verdorren die Wurzeln allmählich, welche die Menschen an ihren Platz auf der Erde und aneinander binden. Dann tragen Wind und Regen die oberste Erdschicht fort, und das Land wird zur Wüste«, erklärt Mariano López, ein Tzotzil-Anführer aus Chiapas (Mexiko).

Diese Gefühlsbindung zum Land und zum eigenen Platz schließt alle Lebewesen mit ein. Denn Pflanzen, Tiere und Menschen stehen in einer Wechselbeziehung zur Erde, zu Flüssen, Bergen und dem Wald. Was von anderen Umweltbewußtsein genannt wird, ist für die indigenen Völker einfach die Logik ihrer Naturbeobachtung und der gegenseitigen Abhängigkeit allen Lebens. Materielle und geistige Welten greifen ineinander. »Das Land ist ein Teil unseres Körpers, und wir sind ein Teil des Landes«, sagt der Miccosukee Buffalo Tiger.

In der Tradition der meisten indigenen Gesellschaften gab es kein privates Grundeigentum, vielmehr gehörte das Land der Gemeinschaft und wurde von den Dorfbewohnern oder dem Clan nach Bedarf genutzt. Die Enteignung dieses kommunalen Landes war die Grundlage der Eroberung und der Auslöser für den Zusammenprall von zwei grundsätzlich unvereinbaren Weltanschauungen. Das Land der Uramerikaner barg einen von den *conquistadores* und deren Nachkommen heißbegehrten Reichtum an Bodenschätzen – Gold, Silber und in heutiger Zeit auch Erdöl – und Waldressourcen – Nutzholz und Biotechnologie.

Von den Prärien bis zur Pampa wurde auf indigenem Land der kommerzielle Anbau von Zuckerrohr, Kaffee, Bananen, Weizen und Soyabohnen betrieben, der Amerika zu einem äußerst profitablen Unternehmen für wenige und zu einem Ort der Unterernährung und des Hungers für viele machte. Die Expansion des verkaufsorientierten Anbaus bedeutete, daß Völkern, die keine andere Lebensform kannten, ihre Jagdgründe und ihr Ackerland teilweise oder ganz genommen wurden.

Letztlich wurde die indigene Kultur durch nichts so nachhaltig unterminiert wie durch den Landverlust. Enteignungen, Einfriedungen, Vertreibungen – die Gier nach Land äußerte sich in den verschiedenen Gegenden, zu den verschiedenen Zeiten auf unterschiedliche Weise, doch bleibt der Landraub das Hauptmerkmal der fortdauernden Eroberung. Die indigenen Völker mobilisierten zu Massenmärschen und bis hin zu Landbesetzungen, um ihr Land durch Besitztitel, Demarkationen und andere Mittel zu verteidigen und zu schützen.

Mit erfolgreichen Protestaktionen, wie dem »Aufstand« in Ecuador im Jahr 1990 und dem »Marsch für Land und Würde« desselben Jahres in Bolivien, konnten die Ureinwohner Präsidentenerlasse erkämpfen, in denen ihnen weitere Gebiete zugesprochen wurden, und die internationale Gemeinschaft zwingen, die Bedeutung von Landrechten zum Schutz der indigenen Kultur anzuerkennen.

Während sie um ihr Land kämpften, entwickelten die indigenen Völker Strategien, um es zu verteidigen oder zu schützen. Einige betrachteten seit jeher den bewaffneten Kampf als den richtigen Weg. So gab es in Kolumbien eine bewaffnete indigene Bewegung mit dem Namen »Qintín Lame«, um die Bauern und ihren Boden zu schützen, während Guerrillagruppen in Mexiko, Guatemala und Peru einen starken Zulauf von indigenen Kämpfern hatten.

In den vergangenen Jahren begünstigten die nationalen und internationalen Bedingungen den Fortschritt des indigenen Kampfes um Landrechte. Nach dem Niedergang der Militärdiktaturen etablierte sich in Lateinamerika eine gewisse Demokratie, die die Organisation der indigenen Völker zuließ. Außerdem bot die weltweite Vermehrung von Umwelt- und Entwicklungslobbies indigenen Graswurzelorganisationen die Chance, mächtige internationale Bündnispartner zu finden.

Der erste Schritt bestand in einer legalen Registrierung des indigenen Landeigentums anstelle der mündlich überlieferten und geschichtlich begründeten Anrechte, auf die sich die indigenen Gemeinschaften bis heute berufen. »Früher haben die indigenen Völker ihr Land verloren, nur weil sie nicht nachweisen konnten, daß es ihnen gehörte«, sagt der Anthropologe Mac Chapin, Leiter von *Native Lands,* einer Organisation mit Sitz in Washington, die indigenen Gemeinschaften hilft, ihre Territorien kartographisch zu erfassen.

Vielerorts konnte die legale Ausfertigung von Rechtstiteln auf breite Waldstreifen im Tiefland oder kleine Hochlandparzellen erreicht werden, doch ergab sich daraus ein weiteres Problem: ihre Durchsetzung. »Viele Rechte, die wir auf dem Papier besitzen, sind ganz hervorragend. Unser Hauptproblem ist, daß sie vollkommen straflos verletzt werden können«, sagt Antonio Jacanamijoy, Vizepräsident der ONIC, in seinem Büro in der Innenstadt von Bogotá (Kolumbien).

Im ganzen Amazonasbecken und in weiten Teilen Nordamerikas patrouillieren daher indigene Wachtposten zu Fuß, in Kanus, auf Motorschlitten oder in Jeeps an den Grenzen großer Territorien. Diese Fußsoldaten stehen teilweise im Funkkontakt zur nächsten Ortschaft, wo nationale Sicherheitskräfte und internationale Unterstützernetzwerke per Fax, Datenfernübertragung oder Telefon rasch alarmiert werden können.

Diese und andere Aktivisten an vorderster Kampffront zahlen heute den gleichen Preis wie einst die Krieger unter ihren Vorfahren. Seit 1974 wurden in Kolumbien über 400 indigene Anführer getötet. Etwa 3500 Ashaninka sind während der 15

Jahre Gewaltherrschaft in Peru gestorben oder verschwunden; weitere 10 000 mußten aus ihrer Heimat fliehen. Tausende von Aktivisten, Laienpredigern und Organisatoren der Maya – jeder, der Führereigenschaften zeigte oder versprach – wurden im selben Zeitraum in Guatemala ermordet oder »verschwanden«.

Armut und Widerstand: Die Waffen der Schwachen

Landverlust bedeutet für die indigenen Völker auch, daß sie keinen Zugang haben zu Sozialleistungen, wie Gesundheitsfürsorge und Erziehung, und dadurch auf dem gesamten Kontinent zur marginalisiertesten Bevölkerungsgruppe werden. Überall erzielen sie die niedrigsten Einkünfte, weisen die höchste Kindersterblichkeit auf, die niedrigste Lebenserwartung, die größte Unterernährung, den größten Analphabetismus und den niedrigsten Anteil an Abgängern von höheren Schulen. Das oben erwähnte Beispiel aus El Salvador hat gezeigt, daß zur Definition indigener Völker, sowohl in deren eigenen Augen als auch in denen der Nicht-Indigenen, häufig die Aspekte Armut, Marginalisierung und Überarbeitung gehören.

Die Statistiken sind so eindeutig, daß Unwägbarkeiten, wie die Schwierigkeiten der Ethnizitätsbestimmung oder kulturelle Zugeständisse, um sich Zugang zu einer bezahlten Arbeit oder Sozialleistungen zu verschaffen, kaum ins Gewicht fallen. Laut einer Untersuchung von George Psacharopoulos und Harry A. Patrinos, *Indigenous People and Poverty in Latin America: An Empirical Analysis,* wurde 1989 die nicht-indigene Bevölkerung Boliviens zu 48,1 Prozent als arm eingestuft, die zweisprachige indigene Bevölkerung doch bereits zu 63,7 Prozent und diejenigen, die nur ihre indigene Sprache beherrschen, zu 73,5 Prozent.

In Mexiko weisen Gemeindebezirke, wo die indigene Bevölkerung weniger als 10 Prozent ausmacht, einen Armutsindex von

18 Prozent auf; in Bezirken mit einer indigenen Bevölkerung von 10 bis 40 Prozent sind 46 Prozent arm, und in solchen, wo die indigene Bevölkerung 70 Prozent übersteigt, sind über 80 Prozent arm. In den Vereinigten Staaten befinden sich in sieben der zehn ärmsten Counties des Landes Indianerreservationen.

Doch sind auch solche Zahlen mit Vorsicht zu genießen. Denn Armut, Analphabetismus und Sterblichkeitsraten sind westliche Maßstäbe. Es gibt keine Entsprechungen, um kulturelle Lebenskraft, geistigen Reichtum und ethnisches Bewußtsein zu messen. Denn nach einer vermeintlichen 500jährigen Herrschaft erweisen sich die meisten Nationalstaaten Amerikas in einem Maße als schwach und abhängig, die mit der Stärke und Unabhängigkeit der indigenen Kultur scharf kontrastiert.

Die indigenen Völker bleiben anders, auch 500 Jahre nachdem sich die Europäer aufmachten, den Kontinent zu erobern, zu assimilieren und zu bekehren. Sie sprechen ihre eigenen Sprachen, setzen ihre eigenen Traditionen fort, betreiben häufig Feldwirtschaft und Jagd, wie ihre Vorfahren es taten. Doch nicht allein das, sie nehmen auch zahlenmäßig zu und fordern immer hörbarer ihr Recht.

Das Überleben der Uramerikaner ist der offensichtlichste Beweis für die Stärke und den Erfolg des ethnischen Widerstands. Damit ist nicht nur der sichtbare Widerstand einiger bekannter indigener Anführer in den vergangenen 500 Jahren gemeint – und selbst deren Aufstände erscheinen in der westlichen Geschichtsschreibung allenfalls als Fußnoten –, sondern der gewöhnliche, alltägliche Widerstand der gewöhnlichen Durchschnittsmenschen.

Dienst nach Vorschrift, gespielte Unterwürfigkeit, Verstellung, vorgetäuschte Unwissenheit, sogar Sabotage und einzelne Gewaltakte sind das, was der Professor für Politikwissenschaften James Scott auf dem Lehrstuhl »Eugene Meyer« an der *Yale*

University in seinem gleichnamigen Buch »die Waffen der Schwachen« nannte. Es sind die Taktiken der Unterdrückten in ihrem verschwiegenen, täglichen Kampf gegen die Herrschenden. Diesen illustriert Scott mit einem äthiopischen Sprichwort, das jedoch überall Geltung hat: »Wenn der große Herr vorbeigeht, verneigt sich der weise Bauer tief und furzt leise.«

Indem sie das Nützliche aus der westlichen Kultur übernahmen, die Assimilierten aus ihren Gemeinschaften ausschlossen und die größtmögliche wirtschaftliche Vielfalt entwickelten, vermieden die indigenen Völker Amerikas weitgehend die offene Konfrontation mit dem Staat. Denn sie wußten aus schmerzlicher Erfahrung nur allzugut, daß diese eine völkermordende Repression und die Besetzung ihrer Gemeinschaften zur Folge hatte. Was sie nicht davon abhielt, bei jeder Gelegenheit die Grenzen des Möglichen zu prüfen und stets neue Ideen zu entwickeln, um jede Art von Macht, die der Staat über ihr Leben ausübte, zu schwächen und außer Kraft zu setzen. Amorph, unsichtbar, vom kleinsten Bergdorf oder vom entlegensten Flußtal ausgehend, verbreitet sich der indigene Widerstand wie ein in die Atmosphäre entweichendes Gas, das jeden Leerraum füllt.

Heute zeigt sich dieser Widerstand am deutlichsten daran, daß indigene Dörfer, Reservationen und Schutzgebiete – ironischerweise die von der weißen Gesellschaft als Übergangslager zum »Verschwinden« der indigenen Völker bestimmten Orte – wahre kulturelle Hochburgen geworden sind. Es sind die Zentren der kulturellen Erneuerung. Dort werden Erste-Hilfe-Sanitäter zur Vorbeugung und Bekämpfung von Krankheiten ausgebildet, zweisprachige Gemeinschaftslehrer, um den Analphabetismus abzubauen, und junge Schamanen für die Wiederbelebung der traditionellen Medizin und der mündlichen Überlieferung.

Diese jüngsten Gemeinschaftsentwicklungen sind so vielfältig wie die indigene Kultur selbst und reichen von der Gründung von Kooperativen zur Schweine- oder Hühnerzucht, als Selbsthilfemaßnahme gegen die ärgsten Auswirkungen der in den letzten zehn Jahren überhandnehmenden Inflation und Mittelkürzungen bis zum Unterricht in Schreiben und Lesen, um Migranten die Arbeitssuche in den Großstädten zu erleichtern.

Wenn der allgemeine Mythos des »Indianers« einmal durchbrochen ist, stellt sich die indigene Gesellschaft Amerikas als pluralistisch und lokal dar statt als einförmig und homogen. Dagegen nimmt sich der Staat eher schwach und funktionsuntüchtig aus als omnipotent und vorherrschend. Denn ebenso wie die Eroberung waren auch die Nationalstaaten nie das, was sie zu sein schienen.

Der aus Europa importierte Nationalstaat entsprach in der »Neuen Welt« nie seinem integrierten, zentralisierten Vorbild aus der Alten Welt. Die indigenen Völker des Kontinents, ihre Gemeinschaften und ihre Kultur haben durch ihren geschickten und wirksamen Widerstand maßgeblich dazu beigetragen, diese »National«-Staaten zu schwächen. »Ich werde sterben, doch ich werde wieder auferstehen und Millionen sein«, sagte der Aymara-Häuptling Tupaq Katari einige Augenblicke, bevor er im Jahr 1781 als Rebell gegen die Kolonialherrschaft hingerichtet wurde. Heutzutage müssen seine Worte bei vielen Regierungen Amerikas, die von allen Seiten mit indigenen Forderungen bestürmt werden, wie eine Prophezeiung klingen.

Für viele indigene Völker Amerikas, die ein zyklisches oder pendelndes Zeitempfinden haben, wird alles, was geschieht, zu irgendeinem zukünftigen Zeitpunkt durch sein Gegenteil ausgeglichen oder wiedergutgemacht. Daher verwundert sie nur, daß der Aufbruch in ein neues indigenes Bewußtsein für die nichtindigenen Völker tatsächlich überraschend kommt. »Was habt ihr denn erwartet?« fragt Valerio Grefa, Leiter der COICA in Ecuador. »Unsere Völker haben nie etwas anderes erwartet.« In ganz Amerika künden die indianischen Legenden einen Wandel an, einen Rollentausch, eine Erneuerung, die den Spieß herumdrehen wird. »Wenn die neue Welt kommt, werden die Weißen die Indianer und die Indianer die Weißen sein«, sagt eine Fabel der Apachen.

Aktion erzeugt Reaktion, Eroberung führt zur Rückeroberung, Hochs bewirken Tiefs. Diese Zyklen gehören zur indigenen Alltagswelt. In den Anden sind viele davon überzeugt, daß der *pachakut'i,* wörtlich der »ausgleichende Umbruch«, den die Legenden und die mündliche Überlieferung seit Jahrhunderten ankündigen, endlich angebrochen ist.

Quellen

Ronald Wright, Stolen Continents: The Indian Story, Pimlico Books, London 1992

Javier Albó, El Retorno del Indio, Revista Andina, Centro de Estudios Rurales Andinos Bartolomé de las Casas, Cuzco, Año 9, No. 2, diciembre 1991

Yves Materne (ed), The Indian Awakening in Latin America, Friendship Press, New York 1980

Phillip Wearne, The Return of the Indian, New Internationalist, Oxford, No. 256, June 1994

Julian Berger with campaigning groups and native peoples worldwide, The Gaia Atlas of First Peoples, Gaia Books, London 1990

Roger Moody (ed), The Indigenous Voice – Visions and Realities, International Books, Utrecht 1993

Mac Chapin, The 500 000 Invisible Indians of El Salvador, Cultural Survival Quarterly, Vol. 13, Cambridge, Mass., No. 3 (1989)

Barbara F. Grimes (ed), Ethnologue: Languages of the World, Summer Institute of Linguistics, Dallas 1992

State of the Peoples – A Global Human Rights Report on Societies in Danger, Cultural Survival, Marc S. Miller (Project Director), Beacon Press, Boston 1993

Kenneth Katzner, The Languages of the World, Routledge, London & New York 1995

George Psacharopoulos and Harry A Patrinos (eds), Indigenous People and Poverty in Latin America: An Empirical Analysis, World Bank Regional and Sectoral Studies Program, Washington DC, September 1994

James C. Scott, Weapons of the Weak: Everyday Forms of Peasant Resistance, Yale University Press, New Haven 1985

James C. Scott, Domination and the Arts of Resistance: Hidden Transcripts, Yale University Press, New Haven 1990

The First Nations 1492–1992, NACLA Report on the Americas, New York, Vol. XXV, No. 3 (December 1991)

Vor Columbus

»Tausende von Jahrhunderten, in denen sich menschliche Rassen entwickelten, Gemeinschaften bildeten und in Afrika, Asien und Europa den Grundstein für die nationalen Zivilisationen legten, stand der uns als Amerika bekannte Kontinent menschenleer und ohne menschliche Werke... Die Geschichte dieser Neuen Welt... ist die Geschichte von der Schaffung einer Zivilisation, wo es keine gab.«

Diese Behauptung könnte aus dem Tagebuch eines der tiefersinnigeren *conquistadores* stammen, die Ende des 15. Jahrhunderts den amerikanischen Kontinent für Spanien und Portugal zu erobern begannen. Tatsächlich stammt sie aus der Feder dreier renommierter zeitgenössischer Historiker Nordamerikas und ist nachzulesen in der 1987er Auflage von *American History: A Survey.* Der aus diesen Worten herausklingende Ethnozentrismus ist ebenso extrem wie der des Christoph Columbus selbst und zeigt, in welchem Ausmaß die indigenen Völker des Kontinents damals wie heute von den Historikern ignoriert werden. In zahlreichen westlichen Veröffentlichungen bleiben sie geschichtslose Völker oder Völker, die in einem zeitlosen Vakuum existierten, bis ihre geschichtliche Erfahrung mit der Ankunft der Europäer ihren Anfang nahm.

Das ist kaum verwunderlich, da »Geschichte« noch fast 500 Jahre nach Columbus von dem berühmten US-Außenminister Henry Kissinger als »die Erinnerung von Staaten« definiert wurde. Die Uramerikaner hatten in den Augen der an ihren Gestaden gelandeten Europäer aber keine Staaten. Die Geschichte, das muß hinzugefügt werden, wird von den Siegern geschrieben, und für die von den Europäern angerichtete Metzelei und Zerstörung finden sich in der Menschheitsgeschichte, wenn überhaupt, nur wenige Beispiele von einseitigen Angriffen vergleichbaren Ausmaßes. Nirgends ist Napoleon Bonapartes Definition von Geschichte als »eine Reihe von Lügen, auf die man sich einigt«, zutreffender als in Amerika.

Man vermutet, daß zwischen 57 und 112 Millionen Menschen auf dem amerikanischen Kontinent lebten, als Columbus im Oktober 1492 auf den heutigen Bahamas landete und sein Genueser Landsmann Giovanni Caboto (John Cabot) fünf Jahre später das heutige Neufundland in Kanada erreichte. Die Bewohner dieser »neuen« Welt sprachen ungefähr 200 gegenseitig unverständliche Sprachen, lebten unter Umweltbedingungen und in Gesellschaften, die in ihrer Vielfalt alles in Europa Bekannte übertrafen, und hatten in den zwei dichtest besiedelten Gegenden, den Anden und dem mexikanischen Tiefland, einen künstlerischen, architektonischen, astronomischen und landwirtschaftlichen Wissensstand erreicht, der jedem europäischen Vergleich standhalten konnte.

Die Völkervielfalt und ihre Anzahl waren der beste Beweis für ihren Erfolg. Ihre Ausbreitung und Anpassung an das unterschiedlichste Terrain, von der arktischen Tundra bis zum Regenwald im Amazonasbecken, ist eins der bemerkenswertesten Kapitel der Menschheitsgeschichte. Als die Europäer mit ihnen in Berührung kamen, hatten diese Völker Observatorien und Sonnenkalender, blickten auf ein jahrhundertealtes Brauchtum und eine hochentwickelte mündliche Überlieferung zurück, besaßen ein sehr detailliertes Umweltwissen, umfassende Kenntnisse der Naturheilkunde und ein geordnetes geistiges Weltbild.

Die zunächst von Columbus erkundeten größeren karibischen Inseln, Hispaniola (Haiti und die Dominikanische Republik),

Kuba und Puerto Rico, waren von Völkern der Arawak und Kwaib (karibisch) besiedelt. Es waren seßhafte Völker mit einer relativ komplexen Gesellschaftsstruktur, die in Haushaltsgruppen stabile, strohgedeckte Holzhäuser bewohnten, Kleidung und Hängematten aus Baumwolle herstellten und ihre eigene Sprache sprachen.

Ursprünglich stammten die Arawak und Kwaib vom Festland beziehungsweise der von Columbus *terra firma* – Festland – getauften Küste der heutigen Staatsgebiete Kolumbiens, Venezuelas und Guayanas. Sie gehörten zu einem großen Netz von Tieflandindianern, die sich in die Sprachfamilien Tupí, Gê und Tucano des heutigen Brasilien, venezolanischen Tieflandes, Ecuador, Peru und Kolumbien untergliederten. Ihre bekanntesten Nachfahren in der Gegenwart sind die Shuar, Guaraní, Tucano, Sirionó, Suyá und Mundurukú.

Die aus einzelnen Großfamilien bestehenden Stämme lebten im flußreichen Küstengebiet in großen Weilern an den Flußufern und in kleineren Gemeinden im Binnenland. Ihr wichtigstes Fortbewegungsmittel für die Jagd, zum Fischen und Sammeln von Wildpflanzen war das Kanu. Ihr Wildbret bestand aus Jaguar, Hirsch und Pekari, die allerdings von einigen Gruppen, wie den Warrau im Orinoco-Delta, als »Waldbewohner« geachtet und durch gebratene Nabelschweine, Vögel und Fische ersetzt wurden. Für den Anbau ihrer Grundnahrungsmittel Maniok, Bananen und Süßkartoffeln und von Tabak, Zuckerrohr, Baumwolle, Mais, Tomaten und Zwiebeln, die den Invasoren aus der Alten Welt zunächst unbekannt waren, praktizierten diese Völker die Brandrodung.

Weiter südlich lebten in den Flußtälern und der Pampa des heutigen Argentinien, Uruguay und Paraguay Völker der Sprachfamilien Chon, Charru, Huarpe und Guaicurú. Im Zentrum dieser Region lag der Gran Chaco, eine trockene Ebene, die sich in ein ausgedehntes Sumpfgebiet verwandelte, sobald die Flüsse über die Ufer traten. Die Jahreszeiten schrieben hier eine nomadisierende Lebenweise vor, wobei der Nahrungskampf gelegentlich zu kriegerischen Auseinandersetzungen, besonders unter den Guaicurú-Völkern, herausforderte.

Südlich der Pampa lag Patagonien, das Land der Großfüßigen, wie Magellans Matrosen das dortige Volk der Tehuelche nannten. Sie teilten ihre baumlose, vom Wind gepeitschte Wildnis mit den Ona und den Yahgan, den heutigen Feuerländern. In Guanako-, Wildkatzen- und Jaguarhäute gehüllt, trotzten sie der frostigen Kälte und lebten von Wild, Schalentieren, Meeresvögeln, Seehunden und sogar gestrandeten Walfischen.

Den mitunter zähesten Widerstand boten die Bewohner der südlichsten Spitze Südamerikas den Invasoren. An vorderster Front dieses Widerstands standen die Mapuche, das »Volk des Landes« im südlichen Mittelchile. Dieses sehr vielfältige Volk, zu dem heute noch über eine Million Menschen zählen, hatte bereits mit hölzernen Forts und Palisaden die Eroberungszüge der Inka aus dem Norden erfolgreich abgewehrt. Indem sie sich die landwirtschaftlichen Errungenschaften zu eigen machten, die die Inka zu immer weiteren Expansionen zwangen, wandten die Mapuche schon damals die für die darauffolgenden 500 Jahre typische Strategie des indigenen Widerstands an. Um das Jahr 1492 bauten die Mapuche mindestens acht Sorten Mais an, dreißig Sorten Süßkartoffeln und Dutzende weiterer Getreidesorten und Gemüsearten.

Unempfänglich für die christliche Verkündigung, huldigten die Mapuche weiter einem Götterpantheon, an dessen Spitze ihr eigenes »Höchstes Wesen« stand. Sie konnten den *huincas* bis zum Jahr 1884 erfolgreich standhalten, bevor sie schließlich nach 15 Jahren Krieg in 3000 kleine Reservationen zusammengepfercht wurden, deren Gesamtfläche nur fünf Prozent ihres angestammten Landes betrug.

Im äußersten Norden des Kontinents, wo keine Landwirtschaft möglich war, bot die Jagd die einzige Überlebenschance. Die Aleuten und Inuit ernährten sich von den Meeressäugetieren der arktischen Küsten und Buchten Kanadas und Alaskas sowie von Karibus, Elchen, Wölfen, arktischen Füchsen und Hasen, die mit den Jahreszeiten zwischen der arktischen Tundra und der subarktischen Taiga hin und her zogen.

Weiter südlich, jenseits der nördlichen Baumgrenze aus Fichten, Pappeln und indischem Brotbaum, ergänzten die Völker der Athapasken, Salish und Wakash ihren hauptsächlich aus Wildbret bestehenden Speiseplan im Sommer durch gesammelte Beeren, Wildpflanzen und Baumrinde.

Noch weiter südlich lebten in der westlichen Hälfte der späteren USA, Südkanadas und Nordmexikos Sioui-, Caddo- und Sahaptin-sprechende Völker und Völker der numischen Sprachfamilie des Uto-Aztecan. Diese Bewohner der halbtrockenen Prärien waren keineswegs die reitenden Bisonjäger aus den Western, sondern schwer schuftende Bauern, die kleine Säugetiere und Vögel jagten.

Erst das von den Europäern eingeführte Pferd ermöglichte die Bisonjagd, als die Bevölkerungsdichte durch die sich rasch ausbreitenden europäischen Siedlungen an der Ostküste Völker wie die Sioux und die Cheyenne zwang, in die Prärie auszuweichen.

Onhatariyo und die großen Zivilisationen

Die östliche Hälfte der Vereinigten Staaten und Kanadas bis zu den Großen Seen wurde von den Sprachfamilien der Muskogee, Irokesen und Algonkins bewohnt. Sie sind zum Teil die Vorfahren der heutigen Irokesen, Cherokee, Powhatan, Mohawks und Cree. Die ersten drei gehörten zu den Völkern, die als erste mit den von Florida nach Norden drängenden holländischen und englischen Siedlern beziehungsweise den spanischen *conquistadores* in Berührung kamen.

Ihr Leben war von der wald- und flußreichen Gegend geprägt und, wie überall, so seßhaft, wie die klimatischen Bedingungen und das Terrain es zuließen. Einige Völker waren echte Bodenbauern, die ihre Äcker in den überschwemmten Flußtälern der Region anlegten, andere waren nomadisierende Gärtner, die sich das Waldland durch Brandrodung urbar machten und in der Asche Gemüse anbauten. Beide zogen Bohnen, Mais und Kürbisse, ursprünglich die Hauptnahrungsmittel Mexikos und Zentralamerikas, die jedoch an kältere Klimazonen angepaßt wurden und über den Handel seit der Zeit um Christi Geburt in den Norden des Kontinents gelangt waren; darauf war vermutlich die seitdem zu verzeichnende Bevölkerungsexplosion zurückzuführen.

An den Ufern des von den Mohawks als Onhatariyo bezeichneten Sees (Ontariosee) sammelten sich kurz vor Columbus' Ankunft fünf bedeutende Irokesenstämme und bildeten einen politischen Zusammenschluß. Dieser mehrstämmige Bund war offenbar ein Ergebnis der Spannungen, die sich aus dem durch die Bodenwirtschaft geförderten Bevölkerungswachstum ergeben hatten.

Diesen begegneten die »Fünf Nationen« mit einer Repräsentativregierung unter Wahrung der Individualrechte, einem föderativen System autonomer Regierungen der fünf (später sechs) Völker und mütterrechtlichen Abstammungslinien in den Langhäusern, die der »Fünf-Nationen«-Gesellschaft als wichtigste Basisgebäude dienten.

Der als Irokesenbund oder Irokesenliga bekannt gewordene Zusammenschluß erreichte im 18. Jahrhundert seinen Höhepunkt, als sich der Einflußbereich dieser größten politischen Organisation nordamerikanischer Indianer von Quebec bis Kentucky erstreckte. Ironischerweise diente dieser Bund den europäischen Siedlern als Vorbild, als sie eine eigene Verfassung suchten. Seine Grundregeln wurden von Canasatego, einem *royaneh* (Volksvertreter) der Onondaga, im Jahr 1744 bei den Verhandlungen zum Abkommen von Lancaster empfohlen und von dem damaligen Schriftführer und Mitautor der nordamerikanischen Verfassung Benjamin Franklin aufgezeichnet. Franklin schrieb 1751: »Es wäre äußerst seltsam, wenn sechs Nationen unwissender Wilder in der Lage sein sollten, solch eine Vereinigung zu bilden und sie zudem in einer solchen Weise zu praktizieren, daß sie Jahrhunderte überdauert und absolut unzerstörbar erscheint, und eine entsprechende Vereinigung nicht auch für zehn oder zwölf englische Kolonien anwendbar wäre.«

Was die amerikanische Geschichte dem Irokesenbund schuldet, ist heute an jedem Regierungsgebäude der Vereinigten Staaten zu sehen. Der Adler des Staatswappens der USA ist der Irokesenadler, und aus den fünf Pfeilbünden in seinen Klauen, welche die fünf Irokesenstämme repräsentierten, wurden 13 für die ersten Kolonien.

Die anderen großen Zivilisationen der Uramerikaner lagen im Jahr 1492 weiter südlich. Die erste war das blühende Azteken-Reich, das auf einer Insel im Texcoco-See im Hochtal von Mexiko gegründet worden war und sich nach Süden bis zu den heutigen Bundesstaaten Oaxaca und Tabasco ausdehnte. Die zweite bestand Ende des 15. Jahrhunderts aus den Überresten des einst mächtigen Maya-Reichs. Davon waren eine Reihe feudaler Stadtstaaten im heutigen südmexikanischen Yucatán, Guatemala, Belize und Teilen von Honduras und El Salvador erhalten geblieben. Die dritte und größte Zivilisation war das Inka-Reich mit Hauptsitz in Qosqo (Cusco), Peru, das sich über die Anden nach Norden bis Quito (Ecuador) und Südkolumbien erstreckte und nach Süden Bolivien einschloß und bis zur Hauptstadt Santiago des modernen Chile reichte.

Alle drei Zivilisationen waren das Ergebnis jahrtausendealter kultureller Entwicklungen. Die sogenannnte archaische oder präkeramische Periode (7000–2000 v.Chr.) markierte den Beginn der Bodenwirtschaft, als kleine nomadisierende Stämme anfingen, einfache Ackerbautechniken wie den Grabstock zu verwenden. In der präklassischen Periode (2500 v.Chr.–1 n.Chr.) entwickelte sich eine seßhafte Ackerbaukultur auf der Basis von Sippen, die sich zu Dörfern zusammenschlossen. Sie stellten dekorative Töpfereien und Webarbeiten her und wurden gegen Ende der Epoche zunehmend von priesterlichen Eliten angeführt, die in hölzernen Tempeln auf künstlichen Hügeln öffentliche Zeremonien abhielten. Das bemerkenswerteste Beispiel eines solchen Volkes waren die Olmeken (1500–400 v.Chr.) in der Gegend von Veracruz am Golf von Mexiko, deren gigantische Steinköpfe und Stelen von der Entwicklung einer Hieroglyphenschrift und verschiedener Kalendersysteme zeugen.

Die klassische Periode (1–900 n.Chr.) brachte Städte hervor, aus Stein gebaute Zeremonialzentren und die Entstehung mächtiger Staaten, die von einem König und einer Priesterkaste regiert wurden. Das bekannteste Beispiel dieser Periode ist Teotihuacán, dessen Ruinen etwa 50 Kilometer nördlich von Mexiko-City gelegen sind und mit riesigen Tempelpyramiden sowie einer vier Kilometer langen Prachtstraße mitten durch die schachbrettartige Anlage von der Größe und Ordnung seiner einstigen Gesellschaft zeugen.

In ihrer Blütezeit im fünften Jahrhundert zählte die Stadt Teotihuacán rund 50 000 Einwohner und bedeckte eine Fläche von 40 Quadratkilometern. Hier wurden Tlaloc und Chalchiuhlicue verehrt, der Wassergott und die Wassergöttin, außerdem der Feuergott Xiuhtecuhtli, der Blumenprinz Xochipilli und als wichtigster von allen der gefiederte Schlangengott Quetzalcoatl. Menschenopfer waren bei den Azteken an der Tagesordnung.

Weitere bedeutende Zivilisationen der klassischen Periode waren die Kultur von Monte Albán (500–800 n.Chr.) in der Nähe der heutigen Hauptstadt des Bundesstaates Oaxaca in Südmexiko, die Zivilisationen der Moche und Nazca an der peruanischen Süd- beziehungsweise Nordküste und zwei Zivilisationen des Andenhochlands, die Tiawanaco unweit des Titicaca-Sees und die Huari, deren Einflußbereich nördlich und südlich von Ayacucho lag.

Die Maya und das Schicksal des Kosmos

Die wohl herausragendste Kultur der klassischen Periode kam in Mittel- oder Mesoamerika im dichten Urwald und in den Regenwäldern von Südmexiko, Belize und Guatemala zur Blüte. Es waren die Maya, die häufig als die Griechen oder Ägypter der »Neuen Welt« bezeichnet werden. Zwischen 300 und 900 n.Chr. bauten die Maya ihre Zivilisation auf einer Reihe von Stadtstaaten auf, deren Ruinen von Tikal, Uaxactún und Piedras Negras im heutigen Guatemala liegen, von Copán und Quiriquá in Honduras, von Lamanai und Nakum in Belize und von Yaxchilán, Palenque, Chichén Itzá und Bonampak in Mexiko.

Selbst heute noch, 2500 Jahre danach, ist die Pracht eines Ortes wie Tikal, obwohl er dem Verfall anheimgegeben ist und vom Dickicht des Urwaldes fast erstickt wird, ehrfurchterregend. Es war das Manhatten seiner Tage. Fünf steile, 60 Meter hohe Pyramiden, gekrönt von steinernen Tempeln, deren Tore weit über das Blätterdach des Dschungels hinausragen, beherrschen die über 50 Quadratkilometer große Ruinenstadt. Viele Teile von Tikal müssen zwar noch vollständig ausgegraben werden, doch man vermutet, daß es in seinen besten Zeiten die Größe von Rom erreichte, der größten Stadt des damaligen Europa, und um die 120 000 Einwohner beherbergte.

Die Architektur war nur eine Kunst der Maya. Am meisten taten sie sich durch ihre Leisungen in der Mathematik hervor, insbesondere durch die Erfindung der Null und des Positionssystems der Zahlen – beide Konzepte waren sowohl von den Römern als auch von den Griechen geschickt umgangen worden. Ihre Mathematik erlaubte ihnen, Mondmonat und Sonnenjahr bis auf die Sekunde genau zu berechnen und bei ihren astronomischen und astrologischen Kalkulationen Zeitspannen von mehreren Millionen Jahren zu berücksichtigen. Ihr Kalender war genauer als der in Europa bis 1582 gebräuchliche julianische Kalender.

Das Interesse der Maya an der Astronomie und der Zeit entsprang ihrer Besessenheit vom Schicksal des Kosmos, das sie mit allen Mitteln zu verstehen und zu deuten suchten. Diese Tradition hat sich bis in die heutige Zeit gehalten und wird von den »Tagewächtern« der Maya fortgesetzt, die den alten Kalender ihres Volkes benutzen und sich derzeit eifrig um seine Wiedereinführung bemühen. Die Maya glaubten, daß mehrere Welten nacheinander erschaffen und wieder zerstört worden waren und daß ihre Ära in einer Apokalypse enden würde – ein in der Maya-Literatur und ihrer mündlichen Überlieferung stetig wiederkehrendes Thema.

Um den berechneten Tag dieses Unheils hinauszuzögern, taten die Maya auf verschiedene Art Buße, eine davon war das Menschenopfer. In den letzten Jahren haben Wissenschaftler versucht, das Leben der Maya weiter zu enträtseln, indem sie begannen, die in Stelen, steinerne Sturze und Gebäudemauern gemeißelten Inschriften zu entziffern, ebenso die Hieroglyphen der drei Maya-Bücher oder die Kodizes, die auf die Rinde des südamerikanischen Feigenbaumes geschrieben und den Siegesfeuern der spanischen Inquisition entgangen sind.

Die Hieroglyphenschrift der Maya stellte ein hochentwickeltes System von phonetischen Zeichen und Schriftzeichen dar, bei dem ein Hauptelement mit veränderlichen, vorangesetzten oder angefügten Wortbildungssilben vervollständigt wurde. Dieses Muster entspricht der linguistischen Struktur der 30 oder mehr heute gebräuchlichen Maya-Sprachen. Hinzu kamen eine umfassende mündliche Überlieferung, eine reiche Mythologie und ein Legendenschatz, der zum Teil noch heute durch das *Popul Vuh* (das Buch vom Sitz der Autorität oder Buch des Rates) der K'iche' zugänglich ist. Dessen Text wurde kurz nach der Eroberung Guatemalas ins römische Alphabet transkribiert.

Das *Popul Vuh* ist ein heiliger, kosmologischer Text, vergleichbar mit dem Alten Testament oder den Veden im Sanskrit und ein bedeutendes Werk nicht nur der »Neuen Welt«, sondern der gesamten klassischen Weltliteratur. Seine Schöpfungsgeschichte und der Ort seines Ursprungs mitten in Mesoamerika – ein zentraler geographischer Bezugspunkt für Texte aus Nord- und Südamerika – hob es in den Rang der »Bibel Amerikas«. »Das *Popul Vuh* zu studieren bedeutet, das Herz des nativen Amerika zu prüfen«, bemerkt Gordon Brotherston, Professor für Spanisch und Portugiesisch an der *Indiana University* und Verfasser des *Book of the Fourth World: Reading the Native Americas through their Literature.*

Die Erzählung beginnt mit dem Anfang der Zeit, setzt sich über die Erschaffung des Menschen aus Maismehl und die vier Zeitalter der Welt fort bis zur Geschichte der K'iche'-Maya und zur Ankunft der *conquistadores,* die unter der Führung von Pedro de Alvardo, dem Oberleutnant von Hernán Cortés, Guatemala im Jahre 1524 stürmten.

Die Maya-Prophezeiungen über das apokalyptische Ende ihrer Epoche scheinen eingetroffen zu sein. Die klassische Zivilisation erlebte in ganz Mesoamerika etwa ab 750 n.Chr. einen mysteriösen, bis heute unerklärten Niedergang. Gegen 950 n.Chr. begann für die Stadtstaaten und Andenreiche eine heute als »dunkles Zeitalter« bezeichnete Periode.

Im Falle der Maya weisen die archäologischen Funde auf einen recht plötzlichen Zusammenbruch hin, für dessen Erklärung heutige Experten von Seuchen bis hin zu Umweltkatastrophen durch Abforstung und Bodenerosionen alles in Betracht ziehen. Auf äußere Angriffe oder innere Revolten gibt es kaum Hinweise. Was auch immer die Ursache gewesen sein mag, die Völker der klassischen Zivilisationen schienen jedenfalls eins nach dem anderen die Maya-Prophezeiungen vom »Kommen einer anderen Zeit« zu erfüllen, denn sie verließen ihre Hauptstädte und entwickelten sich zu den kleineren, lokalen Stammesgruppen zurück, aus denen ihre Zivilisation einst hervorgegangen war.

Vielleicht blieb es allein den Maya vorbehalten, ihr eigenes Ende zu verstehen. In den Worten des *Popul Vuh:*

x kizk etamah ronohel	Sie verstanden alles,
x ki muquh	was sie sahen,
kah tzuq kah xukut.	die vier Schöpfungen,
	die vier Zerstörungen.

Obwohl der Niedergang in den Anden etwas später einsetzte, scheint das »dunkle Zeitalter« ganz Amerika erfaßt zu haben. Diesem folgte etwa ab 900 n.Chr. eine nachklassische Periode, die bis zur Ankunft der Spanier in ihren Hauptzentren in Mexiko und Peru in den zwanziger Jahren des 16. Jahrhunderts anhielt. Die Zerstreuung der Bevölkerung aus Reichen wie dem von Teotihuacán sorgte dafür, daß die Vorstellungen und Begriffe ihrer Zivilisation in andere Imperien hineingetragen wurden.

Die Azteken und das Zeitalter der Fünften Sonne

Die Tolteken erhoben sich als erste aus der Asche und gründeten zwischen 1000 und 1200 n.Chr. ein großes Reich in Mittel- und

Südmexiko. Von ihrem etwa acht Kilometer nördlich des heutigen Mexiko-City gelegenen Ursprungsort Tollán aus dehnten sie den Herrschaftsbereich ihres weisen Hohepriesters Quetzalcoatl, der gefiederten Schlange, bis zu den Mixteken und Zapoteken nach Oaxaca und bis an die früheren Grenzen des Maya-Reichs aus.

Den Tolteken folgten die Mexica, eine der bekanntesten vorkolumbischen Zivilisationen. Von ihrem legendären Ursprungsort Aztlán, »Ort der Reiher«, irgendwo im Nordwesten Mexikos wanderten die Azteken, später als Mexica bekannt, Mitte des 13. Jahrhunderts auf der Suche nach einem Land, das ihnen ihr Hohepriester, der Sonnengott und Gott der Zeit Huitzilopochtli (»Der den Tag macht«), verheißen hatte, nach Mittelmexiko.

Erkennen sollten sie dieses Land an einem mächtigen Adler, der auf einem Feigenkaktus saß und eine Schlange verzehrte. Dieses Bild bot sich den Wanderern auf einer Insel im Texcoco-See im Hochtal von Mexiko. Wie in den Vereinigten Staaten der Irokesenadler ist auch das Symbol der Azteken zum mexikanischen Staatswappen geworden und kann von dem heutigen Besucher auf Briefmarken, der Nationalflagge und an mexikanischen Regierungsgebäuden bewundert werden.

Tenochtitlán, »der Ort des Kaktus«, wurde das Venedig Amerikas, und das Volk der Azteken gedieh. Sie erfanden ein einmaliges System zur Landgewinnung für den Ackerbau, indem sie Erde und Schlamm mit Rohrgeflecht befestigten und im See künstliche Inseln anlegten, die *chinampas* oder »schwimmende Felder« genannt wurden. Mehrere Mais- und Gemüseernten im Jahr und der Bund mit zwei benachbarten Stadtstaaten, Texcoco selbst und Tlacopán, ließen die Bevölkerung von Tenochtitlán gegen Ende des 15. Jahrhunderts auf bis zu 225 000 Einwohner anwachsen, womit die Stadt größer war als jede europäische Hauptstadt der damaligen Zeit.

Tenochtitláns Straßen waren Kanäle und Dämme, sie verbanden die Hauptstadt mit einem nach Süden und Osten expandierenden Reich, das schließlich eine Bevölkerung von etwa zehn Millionen Menschen regierte. Die von den unterworfenen Stämmen gelieferten Arbeitskräfte und Tribute machten die weitere Ausdehnung des Reichs möglich und förderten den Wohlstand des aztekischen Adels oder *pipiltin* (die der Abstammung) aus Kriegern, Priestern und Staatsbeamten.

Land, Jade, Gold, Edelsteine, Quetzalfedern und Jaguarhäute stellten eine von der Oberschicht begehrte Kriegsbeute dar, dienten jedoch vornehmlich der Verzierung der abgeflachten Pyramidentempel, in denen etwa 126 Hauptgötter verehrt wurden. Die weitere Ausdehnung des Reichs wurde demnach ebenso von religiösen wie von ökonomischen Zwängen diktiert, insbesondere aber von der Notwendigkeit, die Götter durch regelmäßige Opferungen menschlichen Blutes und, im Falle des Sonnengottes Huitilopochtli, von menschlichen Herzen, zufriedenzustellen.

Die Bürger waren in *calpulli* eingeteilt, das waren ursprünglich Sippen, später jedoch Clans, die bestimmte soziale und wirtschaftliche Aufgaben hatten. In den Städten entwickelten sich die *calpulli* zu einer Art Mittelschicht aus Handwerkern und Kaufleuten und spielten häufig eine ähnliche Rolle wie die mittelalterlichen Gilden, die es zur selben Zeit in Europa gab. In ländlichen Gegenden bestand das Volk hauptsächlich aus Landarbeitern oder *macehuatlin,* deren örtliche Häuptlinge die aztekischen Tribute einzutreiben hatten und für die Verbreitung der aztekischen Religion und Kultur sowie die Förderung der Nahuatl-Sprache zu sorgen hatten. Sie waren auch dafür verantwortlich, daß ihre Untertanen ihrer Verpflichtung zum Arbeitsdienst oder *coatequitl* nachkamen, der im Bewirtschaften der staatlichen Besitzungen, im Militärdienst oder in der Mitarbeit bei staatlichen Bauprojekten bestand.

Das von den *macehuatlin* bewirtschaftete Land war Gemeinbesitz und wurde den einzelnen Familien nach Bedarf zugeteilt. Es konnte nicht verkauft, wohl aber an die nächste Generation weitergegeben werden. Den nächsttieferen gesellschaftlichen Rang nahmen die landlosen *calpulli* ein, eine Klasse aus Leibeigenen, die auf den Anwesen oder in den Haushalten der Adligen arbeiteten. Die niedrigste Gesellschaftsschicht bildete ein großes Heer aus Sklaven, die hauptsächlich bei kriegerischen Auseinandersetzungen gefangengenommen worden waren.

Diese Gesellschaft wurde von dem aztekischen König oder *tlahtoani,* »dem Großen Sprecher«, regiert. Seine Untertanen gehorchten ihm und verehrten ihn wie einen Gott, da der religiöse Glaube seine Autorität und seinen Rang untermauerte. Mythen und Religionen von eroberten Stämmen nutzten die Azteken geschickt für ihre eigenen Ziele. So stilisierten sie sich zu den Erben der Tolteken und gaben ihrer Herrschaft damit eine heilige Rechtfertigung, denn die toltekische Religion fand unter den damaligen Völkern Mittelamerikas in verschiedener Form Verbreitung.

Die Herkunft vieler Götter der Azteken, wie die des Regengottes Tlaloc, läßt sich bis vor die Zeit der Tolteken nach Teotihuacán zurückverfolgen. In der Vorstellung der Azteken war die Welt eine Insel, und die Hauptstadt ihres Reichs war ein Mikrokosmos des Ganzen. Ihre Kosmologie lehrte sie, daß es vier Welten oder »Sonnen« gegeben hatte; jede davon wurde von einem der vier Söhne des Schöpfers des Universums, dem Gott Ometeotl, erschaffen. Sie lebten im Zeitalter der Fünften Sonne, das mit der Gründung der »Stadt der Götter« Teotihuacán begonnen hatte.

Die Fünfte Sonne wurde durch das Blut von Menschenopfern genährt. Doch dadurch vermochte man, ebenso wie in der Überzeugung der Maya, das Unvermeidliche, nämlich die Zerstörung und das Ende der aztekischen Welt und ihres Reichs, nur hinaus-zuzögern. Das Schicksal wurde von der Zeit bestimmt, über die Huitzilopochtli herrschte und die in Einheiten von 13, 20, 260 und 360 Tagen gemessen wurde, dazu kamen fünf unheilvolle Tage am Ende des Sonnenjahres.

Kosmische Zerstörung und Erneuerung und die Vorahnung eines Verhängnisses beherrschten das Denken der Azteken und trugen vermutlich zum Sturz ihres Reichs durch eine Handvoll spanischer Abenteurer bei. Als er von der Ankunft dieser merkwürdigen, von Hernán Cortés angeführten Bande fremder Männer hörte, war der aztekische Herrscher Moctezuma I, ein offenbar besonders mystischer *tlahtoani,* beunruhigt. Denn die Legende berichtete, wie Quetzalcoatl, der als gefiederter Schlan-gengott verehrte Hohepriester, von seinen Feinden aus der Hauptstadt der Tolteken Tollán vertrieben wurde, obwohl er sein Volk gütig und gerecht regierte.

Nach den Mythen war Quetzalcoatl gen Osten gesegelt und hatte gelobt, im »Jahr Eins Rohr«, *Ce Acatl,* heimzukommen, um sein Eigentum zurückzufordern. *Ce Acatl* war sein Geburtsjahr und kehrte, wie jedes Jahr des Azteken-Kalenders, alle 52 Jahre wieder. Das Unglaubliche geschah, indem aztekische Kund-schafter Cortés' Schiffe und Männer erstmals im Jahr 1519 erspäh-ten, dem Jahr also, in dem *Ce Acatl* im Februar begonnen hatte.

Es scheint kaum Zweifel darüber zu geben, daß Moctezuma die Ankunft von Cortés als Erfüllung dieser Prophezeiung deu-tete und nun fürchtete, mitsamt seinem Volk aus Emporkömm-lingen und gewisserweise Usurpatoren des toltekischen Erbes das lange vorhergesagte Ende der Fünften Sonne erleiden zu müssen. Mit dem Ende behielt er recht, nicht jedoch mit Art und Ursache desselben. Die bösen Vorahnungen der Azteken und ihr zögerliches Verhalten gegenüber den Fremden, die über die Dämme nach Tenochtitlán einmarschierten, waren letztlich entscheidend dafür, daß das Schicksal des Azteken-Reichs durch eine sich selbst erfüllende Prophezeiung besiegelt wurde.

Die Inka und das Tawantinsuyu

In den Zentralanden verlief das nachklassische Zeitalter ähnlich wie in Mesoamerika. Von den zahlreichen mächtigen Königreichen war das der Chimu an der Nordwestküste Perus am bedeutendsten. Die Überreste der Hauptstadt Chan Chan dieses einst gewaltigen Reichs, das sich an der Küste über Tausende von Kilometern erstreckte, liegen heute ungefähr fünf Kilometer nordwestlich der peruanischen Stadt Trujillo. Neun Meter hohe Wehrmauern umgeben hier ein 28 Quadratkilometer großes Stadtareal mit verzierten Palästen, Tempeln, Grabhügeln, Werkstätten und Wohnhäusern aus Lehmstein. Obwohl die Ruinenstätte verfallen ist und 1983 zusätzlich von Hochwassern in Mitleidenschaft gezogen wurde, bleibt Chan Chan die größte Lehmsteinstadt der Welt.

Um 1450 n.Chr. wurde Chan Chan von einer größeren Imperialmacht erobert, aber nicht ausgeplündert. Die Inka waren im späten 14. Jahrhundert aus mehreren Stämmen, die im Tal von Qosqo (Cuzco) im zentralen Andenhochland lebten, als stärkster hervorgegangen. Die wörtliche Bedeutung von »Inka« ist »Urbild« oder »ursprüngliches Vorbild aller Dinge«. Ebenso wie die Kulturen Mesoamerikas gründete sich das Inka-Reich auf die kulturellen und physischen Reste vorhergehender Kulturen. Der Schlüssel zur raschen Ausbreitung der Inka lag nämlich in ihrer Kunst, die in den Anden existierenden Gesellschaftsstrukturen zu nutzen und auszubauen, um ihre staatliche Hoheit auf eine immer größere Zahl ethnischer Gruppen auszudehnen.

Als der spanische Eroberer Francisco Pizarro 1527 erstmals seinen Fuß im nördlichen Hafen Tumbes auf den Boden des Inka-

Reichs setzte, schloß dieses das heutige Ecuador, Peru und Bolivien, die nördliche Hälfte Chiles und Nordwestargentinien ein. Die Inka nanntes es *Tawantinsuyu,* das Reich der »Vier Himmelsrichtungen«, weil sie es in vier Sektionen oder *suyus* (Hauptprovinzen) eingeteilt hatten und glaubten, sie hätten die gesamte Andenwelt erobert.

Die symbolische Einteilung dieser Welt begann mit den vier Straßen, die von Qosqo (was in Quechua, der Sprache der Inka und ihrer heutigen Nachfahren, »Nabel« heißt) ausgingen. Dieser »Nabel« lag in über 3 000 Metern Höhe und war der Ort, wo der Himmel in Gestalt der Inka oder ihres Kaisers, des *Sapa Inka* (Einzigen Inka), die Erde berührte. Ebenso wie die Azteken huldigten die Inka der Sonne und betrachteten ihren obersten Herrscher Manku Quapaq als deren direkten Abkömmling. Wie bei den Azteken verlieh seine Herkunft den Inka den Status und die Autorität von Halbgöttern. Ebenfalls wie die mesoamerikanischen Kulturen kannten auch die Inka einen höchsten Schöpfer, Pachakamaq, die »Seele der Welt«, und ein Götterpantheon, dessen wichtigste Gestalt Pacha Mama, die Mutter Erde war, die auch heute noch überall in den Anden verehrt wird.

Die *ayllu* war die genaue Entsprechung der gesellschaftlichen Basisgruppe *calpulli* in Mittelamerika. Diese Sippe beziehungsweise Clan genoß ein unveräußerliches Recht auf Land und war die gesellschaftliche Klasse, die zur Zahlung von Tributen, vor allem in Form von Ernteerzeugnissen und Textilien, herangezogen wurde sowie zur *mit'a,* der Arbeitspflicht oder Zwangsarbeit.

Zwischen Azteken und Inka gab es aber auch wichtige Unterschiede, insbesondere kultureller Natur, die größtenteils auf die unterschiedlichen Umweltbedingungen ihrer Reichsgebiete zurückzuführen sind. Das Azteken-Reich war eine städtische, unternehmerische Welt mit einer breiten Klasse von Kaufleuten und einem recht ausgeklügelten monetären System, dessen Zahlungsmittel Kupfer und Kakao waren. Das Inka-Reich war dagegen ländlich. Seine größten Städte zählten nicht mehr als 15000 Einwohner, und die Größe der Hauptstadt Qosqo erreichte nur ein knappes Drittel von Tenochtitlán. Die wichtigsten Objekte des Tauschhandels waren im Inka-Reich die menschliche Arbeitskraft und Nahrungsmittel. Tausch und Weiterverteilung waren als die besten Mittel, um in den feindseligen Gebirgs- und Wüstenregionen die Nahrungsmittelversorgung der Bevölkerung zu sichern, die grundlegenden Organisationsprinzipien des Reichs.

Die gegenseitige Abhängigkeit war durch die Umweltbedingungen der Anden vorgegeben, wo Felderzeugnisse und natürliche Ressourcen je nach Höhenlage variierten. Die Gesellschaft war durch die Schaffung der sogenannten »vertikalen Wirtschaft« so organisiert, daß die Nutzung der unterschiedlichen ökologischen Gebiete möglichst vielen Gruppen zugute kam.

In einem Land, wo ein Drittel der Ernte durch Frost, Wind und Trockenheit zerstört wurde, ganz zu schweigen von den Transportschwierigkeiten über Gebirgspässe in schwindelerregender Höhe, konnten die *ayllus* nur dadurch eine ausgewogene Ernährung erreichen, daß sie Tauschhandel betrieben oder sich mit anderen *ayllus* aus den drei verschiedenen Klimazonen – Hochlandweiden, heißes Tiefland und gemäßigte Gebiete – zusammenschlossen.

Die Bevölkerungsmehrheit im Herzen des Inka-Reichs, in den in über 2700 Metern Höhe gelegenen Hochlandbecken, konnte praktisch nur höhentaugliche Knollengewächse (Kartoffeln, *oca, ulluca* und *mashawa*) und ihre einzigen Getreidesorten *quinoa* und *caniwa* anbauen. Diese wurden gegen Früchte, Gemüse, Mais und vor allem Coca (die wichtigste Ritualpflanze) aus den gemäßigten Zonen und dem Tiefland getauscht.

Die zentralistische Organisation dieser gegenseitigen Abhängigkeit war die Basis des Inka-Reichs und seines phänomenal raschen Wachstums. In riesigen Speichern wurden Getreide und andere Nahrungsmittel für den Fall einer Hungersnot gelagert. Archäologen haben anhand der Ruinen der Inka in Huanuco ausgerechnet, daß sich einst 500 Speicher mit einem Fassungsvermögen von insgesamt 250 000 Kubikmetern dort befunden haben.

Die stillschweigende Übereinkunft zwischen Staat und Volk – Sicherung der Nahrungsmittelversorgung gegen Tributzahlungen und Arbeitseinsatz – sicherten dem Inka-Reich die Herrschaft über mehr als 200 einzelne ethnische Gruppen, von Jägern und Sammlern im Amazonasbecken bis hin zu mächtigen Königreichen an der pazifischen Küste. Obwohl der Inka-Staat ein großes stehendes Heer unterhielt und sich sein Territorium durch gewaltige Infrastrukturprojekte erschlossen hatte (das Reich verfügte über 32 000 Kilometer gepflasterte Straße einschließlich zwei über 5 000 Kilometer lange Nord-Süd-Achsen), schlossen sich ihm zahlreiche Stämme und Königreiche freiwillig an.

Trotzdem war der Inka-Staat ein Reich. Was von vielen Historikern als Wohlfahrtsgesellschaft oder sogar Sozialismus interpretiert wird, war nichts anderes als königlicher Paternalismus und aufgeklärter Eigennutz. In einer Gesellschaft, die ihren Reichtum in den Menschen und ihrer Arbeit sah und nicht in Gütern und Besitz, war die Wohlfahrt der Untertanen eine Selbstverständlichkeit und hatte als Hauptaufgabe des Staates oberste Priorität.

In Anbetracht der Größe und Lage des Inka-Reichs und des Umfangs der Tributeinnahmen und der *mit'a* überrascht es kaum, daß die Inka eine ausgereiftere Zivilverwaltung hatten als die Hochkulturen Mittelamerikas. Sie zählten ihre Haushalte in Zehnergruppen, wobei *chunka* (10) die niedrigste und *huna* (10 000) die höchste Einheit war. Jeder Einheit stand ein Beamter des entsprechenden Ranges vor.

Ernteerträge, Tributzahlungen und Volkszählungen wurden mit Hilfe der aus langen Fransen geknüpften Knotenschnüre oder *khipus* registriert, die durch die Vielfalt ihrer Farben und Geflechte von der Webkunst der Inka ein beredtes Zeugnis ablegen. Die spanischen Eroberer zerstörten Tausende dieser *khipus,* und das System ging mit den wenigen in den *khipu* eingeweihten Schriftkundigen unter. Was die *khipus* uns alles über Geschichte und Denken der Inka hätten erzählen können, bleibt nun der Spekulation überlassen.

Gemeinsamkeiten: Die Gemeinschaft der Geschöpfe

Es ist schwierig, allgemeine Aussagen über die vielfältigen Kulturen und Gesellschaftssysteme zu machen, die bei Eintreffen der Europäer zu Beginn des 16. Jahrhunderts in Amerika existierten. Aber mit Hilfe der Archäologie, der wenigen geretteten indigenen Texte, Hieroglyphen und dem Zeugnis einer Handvoll europäischer Chronisten ist es immerhin möglich, gewisse gemeinsame Züge dieser Kulturen zu erkennen. Diese können wie die Stränge eines *khipu* der Inka zusammengeflochten werden, um einen Eindruck von der Wucht des damaligen Zusammenpralls mit den Invasoren zu vermitteln.

Die erste Gemeinsamkeit war die Sippe oder Haushaltsgruppe als gesellschaftlicher Grundbaustein oft größerer sozialer Strukturen. Von Alaska bis Chile waren Jäger und Sammler, Bauern und in den höherentwickelten Gesellschaftsformen sogar Kaufleute und Handwerker in einem komplexen Verband aus gesellschaftlichen Beziehungen, die durch Abstammung, Clan und Großfamilie entstanden, miteinander verbunden. Dieser Verband baute auf einer generationenübergreifenden gegenseitigen Abhängigkeit und Zusammenarbeit auf, die stets die Grundlage für das Überleben – besonders in den unwirtlicheren Gegenden des Kontinents – war.

Der Gemeinschaftsaspekt überlagerte jedoch nicht zwangsläufig die Interessen des einzelnen, vielmehr waren beide eng miteinander verknüpft. In vielen Gesellschaften schuf die von der Gemeinschaft gebotene Sicherheit den Raum für die freie Entfaltung des einzelnen, für Wettbewerb und Rivalität. Diese Wechselbeziehung besteht bis heute. »Bei uns kann der einzelne sein Selbstbestimmungsrecht unabhängig vom Kollektiv nicht klar behaupten«, sagt der Potawatomi Robert T. Coulter, Direktor des *Indian Law Resource Center* in den Vereinigten Staaten. »Wir Cherokee haben immer gewußt, daß ein freies Volk genauso mit der Stimme des ganzen Volkes wie mit der Stimme jedes einzelnen spricht. Bei uns Cherokee hat jeder seine eigenen Auffassungen... Wir sprechen nicht als ein Volk, solange wir nicht für jeden einzelnen Cherokee sprechen können«, stellte die 1972 veröffentlichte *Declaration of the Five County Cherokee* fest.

Die meisten indigenen Gesellschaften bemaßen den Rang des einzelnen an dessen Beitrag, Beteiligung und Verantwortlichkeit in der Gemeinschaft und nicht an dessen materiellem Besitz. Diese Werte sind bis heute die wichtigsten Kriterien der indigenen Kultur geblieben. »Ich definiere mich sehr stark über diese Werte. Auch wenn er digitale Uhren und Farbfernseher noch so mag, ein echter Mixteke, Nahua oder Tzotzil würde immer lieber jemand *sein,* als etwas zu *haben«,* erläutert ein indigener Arzt in Mexiko.

Die europäischen Ankömmlinge in Amerika hatten ganz andere Wertvorstellungen. Sie wollten sich in der neuen Welt bereichern, um im eigenen Land jemand zu sein. Sie waren ganz versessen auf Land, Gold und Sklaven, weil dies die Statussymbole der Aristokratie und der Obrigkeit in der alten Welt waren.

Die Ureinwohner deuteten diese Gewinnsucht auf ihre Weise. »Diese Liebe zum Besitz ist eine Krankheit von ihnen«, bemerkte der berühmte Sioux-Häuptling Tatanka Yotanka (Sitting Bull) 1877. Vielen ist dieses Wertsystem bis heute fremd geblieben. »Was einen guten Geschäftsmann oder Unternehmer ausmacht, hat nichts mit dem zu tun, was einen guten Menschen ausmacht«, stellt Leonard George fest, ein Burrard-Indianer aus Kanada.

Die indigenen Völker Amerikas betrachteten sich als integralen und dennoch individuellen Teil einer großen Gemeinschaft. Ihr Leben war ein Stück in dem nahtlosen Gewebe ihrer Geschichte und ihrer Heimat. Die in ihren Kontinent eindringenden Glücksritter besaßen dagegen kein Identitätsgefühl, und das nicht nur, weil sie als arme, landlose Freisassen in der Heimat tatsächlich keinen gesellschaftlichen Status hatten. Vielmehr verloren sie in dieser neuen, als feindselig empfundenen Umgebung ohne jeden Bezugspunkt rasch jede kulturelle Orientierung.

Nach 1492 prallten in Amerika Identitäten und Werte der Gemeinschaft und des Individualismus verstärkt zusammen. Die Ausbreitung des Kapitalismus, die Reformation und die politischen Wechsel im 17. und 18. Jahrhundert trugen dazu bei, das europäische Selbstverständnis, das Privateigentum und die Rechte des einzelnen aufzuwerten. Ironischerweise war der weitgehend nach Europa verschiffte Reichtum »Indiens« für die Förderung dieser Entwicklung mitverantwortlich. Aus diesem Grund setzen viele Wissenschaftler die Geburtsstunde der modernen Welt im Jahr 1492 an.

Die zweite Gemeinsamkeit der indigenen Gesellschaften war ihre naturalistische – heute als umweltorientiert bezeichnete – Weltsicht. Tiere und Pflanzen betrachteten sie als Mitglieder ihrer Gesellschaften. Für viele Kulturen hatten sie eine Seele wie der Mensch. Umgekehrt galt das gleiche: Die Menschen waren Teil des Tier- und Pflanzenreichs. Dieser ganzheitliche Ansatz gründete sich auf evolutionäre Erfahrungen. Heutige Ökologen sind davon überzeugt, daß die Umwelt Amerikas ihre Bewohner formte und genauso von ihnen geformt wurde, besonders die Wälder. »Die Monumente ihrer Zivilisationen sind nicht Städte und Tempel, sondern die natürliche Umgebung selbst«, behauptet der nordamerikanische Anthropologe Darrel Posey.

Menschen, Tiere und Pflanzen konnten in unterschiedlicher Gestalt erscheinen – eine Verwandlungskunst, von der in Mythen und Erzählungen die Rede ist und auf die noch heute Tiermasken bei Tänzen und Ritualen hinweisen. Viele indigene Kulturen betrachteten den Menschen lediglich als Mittler in den vielfältigen Beziehungen zwischen Pflanzen, Tieren und den Menschen selbst, weil er mit dem Geist der Lebewesen in Berührung kam, die er kultivierte und jagte.

Diese umweltorientierte Weltsicht der indigenen Völker hing auch mit ihrer Bodenständigkeit zusammen. Auch wenn sie als nomadisierende Jäger umherzogen, waren die Menschen an einen Ort gebunden, wo sie geboren wurden, ihre Kinder zur Welt brachten und starben. Die meisten indigenen Völker glaubten, daß der Ort, wo sie lebten und starben, der Ursprungsort ihrer ethnischen Gruppe oder sogar der Menschheit war, und sahen sich von ihren Göttern in Gestalt von Sonne, Regen, Erde, Bergen und Wald umgeben.

Die Verwurzelung vieler indigener Völker in ihrer Umgebung war tief mystisch. »Gesunde Füße können das Herz der heiligen Erde hören«, bemerkt Tatanka Yotanka (Sitting Bull) Ende des 19. Jahrhunderts. »Der Indianer verkörpert immer noch den Geist des Landes. Das wird so bleiben, bis andere Menschen fähig sind, diesen Geist zu erspüren und seinem Rhythmus zu folgen«, schrieb Chief Luther Standing Bear von den Lakota in seiner 1933 veröffentlichten Autobiographie.

Die indigenen Völker vollzogen Riten und Zeremonien zu Ehren der in ihrer Umgebung begrabenen Vorfahren, die das

Bindeglied zwischen ihrer Welt und dem Leben nach dem Tod darstellten. Ihr Lebensraum war für die Uramerikaner nicht nur die alte Welt, sondern auch die einzige Welt, der Mittelpunkt des Kosmos. Bei einigen Völkern spielte die Reinkarnation eine Rolle bei ihrer Zugehörigkeit. Dazu noch einmal Chief Luther Standing Bear: »Die Menschen müssen geboren und wiedergeboren werden, um eine Zugehörigkeit zu haben. Ihre Körper müssen aus dem Knochenstaub ihrer Ahnen gebildet werden.«

Von den *conquistadores* beschrieb der Italiener Amerigo Vespucci, dessen Name Amerika heute trägt, diese Welt am besten. Er nannte sie *mundus novus,* die »neue Welt«. Denn die Eroberer waren Männer ihrer Zeit und verzerrten das Vorgefundene nach ihren vorgefaßten Meinungen und Vorurteilen, ebenso wie Columbus selbst es getan hatte. Doch in vielerlei Hinsicht waren sie schlimmer als Männer ihrer Zeit, weil sie sich der Konventionen und Normen der fernen heimatlichen Autoritäten entledigt hatten.

Tatsächlich gerieten die *conquistadores* nicht nur einmal mit diesen Autoritäten, in deren Namen sie handelten, aneinander. Getrieben von ihrem eigenen Mythos vom goldenen Königreich Eldorado kamen sie, um die Natur ebenso wie die eingeborenen Wilden, die sie als Teil derselben betrachteten, zu erobern. Doch die meisten sollten in der neuen Welt genauso leer ausgehen wie in der alten.

Wissenschaft, Geister und stehende Steine: Die kosmische Ordnung

Die dritte Gemeinsamkeit der indigenen Gesellschaften Amerikas war ihr Verständnis von Wissenschaft und Technik. Nachweislich machten verschiedene indigene Völker von allen fünf Erfindungen Gebrauch, die die Grundlage der damaligen europäischen Technologie bildeten: Rad, schiefe Ebene, Schraube, Flaschenzug und Fläche.

Es gibt jedoch kaum Beweise dafür, daß sie theoretisierten oder Experimente durchführten, um zu verstehen, warum diese Erfindungen funktionierten. Ihr Hauptinteresse galt in der Praxis dem Spirituellen. Die Bemühung, sich die inneren Kräfte zu erschließen, die den äußeren Formen Bedeutung und Leben verliehen, war die Triebkraft ihrer Wissenschaft.

So wohnte dem Gold, in dem die Invasoren nur materiellen Reichtum sahen, für viele indigene Völker eine spirituelle und politische Macht inne, wenn es zuvor mit bestimmten Kräften, wie dem von der Sonne verkörperten Lebensgeist, in Quechua *camay,* ausgestattet und beseelt worden war. Dieser Prozeß verwandelte seine innere Form, die wichtiger war als die äußere.

Solche Unterschiede im Verständnis und der Deutung bestimmter Dinge veranlaßten die ab dem ausgehenden 15. Jahrhundert in Amerika eintreffenden Europäer dazu, die indigenen Gesellschaften in der Steinzeit anzusiedeln. Schließlich war die spanische Technologie in Form von Schießpulver, Schwertern und Rüstzeug für die Eroberung entscheidend gewesen.

Die Indianer besaßen kaum Bronze und kein Eisen – Metalle, die die westliche Gesellschaft durch Waffen und Werkzeuge verändert hatten. Die meisten machten keinen praktischen Gebrauch vom Rad und kannten keine Lautschrift oder Schriftsprache, abgesehen von recht komplizierten Registriersystemen. Es waren mündliche Kulturen. »Warum spricht es nicht zu mir?« fragte Inka Atawallpa beim Durchblättern der Bibel, die Pater Vicente, Francisco Pizarros Priester, ihm zeigte.

Um so ironischer mutet es an, daß sich indigenes und europäisches Denken im Bereich des Wissens und der Wissenschaften am nächsten kamen. Zwar gingen sie von einem unterschiedlichen Naturverständnis aus, doch verfolgten beide Gesellschaften ähnliche Ziele: Sie suchten nach Möglichkeiten, die Folgen der sie umgebenden Ereignisse zu beherrschen. Denn man sollte nicht vergessen, daß im Europa des späten 15. Jahrhunderts der Stein der Weisen, der unedle Metalle in Gold verwandeln konnte, hoch im Kurs stand, daß es von unheilbringenden Hexen und Geistern nur so wimmelte und sich überall unsichtbare Kräfte zwischen den Dingen regten.

Auf keinem Gebiet waren die Auffassungen so ähnlich wie in der Medizin. Beide Gesellschaften glaubten, daß Pflanzen und natürliche Substanzen Krankheiten heilen konnten. Der Unterschied lag in der Begründung. Die indigenen Völker führten diese Wirkungsweise nicht auf die Chemie zurück, sondern auf die der Pflanze innewohnende geistige Kraft und ihre Fähigkeit, mit Körper und Seele in Beziehung zu treten. »Für ein westlich erzogenes Publikum ist die Vorstellung eines beseelten Baumes und einer lebenden Erde schwer zu fassen«, stellt Dr. Pam Colorado, eine Oneida, fest. »Ein Eingeborener, der mit einem Baum spricht, ist kein Geistesgestörter, im Gegenteil, er ist ein forschender Wissenschaftler!«

Das Europa der Renaissance nahm immer mehr Abstand von einem spirituellen Naturverständnis und bezog einen materiellen Standpunkt. Das Denken wurde entmystifiziert, der Glaube rationalisiert, während alle Dinge und Menschen von einem allmächtigen Gott gelenkt wurden. Diese Entwicklung sollte sich im Laufe des 17. und 18. Jahrhunderts noch beschleunigen und die Kluft zwischen der indigenen und der europäischen Weltanschauung vertiefen.

Der vierte gemeinsame Strang der indigenen Kulturen Amerikas bestand darin, daß sie dem Kosmos eine bewußte Ordnung gaben, mit der sie ihre Welt und sämtliche Ereignisse zu erklären, zu definieren und zu deuten suchten. Viele sahen eine Verbindung zwischen ihrer Gemeinschaft und anderen Indianergemeinschaften im Himmel und in der Unterwelt. Die Erde, der Himmel und die Unterwelt sind »die drei Räume der Erde, in denen unsere Familie, die vergangene, die gegenwärtige und die zukünftige, wohnt«, so der Shuar-Führer Miguel Puwainchir.

Gleichgewicht und Polarität spielten in dieser Weltanschauung eine entscheidende Rolle. Heiß mußte durch kalt ausgeglichen werden, männlich durch weiblich, hoch durch tief, und in einigen Kulturen mußte der Einfluß des weißen Mannes durch den der Indianer ausgeglichen werden. In vielen Kulturen mußte das Leben auf der Erde und das der höheren Welten durch Rituale und Opfer gelenkt werden, um die Unterwelt und deren Einfluß durch Unordnung, Chaos und Unsicherheit in Schach zu halten.

Häufig hatten die religiösen Überzeugungen der indigenen Völker einen ganz direkten Bezug zu ihrer Umwelt. Man war, was man aß. Wenn man keine indigenen Erzeugnisse aß, wie Mais, Kartoffeln oder Büffelfleisch, verlor man im Laufe der Zeit in irgendeiner Weise sein indianisches Wesen. Dinge mit derselben Form waren für viele Völker miteinander verwandt. Sonne und Mond bildeten eine natürliche Einheit und waren durch Tag und Nacht ein Symbol für »Gleichgewicht« und »Polarität«.

In dieses Weltbild wurden auch unbelebte Dinge, wie Steine, einbezogen. »Dinge, deren Natur sich gleicht, beginnen mit der Zeit, sich ähnlich zu sehen. Diese Steine haben lange hier gelegen und die Sonne angesehen«, bemerkte der berühmte Sioux-Medizinmann des 19. Jahrhunderts Tatanka Ohitika (Brave Buffalo) zu einem Traum über große Steine im Standing-Rock-Reservat.

Viele indigene Völker Amerikas versuchten, sich mit Hilfe dieser Weltanschauung zu erklären, was die Weißen mit ihnen taten. Der weiße Mann schien buchstäblich zu wachsen und ihren Lebensraum einzunehmen, indem er sich die Taschen mit den

Reichtümern ihrer Natur vollstopfte. Dazu Speckled Snake, ein Creek-Indianer, der im Verdacht stand, über 100 Jahre alt zu sein, als er im Jahr 1829 sagte: »Brüder! Als er zum ersten Mal über das große Wasser kam, war er nur ein kleiner Mann ... Seine Beine waren krumm vom langen Sitzen in seinem großen Boot... Aber als der weiße Mann sich am Feuer der Indianer gewärmt und sich den Bauch mit ihrem Maisbrei gefüllt hatte, wurde er sehr groß. Mit einem großen Schritt stieg er über das Gebirge, und seine Füße bedeckten die Ebenen und Täler. Seine Hände reichten vom Meer im Osten bis zum Meer im Westen, und sein Kopf ruhte auf dem Mond ... Er sagte: ›Rück ein bißchen weiter, sonst tret ich auf dich ...‹«

Mythen und Überzeugungen: »Eßt ihr das Gold?«

Deutungen, Weissagungen und Anweisungen oblagen den Schamanen – ein heute gebräuchlicher Sammelbegriff zur Bezeichnung von Priestern, Zeremonienmeistern, Heilern oder Zauberern jeder Art. Schamanen besaßen übersinnliche Kräfte und nutzten sie, um die indigene Welt zu beeinflussen oder zu deuten, gewöhnlich, indem sie als Mittler zwischen der sichtbaren und der unsichtbaren Welt hin und her reisten.

Als Bewahrer von Mythen und wertvollem Kulturgut waren die Schamanen die Hüter der Vergangenheit, als Wahrsager und Propheten waren sie der wichtigste Kanal für die Zukunft. Lieder, Rituale und Träume waren ihre Medien, denn das Schamanentum bestand aus erworbenem Wissen und persönlicher Berufung und wurde getragen von dem tiefen Mystizismus der indigenen Gesellschaften.

Die Worte eines Chamacoco-Schamanen aus Paraguay bestätigen dies: »Wenn ich zu singen aufhöre, werde ich krank. Meine Träume können nirgends umherschweifen und quälen mich.

Wozu war es am Ende des Tages gut zu leugnen, wer ich bin?« Viele Schamanen bezeichneten sich selbst als Geister auf der Suche nach größeren Geistern: Vorfahren, Göttern oder Lebenskräften.

Das alltägliche Leben war von dieser Mystik und dieser Religiösität durchdrungen und auch häufig sprachlich nicht davon zu trennen – das ist es, was die Indianer meinen, wenn sie davon sprechen, ihren Glauben zu leben. Disharmonie in der Gemeinschaft, das Brechen der Traditionen oder die Verletzung der Moral konnten zur Störung oder zu einem Ungleichgewicht in der geistigen Welt führen, das sich wiederum in Krankheiten, Naturkatastrophen oder einem allgemeinen Unheil niederschlagen konnte.

Auch als die alte Welt in Gestalt der *conquistadores* die Kulturen der »neuen Welt« auszuplündern begann, versuchten die indigenen Gesellschaften, diese Ereignisse, meist durch ihre Priester und Schamanen, zu deuten. Moctezuma, der aztekische Herrscher, vermutete, daß die haarigen Männer aus dem Osten Götter waren, die ihr rechtmäßiges Erbe von ihm forderten. Der Inka Wayna Qhapaq suchte nach einer Erklärung für die Gier der Europäer nach Gold und Silber, als er, wie der Chronist Felipe Guaman Poma berichtet, den Spanier Pedro de Candia fragte: »*Kay qoritachu mikhunki?*« (Eßt ihr dieses Gold?)

Als die Tempel zerlegt wurden, um eine Kammer mit dem Schweiß der Sonne (Gold) und zwei Kammern mit den Tränen des Mondes (Silber) zu füllen – das für die Freilassung von Inka Atawallpa verlangte Lösegeld –, kamen andere Interpretationen auf. Viele Inka fürchteten, daß dies die von den Priestern vorausgesagte Katastrophe sei: das *pachakut'i* oder der kosmische Bruch. Als Atawallpa dann erdrosselt wurde, obwohl er das Lösegeld aufgebracht und sich der Taufe gebeugt hatte, bestätigten sich die schlimmsten Vermutungen der Inka.

Das ganze Leben war von Mythen durchsetzt, um die Vergangenheit, die Gegenwart und die Zukunft zu deuten, die Religion zu untermauern, das Bedürfnis nach Wundern zu befriedigen und die gesellschaftlichen Regeln beziehungsweise die der Obrigkeit zu legitimieren, was gewöhnlich geschah, indem ihnen eine mystische, religiöse Herkunft gegeben wurde. Bekannte Mythen drehten sich um den Ursprung der Welt und die Erschaffung des Menschen. Andere Mythen suchten auch die Herkunft von Stämmen, Dynastien, Ritualen, Tieren und anderen Aspekten der Natur zu erklären.

Die Mythen beschäftigten sich vornehmlich mit allgemeinen Themen. Eins davon ist die Erneuerung und die Wiedergeburt, sowohl der Welt als auch des einzelnen; ein zweites ist die Bestrafung des Menschen durch ein Höheres Wesen, einen Gott oder mehrere Götter in Form einer Naturkatastrophe; ein drittes ist der Rollentausch, bei dem Tiere zu Menschen werden oder menschliche Eigenschaften annehmen und umgekehrt. In einer Sage der Kayapó hatten die Tiere vor den Menschen das Feuer entdeckt, und die Menschen mußten es von ihnen erwerben. In einem anderen Märchen aus den Wäldern aßen die Tiere einst gekochtes Essen und die Menschen rohes. Viele Mythen drehten sich um einen »Kulturhelden«, der Mensch und Gott zugleich war und das Beste der jeweiligen Kultur verkörperte.

Bald war in diesen Geschichten auch von der Ankunft des weißen Mannes die Rede. In den Anden glaubte man, daß die Eindringlinge den Schweiß und das Fett von Indianern brauchten, um ihre Maschinen zu ölen. Man war überzeugt, daß der Kulturheld vom Himmel oder von den Bergen herabsteigen werde, wie er es versprochen hatte, um die Indianer in Zentralamerika aus der Unterdrückung der Weißen zu befreien. Wenn der indianische Tanzchor der Geister bei den Cheyenne nur oft genug »hi-niswa' vita'ki'ni« (Wir werden wieder leben) sang, so glaubte

man, würden die toten Vorfahren und Büffel in den nordamerikanischen Prärien wieder zum Leben erweckt.

Die Weißen brachten ihre eigenen Glaubensvorstellungen
und Mythen mit. Allerdings hatten einige indianische Legenden
eine so große Ähnlichkeit mit bestimmten biblischen Geschichten, daß die Europäer in den indigenen Stämmen zeitweilig sogar
die Nachfahren eines der verlorenen Stämme Israels vermuteten.
Viele Schöpfungsgeschichten erinnerten sehr an den Bericht über
Adam und Eva in der biblischen Genesis. Die Legenden von der
göttlichen Bestrafung des Menschen wurden als Vertreibung aus
dem Paradies gedeutet und die Überschwemmungen als Noah
und die Sintflut, der Kulturheld war Jesus. Die Maya verwende-
ten bei religiösen Zeremonien sogar das Kreuz.

Doch der Mythos, der die Glücksritter auf der Suche nach
dem legendären Goldland Eldorado nach Amerika trieb, fand
keinen Platz in der Bibel. Dieser Mythos ging auf die Sage vom
Guatavita-See zurück, der auf 10 000 Fuß Höhe hinter Santa Fé
de Bogotá im Gebirgsland des heutigen Kolumbien liegt. Jedes
Jahr, so die Sage, fuhr der örtliche König, mit Goldstaub be-
deckt, in einer Barkasse voll goldenen Geschmeides auf den See
hinaus, um dieses dem Gott des Sees zu opfern und sich anschließend schwimmend das Gold abzuwaschen.

Dieser Mythos lockte immer wieder Invasoren an, angefangen beim *conquistador* Gonzalo Ximenes de Quesada, der dem
Geheimnis auf den Grund gehen wollte, indem er den örtlichen
Chincha-Häuptling im Jahr 1569 portionsweise über einem Feuer
briet, bis zur britischen Kompanie, die im Jahr 1913 ein kleines
Vermögen in den vergeblichen Versuch investierte, den See trok-
kenzulegen. Überall tauchten Eldorados auf. Expeditionen bis
südlich des Río de la Plata und bis zum Orinoco im Norden
wurden von den indigenen Gruppen, die mit ihnen zusammen-
trafen, immer tiefer in den Urwald geschickt. Diese meinten ver-

mutlich, die Europäer befänden sich auf der Suche nach dem mythischen Reichtum der Inka in Qosqo, wo jedoch zahlreiche Expeditionen ihren Ausgang nahmen.

Solche Mißverständnisse veranschaulichen die grundlegenden Unterschiede im Wertsystem von Weißen und Indianern. Dies ist das Thema eines nachkolumbischen Mythos der Cherokee. Bei der Schöpfung, so die Cherokee, bekam der Weiße einen Stein, der Indianer ein Stück Silber. Der Weiße warf seinen Stein voller Abscheu fort. Als der Indianer sein Silber als ebenso wertlos erkannte, tat er es dem Weißen nach. Später fand der Weiße das Silber, sah materiellen Reichtum darin und steckte es schnell ein. Der Indianer fand den Stein und trug ihn als heilige Kraftquelle stets bei sich.

Die Indianer, die in Amerika schließlich in ihrer Heimat waren, suchten nicht die Veränderung. Es war sogar ein vorrangiges Ziel ihrer Kultur, einen evolutionären Wandel um jeden Preis abzuwenden. Die neuen Siedler dagegen suchten die Veränderung, denn sie hatten die Heimat mit ihren verläßlichen Normen verlassen. Sie glaubten, nur dann ein vollkommenes Leben führen zu können, wenn sie fleißig genug daran arbeiteten, die fremde Umgebung und deren Eingeborene zu verändern. In diesem Prozeß manövrierten sie sich persönlich und kollektiv in etwas hinein, das als endloser Prozeß des »Werdens« bezeichnet werden könnte, in die Unsicherheit darüber, wer sie waren und was sie sein wollten.

Der Versuch, der Urbevölkerung diese Fleißkultur und dieses Leistungsdenken aufzunötigen, war der Auslöser für den kulturellen Konflikt. 500 Jahre später hat sich daran wenig geändert. »Die westliche Kultur will uns zwingen, einen bestimmten Plan zu verfolgen und nach irgendeinem Schema voranzukommen«, beschwert sich Gene Keluche, ein Wintu-Indianer. »Das ist Blödsinn! Es ist vollkommen in Ordnung, nichts zu tun. Obwohl man damit zuweilen seine westlichen Mitmenschen auf die Palme bringt, weil sie glauben, dir wäre alles egal oder du hättest ein Geheimnis. Tatsache ist, du hast eins!«

Quellen

Alvin M. Josephy Jr. (ed), America in 1492: The World of the Indian Peoples before the Arrival of Columbus, Vintage Books, New York 1993

Eric Wolf, Europe and the People without History, University of California Press, Berkeley 1982

Tzvetan Todorov, The Conquest of America: The Question of the Other, Harper and Row, New York 1984

Nathan Wachtel, The Vision of the Vanquished, Barnes and Noble, New York 1977

Hans Koning, The Conquest of America; How the Indian Nations Lost Their Continent, Monthly Review Press, New York 1993

Gordon Brotherston, Book of the Fourth World; Reading the Native Americas through their Literature, Cambridge University Press, Cambrigde 1992

Inventing America 1492-1992, NACLA Report on the Americas, New York, Vol. XXIV, No. 5 (February 1991)

Der Völkermord

Mit dem wahren Gott, dem wahren Dios,
nahm unser Unglück seinen Anfang.
Es war der Anfang der Tribute,
der Anfang der Kirchensteuern,
der Anfang des Haders durch das Herumtrampeln auf
    Menschen,
der Anfang der gewalttätigen Raubzüge,
der Anfang der Zwangsschulden,
der Anfang der durch falsches Zeugnis erpreßten Schulden,
der Anfang des Einzelkämpfertums.

Katun 11 Ahau (1539–59),
Buch von Chumayel, Chilam-Balam

Das liest sich wie der Anfang der Schöpfungsgeschichte, doch erzählt das Maya-Buch von Chumayel eher die Geschichte einer Apokalypse. Die Invasoren hoben die indigene Welt in ihrem ersten Ansturm auf Zentral- und Südamerika so gründlich aus den Angeln, daß deren Fortbestand in der zweiten Hälfte des 16. Jahrhunderts wirklich gefährdet war.

Die Bücher des Chilam-Balam (im yukatekischen Maya heißt »Chilam« Jaguar oder Gottheit und »Balam« Priester oder Orakel) sind Gemeinschaftschroniken, die während 300 Jahren Fremdherrschaft ständig auf den neuesten Stand gebracht wurden. Zwar liegen sie in romanischer Schrift vor, doch ihre mit verschlüsselten Anspielungen gespickten Geschichten sprechen in Rätseln und bleiben für Nicht-Maya unverständlich. Dies ist der Grund, weshalb sie die Siegesfeuer der spanischen Inquisition überlebten. Sie sind ein Paradebeispiel für die subtile Subversion, die das physische und kulturelle Überleben der Indianer möglich gemacht hat.

Alle in der zitierten Passage aus dem Chilam-Balam aufgezählten Arten der Unterdrückung setzen sich bis heute fort – einige in veränderter Form, doch die meisten erstaunlich unverändert. Wer die indigene Gesellschaft des heutigen Amerika verstehen will, muß die Eroberung und den ihr entgegengesetzten Widerstand als Prozesse miteinbeziehen, die bis in die heutige Zeit andauern. Die Eroberung war keineswegs nach ein paar Jahrzehnten abgeschlossen, genausowenig wie der mit ihr einhergehende Mißbrauch.

In den neunziger Jahren des 20. Jahrhunderts ist die Bedrohung der physischen Menschenrechte für viele Indigene in Amerika ebenso real wie für ihre Vorfahren. Eingeschleppte, zu verhindernde Krankheiten dezimieren die indigene Bevölkerung heute wie im 16. Jahrhundert. Schuldknechtschaft und Arbeit gegen Unterbringung und Verpflegung sind die modernen Varianten von Sklaverei und Zwangsarbeit in der frühen Kolonialzeit. In vielen Gegenden stellen aggressive protestantische Evangelisationskampagnen heute für indigene Völker eine kulturelle Bedrohung dar, die der Inquisition der römisch-katholischen Kirche vor einem halben Jahrtausend in nichts nachsteht.

Die indigenen Gemeinschaften Amerikas werden seit der Ankunft der Europäer auf ihrem Kontinent in dreifacher Weise zum Opfer von Menschenrechtsverletzungen. Erstens erleiden sie die ganze Palette der physischen Mißhandlungen, die zum gängigen Bild der Menschenrechtsverletzungen gehören: willkürliche Verhaftungen, Vertreibungen, Zwangsumsiedlungen, Festnahmen, Folter, Vergewaltigung und Mord. Zweitens werden ihnen die sozialen, wirtschaftlichen und bürgerlichen Rechte auf Gesundheit, Erziehung, Tariflöhne und die handelsüblichen Preise für ihre Erzeugnisse vorenthalten. Drittens werden sie kulturell unterdrückt und rassisch diskriminiert; diese Form der Unterdrückung richtet sich gegen ihre kollektive Identität als Völker und Nationen. Indigenen Völkern wurde das Recht verweigert, sich anders zu kleiden, anders zu leben, anders zu sprechen, an etwas anderes zu glauben und anders auszusehen, kurz, das Recht auf ein »kulturelles Gewissen«.

In Brasilien genießen die Indianer bis heute nur wenige Bürgerrechte. Das Bürgerliche Gesetzbuch betrachtet sie in zivilrechtlichen Fragen als »relativ unfähig« und stellt sie rechtlich mit Minderjährigen und geistig Behinderten auf eine Stufe. Deshalb brauchen Indianer in Brasilien einen gesetzlichen Vormund, und das ist sinnigerweise der brasilianische Staat selbst, der über die staatliche Indianerschutzbehörde *Fundacâo Nacional do Indio* (FUNAI) der rechtmäßige Eigentümer ihrer Territorien ist. Hätten sie nur irgendein echtes Bürgerrecht, würden sämtliche innerhalb der modernen Landesgrenzen Brasiliens angesiedelten indigenen Nationen gegen eben diesen Staat einen Großprozeß wegen Landraub, Mißbrauch und Fehlverwaltung einleiten. »Der Präsident der FUNAI gehört unter staatliche Vormundschaft und nicht die Indianer«, beschwert sich Ailton Krenak, Koordinator der Union indigener Nationen Brasiliens (UNI).

Einige Rechte, wie Sprache, Kleidung, Sitten und Gleichberechtigung mit anderen Bevölkerungsgruppen, sind offensichtlich und werden zuweilen von den Regierungen bestimmter brasilianischer Bundesstaaten anerkannt (allerdings selten durchgesetzt). Die anderen von vielen indigenen Völkern geforderten Rechte nach Selbstbestimmung und Autonomie, Land und Ressourcen und einem eigenen Verwaltungs- und Rechtssystem werden ihnen in der Regel sowohl gesetzlich als auch in der Praxis verweigert.

Über 500 Jahre nach der Ankunft der Europäer in Amerika gibt es nur eine aktuelle internationale Konvention zu den Rechten indigener Völker, nämlich die Konvention Nr. 169 (1989) zu indigenen und Stammesvölkern der Internationalen Arbeitsorganisation (ILO). Seit sie im September 1991 verabschiedet wurde, haben nur sechs Regierungen Amerikas die Konvention ratifiziert, und noch weniger haben ernsthafte Versuche unternommen, sie in Kraft zu setzen.

Physische, soziale, wirtschaftliche und kulturelle Rechte sind eng miteinander verknüpft und lassen sich häufig kaum trennen. Körperliche Mißhandlungen zielen oft darauf ab, die Forderungen nach kulturellen oder sozio-ökonomischen Rechten zu unterdrücken. Das können Tausende indigener Organisationen der verschiedenen Länder bezeugen, deren Anführer festgenommen, gefoltert und ermordet wurden. Weil ihre Kultur nicht anerkannt wird, besitzen Quechua-, Maya- oder Tukano-Gemeinschaften keinerlei soziale oder wirtschaftliche Rechte. Auf der anderen Seite ist ihre Kultur in Gefahr, weil die indigenen Gruppen keine sozio-ökonomischen Rechte besitzen.

Ein Beispiel soll genügen, um diese Verknüpfung zu veranschaulichen. Ohne das Bürgerrecht, seine Aussage in der Muttersprache vorzubringen, wird man sich vermutlich vor Gericht nicht ausreichend verteidigen können. Das Problem wurde durch eine Karikatur in der mexikanischen Presse illustriert, kurz nachdem das weitgehend indigene Zapatistische Nationale Befreiungsheer im Januar 1994 vier Städte im südlichsten mexikanischen Bundesstaat Chiapas eingenommen hatte: Ein festgenommener Maya steht einem Polizisten gegenüber, der zu ihm sagt: »So, du kannst kein Spanisch, he? Erster Punkt der Anklage: Landesverrat.«

Die Realität der Verletzung indigener Menschenrechte im heutigen Amerika ist die Realität der fortdauernden Eroberung. Alles, was den indigenen Völkern im Laufe der vergangenen 500 Jahre mit Gewalt weggenommen wurde – Land, Ressourcen,

Freiheit und sogar ihre Kultur –, kann nur durch Gewalt oder durch Androhung von Gewalt einbehalten werden. Das ist der Hauptgrund, weshalb in Amerika das Töten, die Ausbeutung und Diskriminierung kein Ende nehmen. Der Status quo kann nur mit den Mitteln aufrechterhalten werden, mit denen er einst eingeführt wurde: mit Gewalt.

Die heutige Eroberung Amerikas gründet sich auf eine Ungerechtigkeit, die überall sichtbar wird. Daß es in Amerika nicht noch mehr Gewalt gegeben hat, liegt einzig und allein daran, daß die Ungleichheit und die Mittel zu ihrer Durchsetzung inzwischen fast überall von der Armee, der Wirtschaft und den Regierungen institutionalisiert worden sind.

Die Repression ist nach wie vor dort am stärksten, wo der Status quo am meisten in Gefahr ist: wo indigene Völker sich gegen Raubzüge auf ihr Land oder gegen wirtschaftliche Maßnahmen, die ihre Lebensweise bedrohen, zur Wehr setzen. In fast jedem Land des amerikanischen Kontinents lassen sich dafür Beispiele finden, doch in den Amazonasgebieten von Peru, Brasilien, Ecuador und Venezuela, am Cauca in Kolumbien und im Hochland von Guatemala wird dies am deutlichsten.

Es ist traurig, aber wahr, daß sich in den meisten Ländern Amerikas das Ausmaß der vermeintlichen Bedrohung durch Indianer oder andere Opponenten an der jährlichen, monatlichen oder sogar täglichen Sterberate ablesen läßt. »Unschuldige Menschen unserer Nation werden einer nach dem anderen umgebracht. Habt ihr beschlossen, uns zu vernichten?« fragte Seneca-Häuptling Cornplant George Washington 1791 in einem Plädoyer, das noch Generationen nachhallte.

Den Rassismus institutionalisieren:
Jedem eine halbe Seele

Es ist kaum vorstellbar, daß die verarmten, weitgehend margina-
lisierten indigenen Völker Amerikas von irgend jemandem überhaupt für eine ernsthafte Bedrohung gehalten werden können.
Aber Individuen und Staaten sind Produkte ihrer Geschichte,
mögen sie dies auch leugnen. In Ländern, wo die Uramerikaner
die Bevölkerungsmehrheit oder eine große Minderheit stellen,
legen die weiße westliche Elite und die von ihr dominierte Regierung die Haltung eines wohlhabenden, vor Angst und Habgier
halbverrückten Ausbeuters an den Tag. »Sie wissen nur allzugut,
was sie den Indianern angetan haben und sind besessen von der
Angst, daß ihnen die Indianer das gleiche antun könnten«, so ein
bolivianischer Hilfsarbeiter.

Die Institutionalisierung der Eroberung stützte sich unter
anderem auf einen vielfältigen Rassismus – das historische Fun-
dament der Menschenrechtsverletzungen. Die mittelalterlichen
spanischen »Reinrassigkeitsbegriffe« (limpieza de sangre) wurden auf »Indien« übertragen, und unter Spanisch-Amerikanern
entwickelte sich die Klassifizierung der verschiedenen Rassenmischungen zur wahren Obsession. Rassismus und die dazuge-
hörige kulturelle Diskriminierung sind der ideologische Rahmen, in dem die Herrschaft der Eroberer und die Unterwerfung
der Eroberten gerechtfertigt werden.

Die indigenen Völker schufen sich nach der Eroberung ihr
eigenes Rassenbild, wenn auch nur in Mythen und ihrer mündlichen Überlieferung. Dafür gibt es zahlreiche treffende Beispiele, eins stammt vom Shipibo-Volk aus Amazonien. Es berichtet, wie der Schöpfer drei Urmenschen aus gebranntem Ton
schuf. Einen ließ er nicht lange genug im Ofen, das ist der Weiße.
Einen ließ er zu lange im Ofen, das ist der Schwarze, und einen
ließ er genau die richtige Zeit im Ofen, das ist der Indianer.

Das Erbe einer sozialen Hierarchie, die an die Apartheid erinnert, ist bis heute auf dem amerikanischen Kontinent lebendig. Dabei besteht die Oberschicht aus Weißen, dieser folgt eine Mittelschicht aus den verschiedenen Abstufungen von *mistis,* Mestizen oder *castas* (Mischlingen), und die Unterschicht besteht aus Indianern und Schwarzen. Die soziale Hierarchie beziehungsweise die Klassengesellschaft spiegelt überall in Amerika mehr oder weniger die rassische beziehungsweise kulturelle Hierarchie wider; Kultur und Klasse sind also weitgehend austauschbar geworden.

Das erste Zusammentreffen der Europäer mit der indigenen Gesellschaft Amerikas löste in Spanien und Portugal eine lebhafte Diskussion darüber aus, wer diese Menschen waren. Man fragte sich, ob sie zu rationalem Denken fähig wären und Seelen hätten (einige mutmaßten in jedem Indianer eine halbe Seele). Eigentlich ging es in der Diskussion darum, ob Indianer Menschen seien und folglich Menschenrechte besäßen.

Die Kontroverse erreichte im Jahr 1550 ihren Höhepunkt, als der liberale Dominikaner Bartolomé de las Casas, der in seinem »Bericht von der Verwüstung der Westindischen Länder« die Behandlung der Ureinwohner Amerikas verurteilt hatte, in Valladolid (Spanien) eine einmonatige öffentliche Debatte mit dem berühmten Humanisten Juan Ginés de Sepúlveda führte. Sepúlveda zitierte Aristoteles, um seine Argumentation zu untermauern, und behauptete, die Indianer seien Barbaren, die in einem »gerechten Krieg« gejagt und versklavt werden sollten. De las Casas wandte sich gegen die Gewalt und trat für eine geistige Vormundschaft über die Eingeborenen ein.

Ob sich die offizielle Politik für Paternalismus oder Repression entschied, machte in der Praxis kaum einen Unterschied. Der beste Status, den die Uramerikaner unter den Regierungen der Kolonialmächte und deren Nachfolgern erreichen konnten, war der des Staatsmündels, das für unfähig galt, eigene Entscheidungen zu treffen. Von den Bürgerrechten, vor allem der Staatsbürgerschaft, blieben sie ausgeschlossen, und das am stärksten in der post-kolonialen Ära.

Die Debatte über die Rechte der indigenen Völker brodelte mehr als 200 Jahre weiter und spitzte sich in Nordamerika zu, als die Massenmigrationen der Siedler in die Prärien des Mittleren Westens einsetzten. Im 19. Jahrhundert diente der Darwinismus als wissenschaftliche Begründung des Kolonialismus. Die Evolutionstheorie bot sich für die Argumentation an, der »höherentwickelte« Europäer habe nicht nur das Recht, die »unterentwickelten« Eingeborenen zu verdrängen, sondern geradezu eine natürliche Pflicht, dies zu tun. Damit kam das Denkmuster der übrigen Hemisphäre auch in Nordamerika zur Anwendung.

Die allgemeine Überzeugung, daß die indigenen Völker Amerikas wohl kaum als Menschen zu betrachten seien, öffnete den blutrünstigsten Grausamkeiten Tür und Tor. Der Erlösungstod – die Crux der christlichen Botschaft – wurde in Amerika zu einem verbreiteten Lebensgefühl. »Töte den Indianer, rette den Menschen!« erscholl der Kriegsruf allenthalben.

Klischees rechtfertigen damals wie heute diesen Rassismus. »Indianer« sind schmutzig, faul, träge, dumm und vor allem primitiv oder rückständig. Sie sind leicht zu führen, müssen »zivilisiert« werden und sind völlig unzuverlässig. Allein das Wort *indio* (Indianer) oder *indito* (kleiner Indianer) ist in weiten Teilen Lateinamerikas ein Schimpfwort.

Der uruguayische Schriftsteller Eduardo Galeano machte darauf aufmerksam, daß sich der Rassismus und die Weigerung, die Uramerikaner offiziell als Völker oder Nationen anzuerkennen, tief in die von den Invasoren mitgebrachte Gegenwartssprache eingegraben haben. Indigene Völker haben Folklore, keine Kultur, Aberglauben anstelle von Religion, Dialekte statt Sprachen und betreiben Kunsthandwerk, nicht Kunst.

In den vergangenen Jahren wurde der Rassismus gegen die indigenen Völker Amerikas in vieler Hinsicht subtiler, die Formen ihrer Diskriminierung wurden verdeckter. In einer geistreichen Rede mit dem Titel »Zwanzig Arten, einen Indianer zu skalpieren«, die Jerry Gambill auf einer Menschenrechtskonferenz im Jahr 1968 hielt, beklagte der Mohawk-Wissenschaftler und Herausgeber der Pionierzeitschrift *Akwesasne Notes*, daß die Kunst, indigenen Völkern ihre Menschenrechte zu verweigern, zu einer wahren Wissenschaft stilisiert worden sei.

Folgende Methoden, so Jerry Gambill, sind allgemein üblich: »Sich selbst als Schützer der Menschenrechte der Indianer aufzuspielen«, »zu behaupten, der Verlust der Menschenrechte sei auf etwas anderes zurückzuführen als darauf, daß der Betreffende Indianer ist«, »die Indianer davon zu überzeugen, daß die Dinge schlechter stehen könnten«, und »die Rechte so langsam auszuhebeln, daß die Leute es erst merken, wenn es zu spät ist«.

Gambill wies darauf hin, daß diese Methoden noch erfolgreicher seien, wenn man vorher das Vertrauen der Indianer gewonnen hätte. »Denn es ist viel leichter, jemandem die Menschenrechte zu stehlen, wenn man auf seine Mitarbeit rechnen kann«, erläuterte er. »Mach also eine Unperson aus ihm. Menschenrechte sind für Menschen da. Überzeuge die Indianer davon, daß ihre Vorfahren Wilde waren, Heiden... Nimm eine rechtliche Unterscheidung zwischen Indianern und anderen Menschen vor.«

Als die Europäer den amerikanischen Kontinent betraten, waren die unter den indigenen Völkern herrschenden Menschenrechtsauffassungen beinahe ebenso vielfältig wie jeder andere Aspekt ihrer Kultur, dennoch mag die Bemerkung des Häuptlings Dan George, eines Erbhäuptlings des Küstenstammes der Salish aus dem späteren British Columbia in Kanada, für viele stehen: »In den hundert langen Jahren, seit der weiße Mann kam, habe ich meine Freiheit schwinden sehen wie den Lachs, der auf geheimnisvolle Weise ins offene Meer hinausschwimmt. Die merkwürdigen Sitten des weißen Mannes drückten mich nieder, bis ich nicht mehr atmen konnte. Wenn ich kämpfte, um mein Land und meine Heimat zu schützen, nannte man mich einen ›Wilden‹. Wenn ich die Lebensweise des weißen Mannes weder verstand noch guthieß, nannte man mich faul. Wenn ich versuchte, mein Volk zu führen, wurde ich meiner Autorität enthoben.«

Die Auffassungen von natürlichen Rechten und Gerechtigkeit variierten je nach der politischen und gesellschaftlichen Struktur der Völker. Die Azteken dachten sich nichts bei ihren Massenopferungen von Menschen, denn diese waren notwendig, um die Sonne am Himmel zu halten. Andere indigene Völker hätten eine solche Schlächterei verabscheut.

Die Anschauungen der ab Anfang des 16. Jahrhunderts in Amerika eintreffenden Europäer unterschieden sich in ähnlicher Weise. Zwar waren Massenhinrichtungen und Sklaverei durchaus an der Tagesordnung, doch befürworteten Englands, Spaniens und Portugals Krone das Konzept eines indigenen Gemeinschaftsrechts, das erst nach der Unabhängigkeit der betreffenden Territorien aufgegeben wurde. Wie Jerry Gambill treffend festgestellt hat, ließen sich die Indianer auch in diesem Fall wesentlich effektiver entrechten und ihres Besitzes berauben, wenn man ihnen vorher ein minimales Zugeständnis gemacht hatte.

Indianische Moral:
Die europäische Heuchelei bloßstellen

Von den Jägern und Sammlern im Amazonastiefland bis hin zu den hochentwickelten Imperien der Inka und Azteken hatten die Uramerikaner stets ein starkes moralisches Rechtsempfinden, das in ihren eigenen kulturellen Normen verankert war. Viele der Strukturen zur Aufrechterhaltung der Gerechtigkeit – Gemeinschaftspolizei, Ältestenrat, Gemeinschaftsgerichte und Sanktionen – sind auch heute noch in zahlreichen selbstverwalteten indigenen Gesellschaften vorzufinden, allerdings stammen einige davon auch aus der Kolonialzeit.

In den hierarchisch durchstrukturierten Reichen der Azteken und Inka basierten die Rechte des einzelnen, genau wie in den gleichberechtigteren Stammesgesellschaften oder Clans, auf Verantwortung, Zuverlässigkeit und Gegenseitigkeit. Einige Gemeinschaften benutzten eine relativ umfangreiche Sammlung einfacher Regeln, die an die zehn Gebote erinnern. *Ama sua, ama llulla, ama khella, ama llunk'u* (Stiehl nicht, sei nicht faul, lüge nicht, sprich kein falsches Lob aus), lauteten die traditionellen Gebote der Aymara.

Andere Gesellschaften gründeten ihre weitaus komplexeren Gesetze und Rechte auf ungeschriebene Bräuche, Präzedenzfälle und kulturell verankerte Regeln, das heißt auf eine Weltanschauung und Auffassungen, die von allen geteilt wurden. Die Invasoren waren in den Augen der indigenen Völker für ihre Rechtsvorstellungen weitgehend unzugänglich, denn sie verhielten sich fast ausschließlich in krassem Gegensatz dazu, und das, obwohl zahlreiche indigene Gemeinschaftsrechte von den europäischen Monarchen nominell sogar anerkannt und respektiert wurden.

Indem sie ihren Untertanen jeden Schutz versagten und sie weder für deren Zustimmung in ihre Abkommen entschädigten, noch den aus ihren Ländern geholten Reichtum wenigstens zum Teil an die Uramerikaner zurückfließen ließen, verletzten die weißen Regenten nach Auffassung der meisten indigenen Völker jedes Recht zur legitimen Machtausübung. Die Weißen nahmen in Form von Tributen, Arbeit, Bodenschätzen und Land, doch gaben sie nichts als Unterdrückung und Tod, die notwendig waren, um sich der Reichtümer des Kontinents zu bemächtigen. »Wir gaben ihnen waldbedeckte Berge und Täler voller Wild. Was gaben sie uns? Rum, wertlosen Tand und das Grab«, erinnerte der Shawnee-Anführer Tecumseh (Cougar Crouching for his Prey) im Jahr 1812.

Da ihr Zusammenleben auf dem Tausch basierte, verwirrte dieses Verhalten die indigenen Völker zutiefst, und über Generationen hinweg stand ihre Verunsicherung über die Natur dieser Fremden ihrem Widerstand im Weg. Die kulturellen Normen der Indianer stützten sich auf das Teilen und die Einigung, denn diese Prinzipien hatten ihnen seit jeher die besten Überlebenschancen geboten. Wer heute gab, empfing morgen.

Rang und Achtung hingen herkömmlicherweise nicht davon ab, was man besaß, sondern wer man war. Und wer man war, hing zumindest zu einem gewissen Grad von der Bereitschaft ab, seinen Wohlstand zu verteilen. Das geschah häufig durch Rituale oder Zeremonien anläßlich von besonderen Ereignissen, zum Beispiel Pubertät, Heirat, Beförderung in eine Führungsposition oder Tod.

Dieses Weiterverteilen des Reichtums diente zum einen dazu, den Zusammenhalt der Sippe und die Gruppensolidarität zu stärken, zum anderen förderte es den eigenen gesellschaftlichen Status. Dieses Verhalten ist tief verwurzelt und nahm wahrscheinlich mit der Nahrungsverteilung seinen Anfang. Der Innu Daniel Ashini erklärt: »Nicht der angehäufte Besitz gibt einem Jäger Ansehen, sondern der verteilte Reichtum. Wenn ein Jäger ein Karibu erlegt, teilt er es mit allen im Lager.«

Das Rechtsempfinden vieler indigener Gesellschaften mündet in der Überzeugung, in einer unausgewogenen Welt ein Gleichgewicht zwischen widerstreitenden Kräften herstellen zu müssen. Die Menschen, die Gesellschaft, der Kosmos, alles im Leben besteht aus zwei sich ergänzenden Teilen, und die Harmonie der Welt hängt von der ausgewogenen Wechselbeziehung zwischen den Hälften ab: Menschenwelt und geistige Welt, Hochland und Tiefland, Himmel und Erde, männlich und weiblich, Sonne und Regen, Hitze und Kälte.

Die Störung dieser komplementären Kräfte kann zu Krankheit, Dürre, Mißernten oder einem *pachakut'i,* einem kosmischen Umbruch, führen, wie die Eroberung von den Andenvölkern erlebt wurde. Weil der Inka in den Anden die personifizierte Weltordnung darstellte, indem er die widerstreitenden Kräfte transzendierte und sie durch die institutionalisierte Wechselbeziehung zwischen Herrscher und Untertanen ordnete, mußten sein Sturz und sein Tod zur Zerstörung führen.

Diese Weltsicht förderte aber in keinster Weise das Verständnis der Ureinwohner für den Regierungsanspruch ihrer neuen Herrscher. Der Quechua-Autor des späten 16. Jahrhunderts Felipe Guaman Poma formulierte eine Klage, die bis in unser Jahrhundert nachhallt. In seiner 1200seitigen Abhandlung über die Anden mit dem Titel »Die erste neue Chronik und gutes Regieren«, die er an Philipp III. von Spanien sandte, fragte er diesen: »Warum wünscht Ihr das Leben von Fremden zu regieren, wenn Ihr Euer eigenes nicht zu regieren vermögt? Warum fordert Ihr den Esel des ärmsten Mannes, fragt ihn aber nie, ob er Hilfe benötigt?«

Obwohl der Unterschied zwischen einem mündlichen und einem schriftlichen Rechtssystem ein Dauerthema in den indigen-europäischen Beziehungen war und sich deutlich in den Konzepten der beiden verschiedenen Rechtssysteme spiegelt, ist er gar nicht so groß, wie er zu sein scheint. Sharon Venne, ein Rechtsanwalt der Cree, beschrieb es so: »Unser Rechtssystem mag auf Bräuchen beruhen, doch tun das auch die Rechtssysteme der meisten anderen Völker. Die Briten haben keine schriftliche Verfassung. Ebensowenig wurde unser Rechtssystem schriftlich niedergelegt, aber unsere Gesetze sind genauso gültig und grundsätzlich wie die nicht-indigenen Gesetze.« Die meisten Indianer würden sagen, einzig gültig.

Im Laufe der Jahre kamen die indigenen Völker zu der Überzeugung, daß die Gesetze der Eindringlinge nichts anderes waren als ein wirksames Mittel, um mit zweierlei Maß zu messen. »Die sogenannte zivilisierte Gesetzgebung funktioniert nur, wenn sie den Invasoren nützt«, bemerkte José Payo, ein Kalihna-Führer aus Venezuela, nach einer Welle von Landinvasionen in jüngerer Zeit. »Sie verkündeten zwar laut und deutlich, daß ihre Gesetze für jeden gelten, aber wir kamen schnell dahinter, daß sie nur von uns erwarteten, sie einzuhalten, denn sie selbst übertreten sie ohne Hemmungen«, sagte Crow-Häuptling Aleek-chea-ahoosh (Many Blows) in seiner Autobiographie. Er fuhr fort: »Wir sahen, daß der weiße Mann seine Religion keineswegs ernster nahm als seine Gesetze: Auf beide griff er nur zurück, um im Umgang mit Fremden Druck ausüben zu können. Das war nicht unsere Art. Wir hielten die Gesetze, die wir uns gaben, und lebten nach unserer Religion. Wir haben den weißen Mann nie verstehen können, denn er betrügt niemand anderen als sich selbst.«

Das Ganze und der einzelne: Rechte und Pflichten

Gegenseitigkeit und Verantwortung waren im indigenen Rechtsbegriff des Kollektivs tief verwurzelt. In Gesellschaften, in denen jeder ein Teil des Ganzen war und darin eine Rolle spielte, kam das Individuum nur innerhalb des kollektiven Ganzen voll zur Entfaltung. Das während und nach der Kolonialzeit in Amerika entstandene westliche Menschenrechtskonzept beruhte hingegen auf persönlichem Besitz und individueller Freiheit.

Diese Perspektive hätte aber dem herrschenden indigenen Rechts- und Verantwortlichkeitsbegriff der Gemeinschaft nicht krasser entgegengesetzt sein können. Die private Bereicherung und ein ungezügelter konkurrierender Individualismus galten in Altamerika als ein direkter Weg zur Armut, nicht zum Reichtum. Diese Philosophie sollte später, durch die Prozesse, die mit der Ankunft der Europäer in Gang gesetzt worden waren, voll bestätigt werden.

Ein »Gruppenrecht« wird in der nationalen und internationalen Gesetzgebung zwar kaum definiert, doch ist das Thema Gemeinschaft versus Individuum der Kern der philosophischen und sogar spirituellen Konfrontation, die die fortdauernde Eroberung untermauert. Für viele, wie den Sioux-Schriftsteller und -Aktivisten Vine Deloria Jr., geht es in den Gesetzen des weißen Mannes um beides, nämlich um Leben oder Tod von Menschen und Kulturen. »Eines Tages wird dieses Land (die Vereinigten Staaten) seine Verfassung und seine Gesetze umschreiben, so daß sie den Menschen dienen und nicht dem Besitz«, schrieb er in den siebziger Jahren des 20. Jahrhunderts. »Wo liegt der wahre Wert eines Menschenlebens? Das ist die Frage.«

In den ersten Jahren der Eroberung dienten die westlichen Konzepte der Rechte des einzelnen der Entwicklung des internationalen Kapitalismus und dem Niedergang des Feudalismus in Europa. Während der Aufklärung, während der Amerikanischen und Französischen Revolution sowie durch die Ausbreitung des protestantischen Nonkonformismus im 18. und 19. Jahrhundert wurden diese verfeinert. Die indigenen Konzepte des kulturellen Gemeinschaftsrechts blieben aber erhalten und wurden in einigen Fällen durch den Druck der Eroberung sogar noch gefördert, einfach weil die Solidarität in der Gemeinschaft zuweilen die einzige Möglichkeit des Widerstands war. »Es ist ganz einfach, gemeinsam können wir eine Menge erreichen. Alleine oder gegeneinander ist es hoffnungslos«, sagt Ailton Krenak, Koordinator der Union der indigenen Nationen Brasiliens.

Nichts drückt den mit der Eroberung einhergehenden Kulturkrieg deutlicher aus als die Bemühung, den indigenen Gemeinschaften das Konzept des Individualrechts, insbesondere das des individuellen Landeigentums, aufzuzwingen. Der indianische Widerstand findet dagegen seinen deutlichsten Ausdruck in der Bemühung, ein kommunales Rechtsverständnis, insbesondere in bezug auf das gemeinsame Landeigentum und die Gemeinschaftsidentität, aufrechtzuerhalten.

Ein Beamter für Indianerangelegenheiten in den Vereinigten Staaten schrieb 1886: »Der Indianer muß mit dem hohen Egotismus der amerikanischen Zivilisation durchdrungen werden, so daß er ›ich‹ sagt statt ›wir‹ und ›das gehört mir‹ statt ›das gehört uns‹.« Als Antwort darauf kann die Bemerkung eines Maya im mexikanischen Exil angeführt werden: »Sie töten uns, weil wir zusammen arbeiten, zusammen essen, zusammen leben, zusammen träumen.«

Wie in vielem anderen waren die Gesellschaften Altamerikas ihren Eroberern auch in Rechtsfragen weit voraus. Viele wählten ihre Anführer in öffentlichen Versammlungen, an denen schon Jahrhunderte vor Einführung des Frauenwahlrechts in Europa Frauen gleichberechtigt teilnahmen. Bereits im Jahr 1523 fragte ein Kazike (Häuptling) von der Küste des heutigen Nicaragua die *conquistadores:* »Und euren König, wer hat den gewählt?«

Im heutigen Amerika existieren zahlreiche alte demokratische Strukturen und auf Bräuchen basierende Rechtssysteme, die sowohl die Rechte des Kollektivs als auch die Rechte des einzelnen berücksichtigen. Die indigene Gemeinschaft sucht in ihren Versammlungen einen Konsens, selbst wenn es Tage dauert, bis jeder seine Meinung gesagt hat. Dieser Prozeß beinhaltet die Beratung, das Sammeln von Meinungen und die Entscheidungsfindung.

»Wir reden und reden, bis wir uns einig sind. Dafür ist das Reden da«, sagt Kuna-Anführer Leonidas Valdez aus Panama.

Diese gemeinschaftliche Beratung ist eine in der indigenen Gesellschaft tief verankerte Tradition, die bereits im *Popul Vuh* Erwähnung findet: »Sie sprachen und berieten sich gemeinsam, sie kamen zu einer Einigung. Sie trugen ihre Gedanken und Worte zusammen.«

Den Gesellschaften, die kamen, um die indigenen Nationen zu unterwerfen, und die sich auf militärische Stärke, konkurrierenden Individualismus und ein anklagendes Rechtssystem gründen, blieb dieses Konzept bis heute in gewisser Hinsicht fremd, ebenso wie ein Rechtssystem, das auf Bräuchen und der Überlieferung aufbaut. »Inzwischen kann ich nicht mehr sagen, wie oft ich mir anhören mußte, daß Bräuche in keinem Rechtsstreit als Gesetze anerkannt werden. Wessen Gesetz? Unseres bestimmt nicht!« sagt der Maya-Archivar Alberto Esquit.

Im rechtlichen Bereich traten an die Stelle des Gewohnheitsrechts fremde Gesetze, die anscheinend, selbst wenn sie nominell einen gewissen Schutz bieten, nicht für Indianer gültig sind. Der weiße Mann konnte sich in aller Freiheit das Land aneignen; Indianer wurden niedergemetzelt, oder ihre Gemeinschaften wurden ausgehoben, wenn sie das gleiche taten. Der weiße Mann konnte in aller Freiheit den Urwald, die Prärie und die Berge Amerikas durchstreifen; die Indianer wurden gejagt, wenn sie das gleiche taten.

Die unterschiedlichen Rechtskonzepte machten sich auch daran fest, daß Rechte für die indigenen Völker Verantwortlichkeiten oder Verpflichtungen sind, die Weißen dagegen einen Anspruch oder eine Forderung daraus ableiten. Anläßlich eines indigenen Seminars, das 1994 in Guatemala stattfand, wurde diese kollektive Sicht beschrieben, und es lohnt sich, diese vollständig wiederzugeben: »Das Wort ›Recht‹ bezieht sich bei uns auf etwas, das zu uns gehört. Wenn jemand den Vorschriften unserer Gemeinschaft treu bleibt, so nennen wir das, unser ›Recht‹ praktizieren. Wenn die *ladinos* (Mestizen) von Rechten reden, meinen sie aber immer etwas, was man verlangen oder haben kann. Wenn wir mit *ladinos* zu tun haben, fordern wir unsere Rechte nach ihren Vorstellungen, so wie sie sie verstehen. Sie erkennen unsere Rechte nicht an, und ihr Gesetz legt eindeutig fest, daß sich aus Bräuchen keine Gesetze ableiten lassen, obwohl wir unser Gemeinschaftsleben auf der Grundlage unseres Brauchtums organisiert haben.«

Heute wird zunehmend die Notwendigkeit erkannt, Kollektivrechte sowohl in internationalen Rechtsverträgen als auch in Menschenrechtskampagnen zu berücksichtigen. Nachdem die Konvention Nr. 169 der Internationalen Arbeitsorganisation (ILO) verabschiedet war, zeigte sich dies am deutlichsten an der Diskussion um den *Entwurf zur UN-Erklärung der Rechte indigener Völker*. In diesen flossen während einer zehnjährigen Ausarbeitungszeit in der *UN-Arbeitsgruppe Indigene Bevölkerungen* die Beiträge Hunderter Indianer direkt mit ein. Die Kollektivrechte ziehen sich durch die 45 Artikel der Erklärung, die 1996 der UN-Vollversammlung vorgelegt werden soll.

Auch Hilfsorganisationen, Umweltgruppen und größere Menschenrechtsorganisationen wie *amnesty international* haben sich mit den Fragen des Kollektivrechts befaßt oder sie aufgegriffen. Sie haben angefangen, nach dem Vorbild von Gruppen wie *Survival International, International Work Group on Indigenous Affairs (IWGIA)* und *Cultural Survival,* die sich immer speziell für die Rechte der indigenen Völker eingesetzt haben, Berichte über bedrohte Völker zu veröffentlichen oder sich in Regierungen und multilateralen Organisationen, wie der Weltbank, eine Lobby zu schaffen.

Seuchen und Katastrophen: Das große Sterben

Die Prozesse, die durch die Invasion in Gang gesetzt wurden, waren zwar unaufhaltsam, doch fanden sie nicht überall zur gleichen Zeit statt. Einige Gesellschaften wurden vollkommen zerstört, besonders diejenigen, die den Eindringlingen den begehrten Reichtum und Land boten. Andere, wie die Tlaxcalteken in Mexiko und die Huaco in Peru, beschlossen, sich mit den Invasoren zu verbünden, was ihnen einen gewissen Schutz bot.

Einige wenige Gesellschaften profitierten von der Eroberung. Durch die Zerstörung der großen Imperien Altamerikas wurden die von diesen unterworfenen ethnischen Königreiche befreit und in ihrer Identität gestärkt. Weitere Gruppen, wie die Waldvölker der nördlichen Arktis, Amazoniens und Zentralamerikas, blieben bis in die jüngere Zeit relativ unangetastet, wobei zumindest einige der beiden letztgenannten die Nachfahren derer sind, die in die Wälder geflohen waren, um den Kolonialisten zu entkommen.

Ein Schlag traf jedoch alle. Der Eroberung Amerikas folgte der größte Völkermord, den die Welt je erlebt hat. Innerhalb von 35 Jahren nach Columbus' Ankunft in Hispaniola waren die Arawak-Völker der größeren Antillen (Kuba, Haiti, die Dominikanische Republik, Puerto Rico und Jamaica) so gut wie ausgelöscht. Es starben etwa zehn Millionen Menschen.

Heute sind einige hundert Taino-Arawak an der äußersten Ostspitze Kubas die letzten lebenden Nachfahren des Volkes, das die ersten Europäer einst so gastfreundlich begrüßte. »Wir leben nicht genau wie sie, aber es gibt uns immer noch«, sagt einer von ihnen, Pedro Hernández Cobas. »Erst in den letzten Jahren haben wir mit anderen offen darüber gesprochen, wer wir sind.«

Ihren Nachbarn, den Kwaib (Carib) auf den Kleinen Antillen, erging es kaum besser. Nur noch wenige tausend von ihnen betreiben heute die kommunale Landwirtschaft und genießen eine

Teilautonomie in ihrer 1500 Hektar großen Reservation, deren Grenzen regelmäßig angefochten werden und die an der zerklüfteten Atlantikküste der Insel Dominica (auf Kwaib »Waitukubuli«) unbefugten Eindringlingen ausgesetzt ist. Zwei weitere Gemeinden der Kwaib sind in der Umgebung von Sandy Bay und in einem Dorf namens Greggs auf der Insel St.Vincent (Yurimein) angesiedelt.

Nach Aussagen der Sozialarbeiterin Nelcia Robinson von der *Yurimein Association for Rural Development* (YARD – Verband für ländliche Entwicklung in Yurimein) ist der Stolz, ein Kwaib zu sein, in den vergangenen Jahren sowohl in Dominica als auch in St.Vincent spürbar aufgelebt. Die *Caribbean Organization of Indigenous Peoples* (COIP – Karibische Organisation der indigenen Völker) hat Kwaib-Kinder dazu ermuntert, anderen Kwaib in Belize und Guyana zu schreiben. Viele Eigennamen und die Sprache der Kwaib erleben neuerdings ein regelrechtes Comeback. »Durch diese Brieffreundschaften gelang uns die Wiedereinführung eines kleinen Grundwortschatzes«, erklärt Robinson.

Das »große Sterben« drang mit den Europäern nach Süd- und Mesoamerika vor. Ungefähr 90 Prozent der Bevölkerung und annähernd 95 Millionen Menschen, also fast 20 Prozent der damaligen Weltbevölkerung, fielen dieser Vernichtungswelle zum Opfer. Das würde heute einer Milliarde Menschen entsprechen. Zwar geben diese Zahlen nur geschichtlich belegte Schätzungen wieder, doch bestehen kaum Zweifel über das Ausmaß. Die Bevölkerung Mesoamerikas, von rund 25 Millionen vor der Eroberung, belief sich um 1650 nur noch auf knapp 1,5 Millionen Menschen. Die Bevölkerung des einst mächtigen Inka-Reichs umfaßte, den jüngsten Forschungsergebnissen zufolge, zur Zeit der Eroberung zwischen 9 und 18 Millionen und sank bis 1570 auf 1,3 Millionen und bis 1630 auf nur 600 000 Menschen.

Die militärische Eroberung selbst war ein Faktor. Gewöhnlich mit großer Grausamkeit durchgeführte Metzeleien waren an der Tagesordnung. Musketen, Kanonen, Rüstungen, Pferde und kämpfende Bulldoggen, denen laut Bartolomé de las Casas vorsichtshalber »eine Kostprobe indianischen Fleisches gegeben werden sollte«, gaben den Spaniern, Engländern, Holländern, Franzosen und Portugiesen einen technologischen Vorsprung, den die indigenen Nationen niemals hätten einholen können. Auf diese Weise technologisch ausgerüstet und angestachelt von der puren Goldgier, gingen die Eroberer bei der Einnahme des Kontinents mit einer Brutalität vor, die den Ureinwohnern, welche die Kriegführung als Ritual oder für den militärischen Gewinn kannten, vollkommen unverständlich war. Auf diesen Krieg und das unerbittliche Morden reagierten sie wie betäubt; er warf sie völlig aus der Bahn und nahm ihnen in vielen Fällen den Lebenswillen.

Es gab nur relativ wenige offene Feldschlachten. Massaker und teilweise langanhaltende Bandenkriege gingen mit politischen Manipulationen einher. Auf dem Marktplatz von Cajamarca wurden im November 1532 etwa 5 000 bis 10 000 unbewaffnete Inka-Soldaten von nur wenigen Spaniern niedergemetzelt, weil die *conquistadores* den Bruderkrieg zwischen Waskhar und Atawallpa und das blinde Vertrauen des letzteren für einen Massenmord dieses Ausmaßes ausnutzten.

Im Norden des Kontinents tat die Technologie das ihre wie auch die erpreßten Verträge nach jeder Niederlage und die neuen Abhängigkeiten durch den Handel. Nichts erwies sich als so zerstörerisch wie die europäische Nachfrage nach Pelzen und der indianische Bedarf an Eisenfallen, Gewehren und Schießpulver, um die Gier nach Biber-, Bisam- und anderen Fellen befriedigen zu können.

Die nicht schriftlich dokumentierten Scharmützel und zahllosen Einzelmißhandlungen durch europäische Kolonisatoren, die sich »wie Raubtiere und wilde Bestien« (de las Casas) verhielten, trugen wohl letztlich im gleichen Maße zur Vernichtung bei wie die Gemetzel, von denen die Eroberer berichteten. »Spanier stoßen die ihnen begegnenden indianischen Männer, Frauen und Kinder bei der leisesten Provokation oder gar ohne jede Provokation mit der Lanze vom Pferd«, schrieb ein Gouverneur im 16. Jahrhundert. Der nordamerikanische Kolonialist und Puritaner Dr. Cotton Mather kleidete dieses wahllose Töten in einen gefälligen religiösen Euphemismus, als er in seinem Tagebuch notierte: »Heute haben wir 600 schwarze Seelen in die Hölle geschickt.«

De las Casas beschrieb das von den Spaniern verfolgte Ziel als »die Durchführung eines Massakers oder, wie sie es nannten, eines Straffeldzugs, um Schrecken zu verbreiten«. 500 Jahre später ist dieses Ziel unverändert. In Mexiko, Peru, Guatemala, Kolumbien, Ecuador, Brasilien und überall, wo indigene Völker ihre Rechte geltend machen wollen oder einfach ihr Territorium oder ihre Kultur verteidigen, riskieren ihre Mitglieder einzeln oder kollektiv, zur Zielscheibe von Terroranschlägen zu werden, wodurch andere Indianer von ähnlichen Versuchen abgehalten werden.

Allein im August 1993 (im UN-Jahr der indigenen Völker) wurde, während der Recherchen für dieses Buch, innerhalb einer Woche von zwei Massakern an Indigenen berichtet. Guerilleros vom Leuchtenden Pfad hinterließen am Fluß Ene im Amazonasgebiet Perus etwa 60 tote Ashaninka, während im brasilianischen Bundesstaat Roraima, nahe der venezolanischen Grenze, ungefähr 70 Yanomami von *garimpeiros* (illegalen Goldsuchern) umgebracht wurden.

Noch häufiger versuchten die Armeen der einzelnen Länder Schrecken zu verbreiten. Ein guatemaltekischer Offizier nennt dies, »den Indianern eine Lektion erteilen«.

- In Accomarca, im peruanischen Departement Ayacucho, wurden im August 1985 in einem der zahllosen während der achtziger Jahre im peruanischen Hochland von der Armee durchgeführten Massaker rund 70 Quechua, darunter Frauen und Kinder, niedergemetzelt.

- Auf der Finca San Francisco in Nentón (Guatemala) wurden im Juli 1982 über 300 Chuj ermordet – dies ist nur eines der 440 Maya-Dörfer, die in den frühen achtziger Jahren von der Landkarte gelöscht wurden.

- Die Niederschlagung eines Landarbeiteraufstandes in El Salvador im Jahr 1932 zielte vor allem auf die Indianer ab und forderte 30 000 Menschenleben. Dieser lokale Genozid veranlaßte viele dazu, vorsichtshalber ihre indigene Kleidung und Sprache abzulegen, die bis heute vergleichsweise selten geblieben sind.

- In Nordamerika, wo die Greueltaten an der indigenen Bevölkerung später begannen und früher aufhörten, gab es 1890 das bekannte Massaker in Wounded Knee, Süddakota. Dabei wurden rund 200 Oglala Sioux von einer Truppe der US-Kavallerie eingekreist und niedergemetzelt. Es war das letzte Massaker der »Indianerkriege« des 19. Jahrhunderts.

Als sie von den Kavalleristen überfallen wurden, vollzogen die Opfer von Wounded Knee, darunter Frauen, Kinder und Big Foot, einer der wenigen überlebenden traditionellen Häuptlinge, absurderweise gerade den »Geistertanz«. Dieser soll verstorbene Angehörige und Tiere wieder zum Leben erwecken und verlorenes Land zurückbringen können. Indem die Regierung in Washington den Vorfall als »Schlacht« definierte, wurde ein weiteres Mal die Geschichte aus Lügen geschrieben.

Solchen Ereignissen und ihrer Darstellung konnten die indigenen Führer nur mit Zynismus begegnen. So bemerkte der Sioux-Häuptling Tatanka Yotanka (Sitting Bull) drei Jahre vor dem

Blutbad in Wounded Knee: »Diese Regierung bringt mein Land in Verruf.« Und der Sioux-Schriftsteller und -Aktivist Vine Deloria jr. bemerkte hundert Jahre später bei Anhörungen im US-Senat: »Wenn es um Indianerangelegenheiten geht, kommt man sich vor wie in einem schlechten Film: Man kann einschlafen und ein langes Stück der Handlung verpassen, denn wenn man aufwacht und wieder auf die Leinwand schaut, sieht man immer noch dieselben Kerle hinter anderen Kerlen um denselben Felsen jagen.«

Militarisierung: Spaltung und Tod

Die größten Verbrechen an indigenen Völkern werden heute immer noch vom Militär verübt. Militärische Übergriffe auf indigene Gemeinschaften oder deren Land haben viele Erscheinungsformen: In den Anden ist es der Coca-Krieg – Coca ist der Rohstoff zur Herstellung von Kokain; in den Anden und in Zentralamerika sind es die Bemühungen zur Niederschlagung der aufständischen linksgerichteten Guerrillas; in Amazonien sind es die Bemühungen, bei Grenzstreitigkeiten die Landesgrenzen zu sichern oder den Anspruch auf Ressourcen im Amazonasbekken durchzusetzen, und es sind ebenso die Truppenübungen oder Atomtests in den »leeren Territorien«, welche die Heimat von Völkern wie den Innu in Nordkanada oder den westlichen Shoshone in Nevada (USA) sind.

Militarisierung kann ein physischer, ideologischer oder kultureller Angriff sein, häufig ist er alles in einem. Sämtliche Staaten Amerikas konnten sich nur mit Hilfe ihrer Armeen als Nationalstaaten behaupten, ihre Völker integrieren, Regierungsbefehle durchsetzen und ihre Landesgrenzen schützen. Dieser Prozeß setzt sich bis heute fort und hat sich sogar verstärkt, nur liegt der Schwerpunkt inzwischen nicht mehr auf der physischen Vernichtung, sondern auf der kulturellen Erorberung.

Denn dazu fühlen sich viele Armeeoffiziere nach wie vor berufen: »Die Existenz ethnischer Gruppen beweist, daß wir keine einheitliche Gesellschaft sind«, erläutert Oberst Marco Antonio Sánchez von der guatemaltekischen Schule für ideologische Kriegführung. »Wer könnte die Botschaft des Nationalismus besser bis in den letzten Winkel unseres Vaterlandes tragen als die Männer in Uniform?« Nirgends waren die Auswirkungen der Militarisierung in den vergangengen Jahren so offensichtlich wie in Guatemala, wo die Armee zwischen 1981 und 1983 Tausende von Maya-Indianer ermordete und im Zuge einer der brutalsten Gegenrebellionen Lateinamerikas Zehntausende ins Exil trieb.

Ihr folgte der geeinte Versuch, die Maya-Gesellschaft umzuformen. Dafür besetzte die Armee das Hochland, errichtete in der Asche niedergebrannter Ortschaften Modelldörfer, richtete für alle, die von den Lehren der Rebellen »verdorben« worden waren, Umerziehungslager ein und rekrutierte (oft zwangsweise) fast eine Million Maya-Männer zur militärischen Ausbildung in zivilen Milizen. Laut Aussage eines guatemaltekischen Offiziers lautete die Devise: »Entwicklung durch Gegenrebellion«.

Was in Guatemala geschah, war ein Frontalangriff auf die indigene Kultur; zunächst durch direkte Repression, dann durch die »permanente Gegenrebellion« oder den »Krieg mit anderen Mitteln«, wie die Armee ihre Feldzüge bezeichnete. Dahinter verbarg sich eine einfache Logik: War die Kultur 500 Jahre lang die Grundlage des indigenen Widerstands gewesen, so mußte man bei ihr ansetzen. »Das Militär versucht, unsere kulturelle Identität als Indianer zu zerstören und zu zerschlagen, weil das Regime weiß, daß wir aus unserer Identität viel Kraft beziehen, um Widerstand zu leisten und uns zu organisieren«, berichtete die Maya-Abgesandte Francisca Alvarez 1983 der UN-Arbeitsgruppe Indigene Bevölkerungen.

Guatemala ist beispielhaft für viele lateinamerikanische Staaten, deren einzige echte nationale Institution vermutlich das Militär ist. Da es diese Bedeutung hat, konnte sich das Militär zu einer unabhängigen politischen Kraft entwickeln, Macht an sich reißen, im großen Maßstab seine wirtschaftlichen Interessen entfalten und die Nation nach eigenem Gutdünken definieren – besonders in abgelegenen indigenen Gebieten weitab von der Hauptstadt.

Brasilien, ein Land, in dem das Militär erst 1985 die Macht abgab, bietet ein aktuelles Beispiel für eine derartige Militarisierung. Im Rahmen des 1985 angekündigten Projekts Calha Norte war die Einrichtung von Militärposten in regelmäßigen Abständen entlang den 6 500 Kilometer langen Landesgrenzen geplant. Damit sollte zum einen an den Urwaldgrenzen eine staatliche Präsenz aufgebaut werden, zum anderen sollten Brasiliens »innere Grenzen«, einschließlich der Territorien der indigenen Völker des Landes, kontrolliert werden.

Die Planung der Calha Norte wurde ausdrücklich mit der Bedrohung durch einen »Yanomami-Staat« begründet; dabei ging es vielmehr darum, die Voraussetzung zu schaffen, um den »Entwicklungsplan für Amazonien«, ein 640-Millionen-US-Dollar-Projekt zur Ausbeutung von Bodenschätzen und Holzressourcen sowie zur Einrichtung von Rinderfarmen, durchführen zu können. »Die Armee weiß, daß das Amazonasgebiet grün ist, aber das Grün, das die sehen, ist das des Dollar«, beklagt sich Ailton Krenak, Koordinator der Union der indigenen Nationen Brasiliens.

Die meisten Armeen Lateinamerikas sehen ihre Hauptaufgabe im eigenen Land und im Verbreiten der Lehre von der nationalen Sicherheit: die bestehende gesellschaftliche Ordnung verteidigen, andersartige ethnische Gruppen integrieren und den Staat gegen innere Unruhen schützen. Dabei gelten die Uramerikaner, und in zunehmendem Maße insbesondere die organisierten indigenen Völker, fast überall als Feinde.

Der brasilianische Staat geht bei seinen militärischen Aktionen gegen die indigenen Völker des eigenen Landes sogar vor wie gegen eine fremde Macht und stuft die Indianer in Gerichtsprozessen als Ausländer ein; so geschehen im Prozeß gegen zwei Kayapó, die sich gegen den Bau eines Staudamms im Río Xingu wehrten.

Viele Staaten setzen bewußt eine relativ hohe Anzahl indigener Rekruten im Bürgerkrieg gegen die eigenen Völker ein. Zwangsrekrutierungen, die nachhaltige Entfremdung von der eigenen Kultur und die Brutalität während der Ausbildung waren dafür verantwortlich, daß in Ländern wie Peru, Guatemala und Kolumbien viele der schlimmsten Greueltaten an indigenen Gemeinschaften von den eigenen Leuten verübt wurden. Das ist nichts Neues. Seit dem 16. Jahrhundert kämpften in den europäischen Kriegen Indianer gegen Indianer. »Ganz gleich, wer aus diesen Kämpfen als Sieger hervorgeht, die Indianer sind immer die Verlierer«, bemerkte ein indigener Führer, nachdem er sich im amerikanischen Unabhängigkeitskrieg den Briten angeschlossen hatte.

Diese Feststellung aus dem 18. Jahrhundert traf auch auf die internationalen Konflikte zu. Die Zahl indigener Kriegsopfer in den nordamerikanischen Streitkräften war in beiden Weltkriegen und im Vietnamkrieg außergewöhnlich hoch; das gleiche gilt für die mexikanischen Streitkräfte im Krieg gegen die Vereinigten Staaten (1845-47) und im Salpeterkrieg zwischen Chile und Peru (1879-93) für beide Seiten.

Aus den Truppen entlassen, konnten sich viele indigene Soldaten weder in die indigene noch in die weiße Gesellschaft zurückintegrieren. Der Militärdienst verschärft die bereits bei vielen vorhandene Identitätskrise. »In Übersee gratulierten mir die

Offiziere und sagten: ›Du bist in Ordnung. Du kämpfst für dein Vaterland.‹ Ich habe nur gelächelt und bei mir gedacht: Wo ist mein Vaterland?« erzählt Robert Spott, ein Yurok-Indianer aus Nordkalifornien, der im Ersten Weltkrieg in den Schützengräben kämpfte.

Alkoholismus, Kriminalität und Elend wurden das Los zahlreicher indigener Veteranen. Die Geschichte des Pima-Soldaten Frank Hayes, der beim Hissen der US-Flagge auf Mount Suribachi in Iwo Jima auf einem der bekanntesten historischen Fotos des Zweiten Weltkriegs festgehalten wurde, ist bezeichnend: Er erlag in seiner Reservation in Arizona einer Alkoholvergiftung und seinen Erfrierungen.

Andere Heimkehrer bekamen durch ihre Notlage nur allzu deutlich den Widerspruch eines Rechts zu spüren, das sie im Namen anderer mit ihrem Leben verteidigt hatten und von dem sie selbst zu Hause ausgeschlossen waren. »Ich habe ein Glasauge, einen zertrümmerten Backenknochen, eine Silberplatte im Kopf, aber ich kann noch nicht mal in einer Bar Schnaps kaufen, wie jeder andere Amerikaner«, beklagt sich ein Veteran.

Die Zwangsrekrutierung bleibt im heutigen Amerika eins der wirksamsten Mittel zur Entfremdung von der eigenen Kultur, besonders in den zahlreichen lateinamerikanischen Staaten, die noch die allgemeine Wehrpflicht kennen. Die jungen indigenen Männer werden bei Streifzügen des Militärs aus Dörfern, armen städtischen *barrios,* Gottesdiensten und Sportveranstaltungen herausgegriffen. Dem *cupo* (der Quote) oder der *leva* (dem Geschnapptwerden) zu entfliehen, ist für sie zum verbreiteten, aber todernsten Sport geworden.

In Nordamerika dreht sich der Streit hauptsächlich um den Mißbrauch der indigenen Territorien für militärische Zwecke. Seit die Regierung der Vereinigten Staaten 1951 ihr Land enteignete, wurden über 800 Atomtests auf dem Territorium der westlichen Shoshone und South Paiute in Nevada durchgeführt; damit machte sie der Staat zu den meistbombardierten Nationen der Welt. Mittelstreckenraketen wurden üblicherweise am Makkenzie River, in den kanadischen Jagdgründen der Cree und Dene, getestet, während Frühwarnsysteme und Radaranlagen, die bevorzugten Angriffsziele in jedem Krieg, im Land der Inuit in der Arktis aufgestellt wurden.

Allen Widrigkeiten zum Trotz leisteten die indigenen Völker Amerikas der Militarisierung entschlossen Widerstand. Die Anpassung an die Militärpräsenz und selbst die Übernahme einiger ihrer Aspekte waren sowohl im peruanischen als auch im guatemaltekischen Hochland bemerkbar. In Santiago Atitlán, einer indigenen Stadt in Guatemala, konnte die Bevölkerung den Abzug der Besatzungstruppen im Dezember 1990 bewirken, nachdem ein Massaker der Soldaten 13 Todesopfer unter den Einwohnern gefordert hatte. In den zehn Besatzungsjahren wurden 268 *atitecos* umgebracht, und eine noch weitaus größere Anzahl »verschwand«.

Das Volk der Innu in Kanada hat in seinem Land Nitassinan, das 64 000 Quadratkilometer von Quebec und Labrador einnimmt, bis heute den 800 Millionen US-Dollar teuren Bau einer Schule für taktische Kriegführung (Tactical Fighter Weapons Training Centre) in Goose Bay zu verhindern vermocht. Man vermutet, daß die Tiefflüge der Kampfflugzeuge zumindest teilweise dafür verantwortlich sind, daß der Karibu-Bestand der Innu von 600 000 Tieren innerhalb von knapp zehn Jahren auf die Hälfte geschrumpft ist.

»Wir können uns keine größere Entwürdigung unserer Heimat vorstellen, als daß sie für Kriegsspiele mißbraucht wird«, so Innu-Vertreter Daniel Ashini. Genauer gesagt, daß ihre Bewohner für Kriegsspiele mißbraucht werden, denn die wahren Opfer der Militarisierung Amerikas sind immer die indigenen Völker des Kontinents gewesen. Der längste Krieg in der Geschichte jedes amerikanischen Landes ist der Krieg gegen seine eigenen Indianer.

»Uns erledigen«: Krankheiten und Zwangsarbeit

Über die Jahrhunderte hinweg sind die indigenen Völker durch Krankheiten und Seuchen wesentlich stärker dezimiert worden als durch militärische Angriffe. Die *conquistadores* und die von ihnen eingeschleppten Ratten brachten unbeabsichtigt durch Masern, Windpocken, Tuberkulose, Diphterie, Beulenpest, Malaria, Typhus und sogar die gewöhnliche Grippe eine regelrechte bakterielle Kriegführung in Gang. »Früher konnten wir den ganzen Winter im Wind arbeiten und spürten die Kälte nie, aber wenn jetzt der Wind von den Bergen herabweht, fangen wir an zu husten. Ja, wir wissen, daß wir sterben, wenn du kommst«, klagte Chiparopai, eine alte Yuma-Frau zu Beginn des 20. Jahrhunderts.

Die Uramerikaner besaßen keine Abwehr gegen die neuen Krankheiten und erlagen ihnen rasch, als die Europäer auf dem ganzen Kontinent nach Westen vordrangen. Von 1520 bis zum Ende des 16. Jahrhunderts gab es in Mesoamerika 14 große Seuchen und in den Anden schätzungsweise bis zu 17. Das dichte Zusammenleben auf relativ engem Raum verschlimmerte das Problem. So sollten sich die Überlebenden bald voller Neid nach der in einheimischen Texten, wie dem *Chilam-Balam,* heraufbeschworenen Vergangenheit zurücksehnen, in der die Menschen »keine schmerzenden Knochen, keine brennende Brust, keine Auszehrung, kein hohes Fieber« kannten.

Heute sterben die Indianer in Amerika immer noch zu Zehntausenden an denselben Krankheiten. Dabei gibt es zwei Kategorien von Opfern. Die erste Gruppe erliegt ihren Krankheiten, weil sie von den sozio-ökonomischen Grundrechten, wie dem Zugang zu fließendem Wasser, zu geeigneten sanitären Einrichtungen und vor allem zur medizinischen Versorgung, ausgeschlossen ist. Diese Leute sterben an gewöhnlichen und zu verhindernden Krankheiten, »weil ihnen ein paar Cents für Medizin oder vorbeugende Mittel fehlen«, wie ein indigener Gesundheitsfürsorger es ausdrückt. Meistens sind es Kinder. Eine Kindersterblichkeitsrate von 100 oder mehr auf 1000 Lebendgeburten ist in Lateinamerika bei einer mehrheitlich indigenen Landbevölkerung immer noch gang und gäbe.

Die zweite Gruppe kam erst kürzlich mit Fremden in Kontakt, die sich als Holzfäller, Goldsucher oder Viehzüchter in den indigenen Territorien breitmachen. Diese Völker besitzen, wie ihre Vorfahren vor 500 Jahren, keine Abwehr gegen westliche Krankheiten. Darunter sind vor allem die Gruppen des Amazonastieflands zu nennen, wie die Uru-Eu-Uau-Uau, die Yanomami, die Nambikuara, die Kayapó, die Makuxi, die Tukano und die Pataxó Hahahai, die in den letzten 30 Jahren Tausende ihrer Mitglieder an Epidemien verloren, welche ihre Wald-*shibonos* (Gemeinschaftsdörfer) verwüsteten.

»Das ist Absicht, um uns zu erledigen«, behauptete kürzlich Yanomami-Führer Davi Yanomami auf einer Europa-Reise. Was zunächst weit hergeholt klingt, wurde jedoch 1969 in einem Sonderbericht der englischen *Sunday Times* von Norman Lewis bestätigt. Er brachte einen Geheimreport der brasilianischen Regierung ans Licht, in dem ausführlich beschrieben wird, wie Beamte des Indianerbehörde FUNAI versucht hatten, Indianergruppen zu eliminieren, indem sie ihnen bei der Pockenimpfung statt des Impfstoffs den Krankheitserreger verabreichten und mit Pocken infizierte Kleidung an sie austeilten.

Die Seuchen wirkten sich auf die durch Sklaverei und Zwangsarbeit erschöpften indigenen Völker, die zudem zu einem ungewöhnlich dichten Zusammenleben gezwungen wurden, besonders verheerend aus. Seit dem Zeitpunkt, als Columbus in der Karibik, Cortés in Mexiko und Pizarro in Peru an Land gingen, wurde die Nahrungsmittelproduktion als Organisationsprinzip der Gesellschaft von der Gold- und Silbergewinnung verdrängt. In Bolivien, Mexiko und Peru wurde die indigene Bevölkerung in den Minenstädten Potosí, Guanajuato und Huancavelica versklavt.

Unmittelbar vor Potosí liegt ein 4575 Meter hoher Berg, der zum wirtschaftlichen Symbol der *conquista* wurde. Bei den Inka trug er den Namen Sumaj Orcko (Schöner Hügel) und wurde von den Spaniern in Cerro Rico (Reicher Hügel) umgetauft, als sie begannen, die bis heute größten Silbervorkommen der Welt abzubauen. *»Vale un Potosí«* (Das ist ein Potosí wert) schrieb Cervantes in *Don Quixote de la Mancha* und prägte eine bis heute in Spanien gebräuchliche Redewendung.

Während der zweiten Hälfte des 16. Jahrhunderts wurde aus dem Sumaj Orcko die Hälfte des gesamten Silberschatzes der Welt gewonnen und über Lima und Panama nach Spanien transportiert. Damit wurde eine ungeahnte globale Inflationsrunde in Gang gesetzt und der Grundstein für ein globales Handelsnetz gelegt. Der Inka-Herrscher Wayna Quapaq hatte über 20 Jahre vor der Ankunft der Spanier mit dem Abbau der Silberablagerungen im Sumaj Orcko begonnen. Doch der Inka gab, einer Legende zufolge, sein Vorhaben schreckerfüllt auf, als eine donnernde Stimme aus einem Minenschacht schallte: »Nimm kein Silber aus diesem Hügel, es ist für andere bestimmt.« Das war es in der Tat. In den 300 Jahren bis 1850 warf Potosí schätzungsweise zwei Milliarden Golddollar (die bis 1914 gültige US-Währung) ab, einen Ertrag, der nach Aussagen heutiger Minenarbeiter genügen würde, um eine stabile Silberbrücke von Bolivien nach Madrid zu bauen.

Dieses Unternehmen hat Hunderttausende von Bergarbeitern das Leben gekostet. Viele erfroren, einige starben bei Unfällen, andere erlagen der puren Erschöpfung oder den Quecksilbervergiftungen. Im ersten Jahrhundert der Kolonialherrschaft gab man einem Bergmann nicht mehr als vier Jahre. Alonso de Zurita, ein königlicher Minenaufseher, schrieb im 16. Jahrhundert: »Die Minen waren leicht zu finden, denn der Weg war gepflastert mit den Knochen toter Indianer.« Auf der Suche nach Erklärungen für ihre höllische Plage schufen sich die Minenarbeiter neue Mythen: Der Inka hatte die Edelmetalle im Boden versteckt, um zu verhindern, daß die Spanier sie wiederfanden; die Mine war die von den Missionaren ins Erdinnere verlegte Hölle und wurde zum Synomym der Unterwelt oder *ucu pacha* der Anden.

Doch einige Vorstellungen beschrieben die Minen auch als Zugang zu einer Welt, in der die vorkolumbische Ordnung verborgen lag. Tief unter der Erde bereitete der Inkari, der Messias der Inka, seine triumphale Rückkehr vor. An seinem Kopf wuchs ein neuer Körper, um das *pachakut'i,* die Umkehrung der hohen und niedrigen Welt – und damit der Gesellschaftsordnung – zu lancieren.

Heute ist Potosí eine der Städte Boliviens und Amerikas mit dem größten indigenen Bevölkerungsanteil; einst die reichste rangiert sie heute unter den ärmsten. Das Silber hat die Stadt zum großen Teil verlassen, aber der Tod ist geblieben. Am Tag, bevor ich im August 1993 in Potosí eintraf, wurden zwei Quechua-Minenarbeiter von einem Steinschlag getötet, als sie versuchten, ihren Tageslohn von zwei bis drei US-Dollar aus den verbliebenen minderwertigen Zinnablagerungen im Cerro Rico zu schürfen. »Wir essen, was uns die Minen geben, und die Minen essen uns«, sagte ein Quechua-Bergarbeiter zu June Nash, Professorin für Anthropologie an der *City University of New York* und Autorin eines Buches mit gleichlautendem Titel. Das Hereinbrechen von Sklaverei und Zwangsarbeit wirkte sich auf die landwirtschaftliche Produktion verheerend aus. Das Saatgut blieb ungesät, die Ackerpflanzen wurden nicht mehr gepflegt, die Bewässerungskanäle und Terrassenfelder wurden dem Verfall anheimgegeben. Trotz des Bevölkerungsrückgangs breiteten sich unter der indigenen Bevölkerung Hungersnöte aus. Die wachsende Zahl europäischer Siedler fing an, sich das Land anzueignen, aber nicht zum Anbau für den Eigenbedarf, sondern zum Anbau von Exporternten.

Diese »Destrukturierung«, die Auflösung der wirtschaftlichen, sozialen und ideologischen Strukturen, die den indigenen Kulturen Zusammenhalt boten und Bedeutung gaben, setzt sich bis heute fort. Ihre Auswirkungen spiegeln sich in zahlreichen Gemeinschaften im starken Alkoholkonsum und in den hohen Selbstmordraten unter den enteigneten Uramerikanern in den städtischen Slums und Reservationen wider.

Die Wirtschaftstätigkeit von Minen und Plantagen wurde auf der Sklavenarbeit aufgebaut. Theoretisch gab es einen Unterschied zwischen Sklaven, die den Kolonisatoren bei Landgeschenken oder durch »gerechte Kriege« zufielen, und Untergebenen, die eine bestimmte Fronarbeit im Jahr abzuleisten hatten. Auf die Praxis wirkten sich diese rechtlichen Differenzierungen allerdings kaum aus. Später, als die indigene Bevölkerung schrumpfte und die wirtschaftlichen Aktivitäten der Kolonisten zunahmen, beschafften sich diese die erforderlichen Arbeitskräfte durch Sklavenjagden.

Allein Nicaragua verlor in der ersten Hälfte des 16. Jahrhunderts 200 000 Menschen an Sklavenhändler; die Opfer wurden nach Peru, in die Karibik oder nach Panama verkauft. In den sechziger Jahren des 16. Jahrhunderts arbeiteten 40 000 Ureinwohner als Sklaven auf portugiesischen Plantagen im Nordosten Brasiliens. Die Fron wurde immer beschwerlicher, als eine schwindende Zahl von Indianern die wachsende Bürde der expandierenden Minen und Plantagen zu tragen hatte.

Eine Schlüsselfigur dieser Struktur war der *corregidor de indios,* ein Spanier oder Amerikaner spanischer Abstammung (criollo), der gegenüber der spanischen Krone die Durchsetzung der Indianerpolitik in seinem jeweiligen Verwaltungsdistrikt zu verantworten hatte. Da er Steuereinnehmer war und die Rekrutierung von Arbeitskräften organisierte, bot sich die Stellung des *corregidor* für Mißhandlungen geradezu an. Seine Bezahlung war zwar minimal, aber er hatte freie Hand beim Anknüpfen von Handelsbeziehungen mit indigenen Gemeinschaften. Dadurch wurde er zum Vorreiter von Generationen ausbeuterischer Zwischenhändler – vielfach ethnisch entfremdete Indianer. Einige Händler, die auf Schiffen auf dem Amazonas und seinen Nebenflüssen reisen und mit den indigenen Gemeinden einen gewinnträchtigen Handel treiben, indem sie ihnen Waren zu überhöhten Preisen verkaufen und deren Erzeugnisse weit unter Marktpreis einkaufen, werden auch heute noch *corregidores* genannt.

Andere, wie die Arbeitsvermittler, die in den Dörfern der Anden oder Zentralamerikas auftauchen, um Erntearbeiter für die Plantagen zu rekrutieren, haben dasselbe Erbe der Kolonisation angetreten. Sie gewähren den indigenen Bauern, wenn diese sie am dringendsten benötigen, geringfügige Darlehen für den Kauf von Saatgut, Dünger oder für andere Ausgaben. Sie fordern als Gegenleistung, daß die Indianer eine Erntesaison im Zuckerrohrfeld, auf der Kaffeeplantage oder im Baumwollfeld arbeiten, um ihre Schulden abzubezahlen. Dabei bürden sich die Bauern durch überhöhte Unterbringungs- und Verpflegungskosten häufig neue Schulden auf. Dieser Teufelskreis der Schuldknechtschaft und die unterbezahlte Saisonarbeit sind, als moderne Formen der Sklaverei, immer noch durchaus verbreitet.

Kreuz und Schwert: Das Töten für Gott

Die Eroberung geschah im Namen des Christentums, das eins der wichtigsten Vehikel der kulturellen Mißachtung oder des »Ethnozids«, dem kulturellen Äquivalent des Genozids, war. Die *conquistadores* verstanden sich in erster Linie als Christen, dann als Kastilier, Aragonier oder Andalusier und erst zuletzt als Spanier. Seit dem Mittelalter gestattete die Kirche die Einfuhr und den Verkauf »ungläubiger« (das heißt nicht christlicher) Sklaven, doch ab dem 15. Jahrhundert galt dieses Kriterium eher der ethnischen Zugehörigkeit als dem tatsächlichen Glauben der Sklaven. Dieses war eine weitere Facette des Rassenwahns, den die religiöse Bekehrung kaum zu beeinträchtigen vermochte. Inka Atawallpa ließ sich taufen und durfte anschließend nur eine angenehmere Hinrichtungsart wählen. Er starb als Don Francisco Atawallpa den Tod durch den Strang, statt ungetauft bei lebendigem Leibe verbrannt zu werden.

Kirchen wurden immer auf den Ruinen indigener Kultstätten mit Hilfe von indigenen Arbeitskräften erbaut, was beweist, wie stark Zwangsarbeit und religiöse Bekehrung Hand in Hand gingen. Führenden *conquistadores* wurde durch die *encomiendas* (Landzugaben) eine feste Anzahl indigener Arbeitskräfte und Tributzahler zugeteilt, wenn sie sich verpflichteten, die neuen Untertanen der spanischen Krone zum Christentum zu bekehren.

Die Missionare sorgten dafür, verstreute indigene Gruppen in eigens für ihre Bekehrung und Akkulturation vorgesehenen Dörfern neu anzusiedeln, den sogenannten *congregaciones* oder *reducciones*.

Obwohl viele Missionare ihre Konvertiten in solchen Siedlungen vor den schlimmsten Exzessen der *conquistadores* bewahrten, hatten sie oft die Verletzung der ethnischen Loyalität und Tradition im Namen der »Modernisierung« und »Zivilisation« zu verantworten.

Viele Kleriker erwiesen sich als die schlimmsten Vertreter der Inquisition und des spanischen Staates. Einer davon war der Franziskaner Diego de Landa. Er befahl 1562 in Yucatán eine gründliche *auto-da-fe* (öffentliche Verbrennung), nachdem Götzen und andere Überbleibsel »heidnischer« Praktiken in den benachbarten Höhlen gefunden worden waren. Tausende Maya-Bücher und Kunstgegenstände fielen dabei den Flammen zum Opfer, während bei den Verhören 4500 Maya gefoltert und 158 getötet wurden.

Menschen wie er machten den Ethnozid zum Präzedenzfall für die vornehmlich nordamerikanischen protestantischen Fundamentalisten unserer Tage, die Lateinamerika, und besonders die indigenen Gemeinschaften, als ihren missionarischen Tummelplatz ansehen. Die *New Tribes Mission* und das *Summer Institute of Linguistics* sind nur zwei Organisationen dieser Prägung.

Die erste ist eine Gesellschaft mit Sitz in Florida, einem Jahresumsatz von 20 Millionen Dollar und 2500 Missionaren, die zur »Stammesevangelisation und Kirchengründung« eingesetzt werden. Die zweite ist eine der größten Missionsgesellschaften der Welt und hat es sich zur Aufgabe gemacht, »bibellosen Stämmen« »das Wort« zu bringen. Beide Unternehmen haben ganz gezielt indigene Glaubenssysteme zerstört, traditionelle Lebensweisen und Gesellschaftssysteme unterwandert und ganze Kulturen vernichtet, indem sie »den Ethnozid als Segen verbrämen«, wie ein Anthropologe es ausdrückte.

Nirgends hat ihr Einfluß größeren Schaden angerichtet als im Chaco von Bolivien und Paraguay, wo sie nomadisierende Gruppen, wie die Ayoreo und Ache, nach überfallartigen »Kontaktaufnahmen« im Urwald seßhaft gemacht haben. Diese Völker schwinden nun an Krankheiten, Traumata und sogar an der

Überarbeitung auf den umliegenden Farmen dahin, während die Indoktrinierung, die neuen Abhängigkeiten und die »Zivilisierung« das ihre tun. »Ist Gott ein Amerikaner?« fragte ein Bericht mit gleichlautendem Titel, in dem die kulturelle Vernichtung angeprangert wurde.

Viele Ureinwohner sahen den deutlichsten Beweis für die Heuchelei der Europäer in dem Widerspruch zwischen den von ihnen gepredigten Werten und ihrem tatsächlichen Handeln. In ganz Amerika predigten die Missionare fanatisch, »Du sollst nicht töten, du sollst nicht stehlen«, während sie diese Gebote selbst nach Herzenslust brachen.

In Nordamerika war diese Doppelmoral noch größer, denn, wie ein Häuptling es ausdrückte, die ersten Siedler »waren aus der Heimat geflohen, weil sie zu feige waren, sich ihrer eigenen Religion gegenüber zu verantworten«. Und Red Jacket, ein berühmter Seneca-Anführer, bemerkte 1828 einem Prediger der *Evangelical Missionary Society* gegenüber zynisch: »Du sagst, ihr habt recht und wir sind verloren. Woher sollen wir wissen, daß das die Wahrheit ist, nachdem wir so oft von den Weißen enttäuscht worden sind.« Er fuhr fort: »Bruder! Du sagst, es gibt nur eine Art, den Großen Geist anzubeten und ihm zu dienen. Wenn es nur eine Religion gibt, warum macht ihr Weißen dann einen so großen Unterschied?«

Die spanische Eroberung erhielt bald eine quasi legale religiöse Legitimation. Ab 1516 mußte sich jede Expedition verpflichten, ein als *El Requerimiento* (Die Bedingung) in die Geschichte eingegangenes Dokument nach Amerika mitzunehmen und es jedem Uramerikaner, der ihr begegnete, vorzulesen. Der Vorspann zum *Requerimiento* erklärt, daß Jesus Petrus den Auftrag erteilte, die Welt zu regieren, was in der Folge den Päpsten übertragen wurde.

Der amtierende Papst, so das Dokument, habe sämtliche Inseln und das Festland im Ozeanischen Meer (Atlantik) an

Spanien abgetreten – ein Hinweis auf das Abkommen von Tordesillas aus dem Jahr 1494, in dem Alexander VI. die »heidnische Welt« zwischen Spanien und Portugal aufteilte. Das Dokument fährt fort, alle indigenen Völker aufzufordern, die Kirche, den Papst und den spanischen König anzuerkennen: »Tut ihr dies, so wird Eure Majestät Euch mit all seiner Liebe grüßen ... und Eure Frauen und Kinder frei lassen ... Er wird Euch nicht zwingen, Christen zu werden, wenn Ihr Euch nicht selbst zum heiligen katholischen Glauben bekehren wollt. Tut Ihr es aber nicht oder zögert es listig hinaus, werde ich mit Gottes Hilfe in Eure Länder eindringen ... und Eure Frauen und Kinder nehmen, sie zu Sklaven machen und sie als solche verkaufen. Ich werde all Eure Güter nehmen und unter Euch alles Unheil anrichten, was ich vermag.«

Während seiner kurzen Lebensdauer wurde das *Requerimiento* von vielen Spaniern ad absurdum geführt, weil sie sich über die Vorschrift, es den Indianern vorzulesen, einfach hinwegsetzten. Es gibt Berichte darüber, wie es den verständnislosen Ureinwohnern oder auch schlafenden Dorf- und Stadtgemeinden mitten in der Nacht vorgelesen wurde, bevor sie von den Spaniern angegriffen wurden. Doch seine wahre Bedeutung lag darin, daß es zwei Präzedenzfälle schuf. Erstens lieferte es eine quasi legale Rechtfertigung für 500 Jahre schlimmster Verbrechen an den indigenen Völkern Amerikas. Sklaverei, Landraub, Schuldknechtschaft, Rassismus, kulturelle Mißachtung höchsten Grades und sogar Folter und Massaker wurden durch Gesetze, Erlasse und Dekrete legitimiert. Diese Gesetze und Bestimmungen zu entkräften oder abzuändern, war ein Hauptanliegen der indigenen Bewegung.

Zweitens machte es die offizielle Heuchelei zum Präzedenzfall. Fünf Jahrhunderte lang hielten es die Regierenden Amerikas für diplomatisch, von Zeit zu Zeit Gesetze und Verfassungsartikel zu erlassen, in denen die indigenen Völker nominell geschützt wurden, die aber nie in Kraft gesetzt wurden beziehungsweise gar nicht in Kraft gesetzt werden konnten. Die Besitzrechte der indigenen Völker und ihr Recht auf eine eigene Sprache und Kultur werden heute von zahlreichen Verfassungen, Abkommen und Gesetzen Amerikas anerkannt.

Wie praktikabel die Durchsetzung oder die Gewährleistung dieser Rechte ist, steht allerdings auf einem anderen Blatt. 500 Jahre des Verrats und gebrochener Versprechen haben unweigerlich zu Vertrauenseinbußen geführt. »Unsere Leute glauben ihnen nicht mehr. So einfach ist das. Die Regierung kann versprechen, was sie will... Wir glauben ihr nicht mehr«, schrieb Harold Cardinal, ein Cree-Indianer in seinen Buch *The Unjust Society: The Tragedy of Canada's Indians.*

Frauen und Kinder zuerst: Die Schwächsten leisten Widerstand

Die Schwächsten leiden stets am meisten: Frauen, Kinder und alte Menschen. Zu Anfang waren die Spanier für die Befriedigung ihrer sexuellen Bedürfnisse auf einheimische Frauen angewiesen. Nach allem, was wir von der Eroberung, ihrer Brutalität und ihrem Rassismus wissen, steht es außer Frage, daß Vergewaltigungen und erzwungener Beischlaf an der Tagesordnung waren.

Die von den Invasoren eingeführte Macho-Kultur förderte den Mißbrauch und die Frauenfeindlichkeit. Sie nahm den Frauen die in zahlreichen indigenen Gesellschaften traditionell verankerten Landrechte, spaltete die Familien, indem sie die Männer zur Zwangsarbeit rekrutierte, und baute ihre Machtverhältnisse auf der Geldwirtschaft auf, aus der Frauen weitgehend ausgeschlossen waren.

Das alles wurde untermauert durch eine Religion, in der nicht mehr eine Reihe von Göttern und Göttinnen verehrt wurde, sondern ein einziger männlicher Gott. Durch diese Einflüsse verschob sich das Gleichgewicht zwischen den Geschlechtern in der indigenen Gesellschaft, die vor der Eroberung auf einer komplementären Gleichberechtigung aufbaute. Während sich diese »ideologische Kolonisation« nach Aussagen einer Frauenorganisation der Mapuche bis in unsere heutigen Tage fortsetzt, hat die traditionelle Sicht der komplementären Gleichheit überlebt und erfreut sich einer neuen Beliebtheit.

»Unsere Schöpfergottheiten sind ein Mann und eine Frau, Manku Quapaq und Mama Ocllo, die gleichzeitig dem Titicaca-See entstiegen«, erzählt Wara Alderete, eine Cachaqui aus Argentinien. »Die Tradition sieht Männer und Frauen als verschieden und sogar gegensätzlich an, aber sie ergänzen sich und sind keine Feinde. Sie spiegeln die Dualität der Natur wider, wo sich Kräfte wie Tag und Nacht, Sonne und Mond oder Sommer und Winter ergänzen, um das Gleichgewicht der Welt zu erhalten.«

Die Vergewaltigung indigener Frauen ist ein Ausdruck der Gewalt gegen die Kultur und das Land der indigenen Völker. Als Machtsymbol der Eroberung und Zeichen der Erniedrigung werden Vergewaltigungen bis heute als potente Waffen im fortdauernden Krieg gegen die indigene Bevölkerung eingesetzt, besonders vom Militär der lateinamerikanischen Staaten.

Noch 1986 erzählten Justizbeamte in Ayacucho, dem Hauptaktionsgebiet der Bewegung *Sendero Luminoso* (Leuchtender Pfad) in Peru, Vertretern von *amnesty international,* daß Vergewaltigungen »normal« seien, wenn die Truppen in ländliche Gegenden abkommandiert werden und mit Strafverfolgungen nicht zu rechnen sei.

Rassismus und Ethnozid, die solchen Feldzügen zugrundeliegen, führen oftmals zum Herausgreifen von Frauen und Kleinkindern, den Symbolen jeder ethnischen Gruppe für ihre Fähigkeit, sich fortzupflanzen und weiterzuleben. Alte Leute sind als die traditionellen Hüter der mündlichen Überlieferung, der Religion und der Mythen einer Gruppe ebenfalls beliebte Angriffsziele. »Wir werden ihre ganze Saat vernichten«, prahlte der guatemaltekische Oberst Horacio Maldonado Shadd während des erbarmungslosen Feldzugs zur Niederschlagung des Aufstandes, in dem Anfang der achtziger Jahre unseres Jahrhunderts mindestens 40 000 Indianer getötet wurden, darunter Tausende von Kindern. »Um einen Wolf zu erledigen, braucht man nur seinen Welpen nachzujagen«, versicherte US-Präsident Andrew Jackson seinen Anhängern, nachdem er 1828 durch seinen Ruf als »Indianerkämpfer« die Präsidentschaftswahl gewonnen hatte.

Seit Manku Inka Yupanki in den dreißiger Jahren des 16. Jahrhunderts erleben mußte, wie die Inka-Frauen seiner Familie vor seinen Augen von den Spaniern vergewaltigt wurden, waren Frauen dem Mißbrauch stets besonders ausgesetzt, weil sie die potentiellen Kämpfer des indigenen Widerstands kleideten, nährten und auf die Welt brachten. Doch dieser Mißbrauch weckte bei einigen Frauen einen erbitterten Widerstand, der nicht nur einmal für die Rettung ihrer Kultur entscheidend war. »Die Männer sind empfänglicher für die Laster der Kolonisatoren. Wir indianischen Frauen sind stärker, verantwortungsbewußter und halten an unseren moralischen Werten fest«, sagt Wara Alderete. »Möglicherweise sind wir Frauen aktiver, weil es beim Überleben eher auf uns ankommt«, überlegt Patricia Gualinga, eine Quichua aus Ecuador.

Die durch die Eroberung erfolgte Rassenmischung ist heute in Mexiko am offensichtlichsten, dem Land mit der größten Mestizen-Population Lateinamerikas. *»Hijos de la chingada!«* – »Kinder der Vergewaltigung!« – lautet der Ruf der Menge bei der Gedenkfeier zur Gründung der mexikanischen Unabhängigkeitsbewegung 1816.

Viele Frauen entschieden sich lieber für den Freitod, für Fehlgeburten oder Selbstverstümmelungen als für die Hölle, über die die Europäer predigten und die die Frauen in den ersten Jahren der Eroberung erlebt hatten. Diego de Landa berichtet von einer jungvermählten Maya namens Bacalan, die sich, nachdem sie von den Spaniern geraubt worden war, lieber das Leben nahm, als von ihnen geschändet zu werden. Will man Diego de Landa Glauben schenken, so wurde ihr Leichnam den »Hunden zum Fraß vorgeworfen«. Diese beiläufige Bemerkung über ihre Beseitigung veranlaßte den bulgarischen Literaturkritiker Tzvetan Todorov dazu, sein Buch *Die Eroberung Amerikas* dem »Gedenken an eine Maya-Frau, die von den Hunden zerrissen wurde«, zu widmen.

Mit fortschreitender Eroberung verengte sich der Handlungsspielraum der Uramerikaner auf zwei Möglichkeiten: Entweder sie fügten sich freiwillig, wurden zu Knechten und verloren ihre kulturelle Identität, womit sie zum »lebenden Tod« verurteilt waren, wie ein indigener Anführer es ausdrückte. Oder sie leisteten Widerstand, der mit großer Wahrscheinlichkeit zum physischen Tod führte. Der offene Widerstand kannte unterschiedliche Formen:

- Der symbolische Protest von Anführern wie Ajuricaba, dem Führer der Manu-Nation, der 1728 lieber gefesselt in den Fluß Pará sprang, als sich der Gefangenschaft und dem wahrscheinlichen Tod auszuliefern.

- Der politische Aufstand, wie der von Tupaq Amaru in Peru, der sich im Jahr 1780 mit den Quechua-Worten *»Mañanam kunanmanta wakchakayniykiwan wiraqocha mikhunqañachu!«* (Ab heute sollen sich die Spanier nicht mehr an eurer Armut weiden) selbst zum obersten Inka erklärte.

- Der intellektuelle Protest von Schriftstellern wie Felipe Guaman Poma. Er reiste durch die Anden, um eine 1200seitige

Abhandlung über die Lebensbedingungen der Indianer zu verfassen, die er dem spanischen Monarchen Phillip III. vorlegte.

- Der kulturelle Widerstand von Leuten wie dem Cherokee Sequoyah – auch unter seinem englischen Namen George Guess bekannt geworden. Er erfand im Jahr 1820 ein Cherokee-Alphabet mit 86 Buchstaben, das bald darauf in Zeitungen, Büchern und Briefen verwendet wurde.

Der effektivste Widerstand bestand jedoch im alltäglichen Kampf der gewöhnlichen Leute, um sich die Eroberer mit allem Drum und Dran vom Hals zu halten. Von der Arktis bis zur Antarktis haben sich die Indianer mit den Mitteln zur Wehr gesetzt, die James Scott, Professor für Politikwissenschaften an der *Yale University,* in seinem gleichnamigen Buch als »die Waffen der Schwachen« bezeichnet.

Zu diesen »Waffen« gehören Verstellungen, vorgeschützte Unwissenheit, geheuchelte Einwilligung, Manipulation, Flucht, Diebstahl, Ergebung und zuweilen auch Gewaltakte, darunter der als gewöhnliches Verbrechen getarnte Mord. Wie auch immer diese Mittel eingesetzt wurden, ein Hauptelement dieses Widerstands bestand in dem vereinbarten Stillschweigen, ein Grund dafür, daß diese Methoden bei Außenseitern so wenig bekannt sind.

Diese Strategie galt dem kulturellen Überleben; es war ein Untergrundkampf mit anderen Mitteln, den die meisten Uramerikaner nach ihrer militärischen Unterwerfung jahrelang führten. Die offene Konfrontation forderte das Leben von Menschen, manchmal sogar von ganzen Nationen. Das war bei diesem subtilen, schwer faßbaren Widerstand, der vollkommen auf die örtlichen Verhältnisse abgestimmt war, nicht der Fall. Dieser Widerstand wurde an allen Fronten praktiziert, in der Wirtschaft, im sozialen und im politischen Bereich, indem die indigene Kultur sorgfältig die Schwachpunkte der verschiedenen Staaten in den unterschiedlichen Epochen sondierte.

Diese Strategie ging auf die allerersten Tage der Eroberung zurück und wurde erstmals 1534 von Manku Inka Yupanki, Inka Atawallpas Halbbruder, als Philosophie öffentlich beschrieben. Wie sein Sohn Titu Kusi Yupanki berichtete, sagte er, als er sich nach einem Gegenschlag in die Berge von Vilcabamba zurückgezogen hatte, zu seiner Gefolgschaft: »Gib dir den äußeren Anschein, auf ihre Forderungen einzugehen. Gib ihnen eine kleines Zeichen der Hochachtung, was immer du erübrigen kannst, denn gibst du ihnen nichts, so nehmen sie es dir mit Gewalt ... Ich weiß, daß sie dich eines Tages zu dem Gebet, das sie beten, zwingen oder überlisten werden. Wenn das geschieht und du dich nicht länger widersetzen kannst, dann tu es vor ihren Augen, aber vergiß unsere Zeremonien nicht ... Offenbare nur, was du mußt, und halte den Rest verborgen.«

Nur das zu offenbaren, was sie mußten, und den Rest verborgen zu halten, sich auf die notwendigen Kompromisse und eine minimale Anpassung einzulassen, eine Bekehrung oder einen Sinneswandel vorzutäuschen, europäisches Wissen und Technologien für die eigenen Ziele zu nutzen, das waren die Merkmale des indigenen Widerstands seit jeher.

Widerstand in den Reservationen

Der wichtigste Raum für den Widerstand war die indigene Gemeinschaft oder die Reservation, häufig Stätten der Armut und weiterer durch die Zwangsumsiedlung entstandener Probleme. Trotzdem haben sich diese Orte, die ursprünglich ein Symbol der Mißachtung und Erniedrigung waren, verändert und sind heute die Keimzellen einer Wiederbelebung der ethnischen Kultur und des ethnischen Stolzes.

Die Grenzen eines indigenen Dorfes oder die Markierungen einer Reservation oder eines ethnischen Territoriums auf der Landkarte sind gegenwärtig der deutlichste physische Beweis für die kulturelle Eigenheit der »ersten Nationen«. In diesen kulturellen Zentren konnten die Indianer »sich wieder ihre Decken umhängen«, wie die weißen Nordamerikaner die Rückkehr zu Stammestracht und -sitten nennen.

Dieser Prozeß setzte in Spanisch-Amerika in der zweiten Hälfte des 16. Jahrhunderts ein, in den Vereinigten Staaten nach dem Unabhängigkeitskrieg gegen England Ende des 18. Jahrhunderts und in Brasilien ab 1850, als eine unabhängige Regierung die ersten Schritte zur Anerkennung des traditionellen Indianerlandes unternahm.

Er nahm unterschiedliche Formen an. In Mexiko und Guatemala wurden beispielsweise *congregaciones* geschaffen, in Peru *reducciones* und in Kolumbien *resguardos* (Schutzgebiete). Es folgten, oft nach Verträgen oder Umsiedlungen, die Reservationen in Nordamerika. In Amazonien und anderen Urwaldregionen werden indigene Territorien bis in die heutige Zeit abgegrenzt.

In Lateinamerika setzte der Umzug in gesonderte Territorien ein, als die spanische Krone begann, sich gegen die bis dahin gewissermaßen autonomen Siedler zu behaupten. Denn in der Zeit um 1550 war der Bevölkerungsrückgang eine ernsthafte Bedrohung für die Lebensfähigkeit von Spanisch-Indien. Da die spanische Krone in erster Linie das Ziel hatte, aus den neuen Tributpflichtigen und Arbeitskräften Gewinn zu ziehen, lohnte sich der Versuch, die verbleibende indigene Bevölkerung zu schützen, um sie effektiver ausbeuten zu können.

Die von der spanischen Krone ins Leben gerufene »Indianerrepublik« gab den Uramerikanern wichtige Waffen für ihren Widerstand an die Hand, insbesondere eine gewisse Autonomie durch eigene Gesetze und politische Institutionen. Diese waren

Mischformen und bestanden aus der traditionellen hispanischen Verwaltung einer *cabecera* (Hauptstadt) über *subjetos* (Dörfer), die von indigenen *cabildos* (Räten) überlagert wurden, in denen Stammesälteste als traditionelle Autoritäten die Macht ausübten.

Im Tiefland wurden ähnliche Strukturen eingeführt, hier allerdings von der katholischen Kirche und auf der Basis der Religion. Es entstanden religiöse Mischformen, indem Ritualtänze, Festspiele und überlieferte religiöse Praktiken in den christlichen Kultus einflossen und von ihm überlagert wurden.

Traditionelle Götter nahmen die Gestalt bestimmter Heiliger an, nicht zuletzt, weil die katholischen Kirchen regelmäßig auf den einstigen indigenen Kultstätten erbaut wurden. Die von den Missionaren eingeführten hispanischen *cofradías* (religiöse Brüderschaften) wurden wichtige Bestandteile der Gesellschaft und dienten der Stärkung des Gemeinschaftslebens.

Überall in Amerika funktionierten die einheimischen Völker die ihnen aufgezwungenen kolonialen Strukturen und ihr Erbe auf diese Weise in ihre Überlebensmechanismen um. Im 16. Jahrhundert war es Spaniern und Mestizen verboten, in indigenen Gemeinschaften zu leben, und auch heute noch sind sie dort, wenn überhaupt, nur selten anzutreffen und nicht gern gesehen.

Im 17. Jahrhundert durften die indigenen Gemeinschaften für ihre Beschwerden ein Sondergericht, das *juzgado de indios,* anrufen und bei der Verteidigung ihrer Interessen die spanische Krone um Hilfe ersuchen. Die Sondergerichte sind inzwischen abgeschafft, aber die Tradition, Regierungen für die eigenen Interessen zu gewinnen (lobbying) und sogar Klagen zu erheben, ist immer noch durchaus lebendig. Wie in Kolumbien, bedeutet das manchmal, daß Rechte eingefordert werden, die bis in die Zeit der spanischen Krone zurückreichen.

Indigene Städte oder Dörfer wurden als »geschlossene korporative Gemeinschaften« beschrieben, doch der Historiker Jim

Handy wies darauf hin, daß sie eher versiegelten kulturellen Behältern mit Druckausgleichventilen ähneln, die sich nach Bedarf dem Kontakt zur Außenwelt öffnen oder verschließen. Ihre Fähigkeit, fremde Einflüsse zu integrieren und sie ihren eigenen Zielen anzupassen, war bemerkenswert. Anpassung, Weiterentwicklung und Überleben wurden die Schlüsselworte des indigenen Widerstands.

In der Vergangenheit wurde die kollektive Identität durch die *cofradías* gefestigt. Diese Aufgabe hat heute das Radio übernommen, ein Importgut aus dem Westen, das Nachrichten, Literatursendungen und traditionelle Gesundheitstips in indigener Sprache sendet. So haben sich zwar die Mittel geändert, doch die Methode, äußere Einflüsse zu »indigenisieren«, ist dieselbe geblieben. Sogar die scheinbar die Kultur stark beeinträchtigende Militarisierung kann »indigenisiert« werden.

Überall in Amerika verstärkte sich die Interaktion zwischen der europäischen und der indigenen Gesellschaft mit der wachsenden Zahl der Siedler in den ersten beiden Jahrhunderten der Kolonialherrschaft. Handel, Arbeit, Landnahme und Tributpflicht sorgten dafür, daß die indigene Bevölkerung unerbittlich in den Sog der Geldwirtschaft und der Gesellschaft der Invasoren geriet.

Überall wanderten Indianer zum Arbeiten in die europäisierten Städte ab; Kreolen und Mestizen siedelten, häufig illegal, in indigenen Gemeinschaften. Mit der zunehmenden Interaktion veränderte sich die Definition eines »Indigenen«, die sich anfangs noch auf die Rasse, später jedoch auf die Kultur bezog. Denn viele, die rassisch zur indigenen Bevölkerung gehörten, wurden Mestizen oder *ladinos,* ethnisch entfremdete Indianer.

Stets wurde das Phänomen der Europäisierung aus dem westlichen Blickwinkel beurteilt und an Äußerlichkeiten festgemacht, wie der Tendenz der Indianer, ihre Trachten, Sprachen und sichtbarsten Bräuche abzulegen. Tatsächlich ist dies jedoch ein wechselseitiger Prozeß, in dem die Indigenisierung – nämlich die Beeinflussung der Völker und Regierungen des amerikanischen Kontinents durch die indigene Kultur und ihre Werte – als ebenbürtige Erscheinung neben der Verwestlichung steht.

Dieses Zusammenwachsen von alten und neuen Überzeugungen ist am treffendsten als Synkretismus zu bezeichnen und sollte als ein wichtiger Ausdruck des indigenen Widerstands gesehen werden. Der Synkretismus war das Hauptvehikel, um die Werte der »eroberten« Welt in die der »Eroberer« einzuführen. In gewisser Weise spiegelt er auch den Status quo nach der Eroberung wider, der die Europäer glauben ließ, sie hätten die indigene Bevölkerung »zivilisiert«, während die indigene Bevölkerung davon überzeugt war, ihre Kultur bewahrt zu haben.

Seuchen, Zwangsarbeit, institutionalisierter Rassismus, Bekehrungen und Militarisierung – gegen Ende des 18. Jahrhunderts hatten die indigenen Völker Amerikas die schrecklichsten Greuel einer 300jährigen Kolonialherrschaft überlebt. Sie waren zwar geschwächt, doch hatten die Gesellschaften der Uramerikaner überdauert, indem sie ihre verschlüsselten Werte und Vorstellungen in die ihrer Eroberer hinüberretteten. Überleben war alles, ganz gleich wie subtil und verborgen, denn es würde gewährleisten, daß sich zukünftige Generationen gegen die zukünftige Unterdrückung mit neuen, wirksameren Formen des Widerstands zur Wehr setzen könnten.

Quellen

Patricia Morales (ed), Indigenous Peoples, Human Rights and Global Interdependence, International Centre for Human and Public Affairs, Tilburg 1994

Indian Rights, Human Rights – Handbook for Indians on International Human Rights Complaint Procedures, Indian Law Resource Center, Washington DC 1988

The Americas, Human Rights Violations Against Indigenous Peoples, amnesty international, London 1992

Steve Stern (ed), Resistance, Rebellion and Consciousness in the Andean World, University of Wisconsin Press, Madison 1987

Friar Bartolomé de las Casas, A Short Account of the Destruction of the Indies, Penguin Books, London 1992

The Rights of Indigenous Peoples, Fact Sheet No. 9, United Nations, Geneva 1992

Ronald Wright, Stolen Continents: The Indian Story, Pimlico Books, London 1992

Curtis G. Berkey, International Law and Domestic Courts: Enhancing Self-Determination for Indigenous Peoples, Harvard Human Rights Journal, Vol. 5, Spring 1992

D. A. Brading, The First America, Cambridge University Press, Cambridge 1991

David E. Stannard, American Holocaust – Columbus and the Conquest of the New World, Oxford University Press, Oxford 1992

Richard Wilson, Maya Resurgence in Guatemala, University of Oklahoma Press, Norman 1995

Rodolfo Stavenhagen, Derecho Indígena y Derechos Humanos en America Latina, Instituto Interamericano de Derechos Humanos y El Colegio de Mexico, Mexico DF 1988

Landnahme und Umweltzerstörung

Etwa 40 Quechua sitzen vornübergebeugt auf ihren grob gezimmerten Schemeln. Im Klassenraum riecht es nach den Kartoffeln und dem Mais, den sie anbauen, nach Schweiß und nach Erde. Sie tragen bunte *chollos* (Wollmützen), manche mit dem eingestrickten Namen ihres Heimatdorfes auf der Stirn; darunter hervor starren sie an die Tafel, um den angeschlagenen Text zu entziffern, während die Troddeln an ihren langen Ohrenschützern hin und her baumeln.

Der Rechtsberater Fernando Monge liest den Text laut vor, während sein schwarzer Stift quietschend über das braune Packpapier an der Tafel fährt: »Abschnitt 10 und 11 der peruanischen Verfassung: ›Nutzung von Gemeindebesitz‹, Artikel 46: ›Gemeindebesitz ist Eigentum der Gemeinschaft. Gemäß der Verfassung und ihren Gesetzen ist es unveräußerlich, unverlierbar und unverpfändbar.‹ Artikel 47: Er bestimmt die Landnutzungsrechte der Gemeinschaftsmitglieder und verbietet die Aufteilung des Landes in Parzellen. Nach den Vorschriften der peruanischen Agrarreform wird eine Gemeinschaft rechtlich definiert als eine Gruppe von Menschen, die in einem bestimmten Gebiet nach einem gemeinsamen Brauchtum zusammenlebt…«

Fernando Monge ist im Bartolomé-de-las-Casas-Zentrum in der alten Inka-Hauptstadt Qosqo Berater für Landfragen. Seine Zuhörer sind die Vorsitzenden der 38 Bauerngemeinden (comunidades campesinas) eines Nachbarbezirks. Als die Gruppe nach der Veranstaltung auseinanderläuft, um ans Tagewerk zu gehen, ruft Monge in das lauter werdende Quechua-Gemurmel: »Wenn jemand Besitztitel auf Land hat, die ich mir anschauen soll, ich bin morgen früh ab sieben Uhr hier.«

Der Anlaß für Fernando Monges Unterricht war ein Verfassungsreferendum, das das Recht auf Gemeindeeigentum der indigenen Völker Perus abzuschaffen drohte. Dieses Recht, das in den Gesetzen der von der spanischen Krone gegründeten »Indianerrepublik« verankert ist und auf die Landreform der radikalen Militärregierung von 1968 unter General Juan Velasco Alvarado zurückgeht, ist in jüngster Zeit überall in Amerika in Gefahr.

Mexiko schaffte dieses Recht 1991/92 durch eine Verfassungsänderung von Artikel 27 ab, der im Jahr 1917 aus der Mexikanischen Revolution hervorgegangen war. Durch diese Änderung wurde die Neuverteilung von Land offiziell beendet, der Rechtsanspruch auf traditionelles indigenes Land abgeschafft und der Verkauf jeglichen Landes genehmigt. »Das hat nur eins zur Folge: die Wiedereinführung der großen *haciendas* und der Sklaverei«, klagt Margarito Ruiz, ein Tojolab'al-Maya und Leiter der *Frente independente de pueblos indígenas* (FIPI – Unabhängige Front indigener Völker) in Mexiko.

Durch die von der Schuldenkrise genährten neoliberalen Wirtschaftsstrukturen wurde die »Modernisierung« der Landwirtschaft gefördert, die in Wirklichkeit nach dem Krieg in einer Beschleunigung der Mechanisierung und der Expansion der verkaufsorientierten Agrarwirtschaft bestand. Neue Technologien, Düngemittel und ein unvorhergesehenes Bevölkerungswachstum sorgten dafür, daß einstige Randgebiete, gewöhnlich indigenes Land, für solche »Entwicklungen« erschlossen wurden und erhebliche Wertsteigerungen erfuhren. Die indigenen Kleinbauern geben häufig nach verzweifelten Versuchen, aus einer weiter schrumpfenden Landbasis höhere Erträge zu erzielen, die Subsistenzwirtschaft – ihre kulturelle Nabelschnur – auf und wenden sich dem verkaufsorientierten Anbau zu, wobei sie manchmal bei großen multinationalen Landwirtschaftsunternehmen unter Vertrag stehen.

Die im ersten Kapitel erwähnte Bedeutung von Land für die indigenen Völker des amerikanischen Kontinents kann gar nicht stark genug betont werden. Die meisten definieren sich über ihre Heimat, sei es nun Dorf, Wald, Ebene oder Tundra. Diese bestimmt ihren Lebensstil und sichert ihr Überleben, indem sie ihnen durch die heimische Tier- und Pflanzenwelt Nahrung, Heilung und Schutz bietet.

Wenn man die indigene Kultur und Identität überhaupt auf eine gemeinsame Wurzel zurückführen will, so ist diese sicherlich das Land. »Nehmt uns unser Land, und ihr zerstört uns die Möglichkeit, wahre Menschen zu sein«, erklärt Milton Born with a Tooth, ein Peigan-Aktivist aus Kanada. Für viele Indianer ist es unvorstellbar, sich individuell oder kollektiv anders als über ihr Land zu definieren, und zwar nicht irgendein Land, sondern das besondere Land jeder einzelnen Nation.

Viele spüren eine tiefe spirituelle Verpflichtung, in ihrem Land zu sterben, begraben zu werden und es in die Obhut ihrer Kinder weiterzugeben. Gewaltsam von ihrem Land vertrieben zu werden, ist nicht nur der Anfang ihrer materiellen und kulturellen Vernichtung, sondern auch die Ursache für eine tiefe spirituelle Not, die von vielen Uramerikanern als tödliche Krankheit umschrieben wird.

»Wenn wir fortziehen müßten, wäre das für uns alle wie die Traurigkeit des Todes«, beklagten sich die Akawaio aus Guyana bei ihrer Regierung angesichts eines 1977 geplanten Staudammes. In dem Verständnis zahlreicher indigener Völker besitzt das Land den Menschen und nicht umgekehrt. »Es werden Kriege geführt, um zu entscheiden, wem das Land gehört, doch in Wahrheit besitzt es den Menschen. Wird am Ende nicht auch der darin begraben, der zu sagen wagt, es gehörte ihm?« fragt der Chiricahua-Apache Nino Cochise.

Sich ausreichend Land zum Überleben und das Verfügungsrecht über die darin enthaltenen Ressourcen zu sichern, ist das einzige Anliegen, das so unterschiedliche Völker wie die Inuit der Arktis und die Tukano der Amazonaswälder verbindet. Ob als Jäger im eisigen Norden, als Jäger und Sammler im tropischen Regenwald des Äquators oder als Subsistenzbauern in 3000 Metern Höhe in den Anden, sie benötigen ausreichend Land, um die Familie und die Sippe zu ernähren.

Im Wald, im Gebirge, in der Steppe oder der Wüste, Land ist für die indigenen Völker auf eine so grundlegende Art gleichbedeutend mit Leben, daß dies für andere schwer nachvollziehbar ist. Sich Land zu sichern, einen Zugang zu Land zu haben, auf dem man säen und ernten kann, sind für sie existentielle Fragen. »Ohne Land und Tiere sterben unsere Seelen«, sagt Norma Kassi, eine Gwich'in aus dem Yukon, und drückt damit die Empfindung der indigenen Völker des ganzen Kontinents aus. Das Fehlen einer lebensfähigen Landbasis infolge von 500 Jahren Landraub, Massakern und Vertreibungen ist die Hauptursache für die heutige Verarmung und Marginalisierung der indigenen Gemeinschaften und zwingt Hunderttausende Uramerikaner zur Abwanderung in die Städte. Es ist auch das Hauptanliegen des indigenen Widerstands, der sich durch Graswurzelorganisationen, Massenproteste, internationales »Lobbying« oder den bewaffneten Widerstand gegen die Regierungen äußert, und der wichtigste Aspekt eines veränderten Weltbildes und einer kulturellen Entwicklung der indigenen Völker im Amerika der Gegenwart.

Durch seine zentrale Bedeutung bekommt das Land eine mystische Dimension. Berge, Flüsse, Höhlen und Wälder sind für viele indigene Völker die Heimat einer geistigen Welt, die ihrem Leben Sinn und Bedeutung gibt. In den meisten indigenen Schöpfungsgeschichten wird der Mensch aus Erde erschaffen, dem sprichwörtlichen Lehm des Adam, oder aus einem Produkt derselben, beispielsweise Holz, Borke oder Maismehl.

Die in der Erde bestatteten Vorfahren nähren über die Erde das Leben der nachfolgenden Generationen. Das meinte ein indigener Führer mit »wiedergeboren werden, um eine Zugehörigkeit zu haben«, und ein anderer mit den »aus dem Knochenstaub ihrer Ahnen gebildeten Körpern«. Die spirituelle Bedeutung von Land spiegelt sich umfassend in Sprache und Ausdruck der indigenen Völker wider.

Land wird oft mit Herz, Seele und Atem, also der Essenz des Seins, in Beziehung gebracht. Die wissenschaftlichen Erkenntnisse über die Beziehung von Mensch und Umwelt kommen da zu ganz ähnlichen Ergebnissen. Dazu Kayapó-Anführer Paulinho Paiakan: »Wir kämpfen, um den Wald zu verteidigen, weil der Wald das ist, was uns ausmacht und was unsere Herzen zum Schlagen bringt. Ohne den Wald wären wir nicht imstande zu atmen, unsere Herzen würden stillstehen, und wir würden sterben.«

Eroberung und Kolonisation:
»Wir können nicht verkaufen«

Die Bedrohung ihres Gemeindeeigentums ist für die Quechua-Vorsitzenden in der Unterrichtsstunde von Fernando Monge nichts Neues. Land war im wörtlichen und im übertragenen Sinne seit der Ankunft der ersten Europäer das größte Schlachtfeld des Kontinents. Denn die Eroberung bestand ja in der Besetzung von Territorium, selbst wenn die spanischen und portugiesischen *conquistadores* zunächst zum Plündern nach Süd- und Zentralamerika kamen, während ihre englischen und französischen Zeitgenossen Nordamerika von vornherein in der Absicht aufsuchten, sich dort niederzulassen.

Die Uramerikaner verloren in jeder Phase der nachkolumbischen Geschichte, durch jedes erdenkliche Mittel, auf legalem, pseudo-legalem und illegalem Wege ihr Land. Sie wurden die Opfer von Kriegen, Invasionen, Zwangsvertreibungen, Umsiedlungen, Vertragsbrüchen (besonders in Nordamerika) und erzwungenen oder privaten Landverkäufen. Sie leisteten aber auch mit jedem erdenklichen Mittel Widerstand, im bewaffneten Kampf, durch die Besetzung ihres Bodens, durch lautstarkes »Lobbying« für ihre Besitzrechte, durch Bündnisse mit nichtindigenen Völkern, durch die wirtschaftliche Diversifikation und durch die Flucht oder den Umzug in andere Regionen oder Länder.

Zu Beginn der Eroberung Lateinamerikas wurden Landzuteilungen in zweierlei Einheiten vorgenommen: *peonías* (etwa 160 Morgen) und *caballíeras* (etwa 800 Morgen). Den vertrauenswürdigsten *conquistadores* wurden *encomiendas* übereignet, Besitzungen mit der dort ansässigen indigenen Bevölkerung, die ihnen in einem festgesetzten Umfang Frondienste und Tribute leisten mußte – ein System, das dem Vorbild der Fronarbeit der *mit'a* im Inka-Staat entsprach. Anfangs war die Versklavung der Einheimischen für die Arbeit in den Goldminen und den Aufbau der Zuckerrohrplantagen in Ländern wie Brasilien allgemein üblich. Doch nachdem die Urbevölkerung stark zurückgegangen war, wurde sie ab 1538 durch importierte afrikanische Sklaven ersetzt.

Der Mangel an Arbeitskräften in Minen und auf Plantagen führte in der zweiten Hälfte des 16. Jahrhunderts zu den ersten Zwangsumsiedlungen des Kontinents, denen unzählige weitere folgen sollten. Die in kleinen Dörfern in Mexiko, Peru, Kolumbien und Guatemala verstreut lebende Bevölkerung wurde in *congregaciones civiles,* nach dem spanischen Schachbrettmuster angelegte Städte und Dörfer, angesiedelt. Jede Familie erhielt ein Stück Land, und die Gemeinde bekam das Eigentumsrecht an einem Stück Land, das als Weideland, für die Subsistenzwirtschaft und die kommerzielle Nutzung diente, deren Erträge in gemeinschaftliche Projekte flossen.

Unter den Bestimmungen der »Indianerrepublik« (die für die indigenen Gemeinschaften geltenden Gesetze und ihr Landeigentumssystem) existierte die Subsistenzwirtschaft der Kleinbauern neben der aufstrebenden kapitalistischen Landwirtschaft der Kolonisten, die zwei Formen kannte: Auf den Plantagen im Nordosten Brasiliens, in der Karibik, an der peruanischen Küste und in Kolumbien wurde durch Sklavenarbeit zunächst hauptsächlich Zuckerrohr angebaut, später kamen andere zum Export bestimmte Feldfrüchte hinzu. In Peru, Ecuador, Bolivien und Mexiko wurden in Gebieten mit der größten indigenen Bevölkerungsdichte auf *haciendas* Lebensmittel und Fleisch für den Inlandmarkt produziert. Es war das Spanien des Mittelalters, übertragen auf die neue Welt; die indigene Belegschaft der *haciendas* pachtete innerhalb der oft ausgedehnten selbständigen Güter kleine Landparzellen zur eigenen Nutzung und zum Wohnen.

Das enge Nebeneinander dieser beiden Arten des Grundbesitzes – die *latifundia* der *haciendas* und Plantagen sowie die *minifundia* der indigenen Kleinbauern – setzte Prozesse in Gang, deren Konsequenzen bis heute spürbar sind. Erstens häuften die Großgrundbesitzer immer mehr Land an, ihre Plantagen wurden immer größer. Die Ursache dafür waren die Großwirtschaft, die Umweltzerstörung und die expandierenden Märkte in Übersee. Das war jedoch alles nur möglich durch den stetigen Nachschub an Sklaven und eine rückläufige indigene Bevölkerung, die das Land räumte.

Zweitens neigten zahlreiche Großgrundbesitzer dazu, ihr Land nicht ausreichend zu nutzen oder ihre Besitzungen brach liegen zu lassen. Denn die Eigentümer der *haciendas* ahmten die Aristokraten ihrer Heimat nach und betrachteten ihren ausgedehnten Grundbesitz nicht nur als Mittel zur unmittelbaren Gewinnsteigerung, sondern auch als Symbol von Macht und Reichtum. Als dann die indigene Bevölkerung im 18. und 19. Jahrhundert wieder zu wachsen begann und die Bauern auf Landsuche waren, trafen sie immer häufiger auf weite Flächen leeren Brachlandes, ein Land, das ihre Vorfahren einst bebaut hatten.

Am Land macht sich die Kluft zwischen den beiden gegensätzlichen Gesellschaften am deutlichsten fest. Land einzufrieden, zu besitzen und zu verkaufen, das Konzept des Privateigentums war den indigenen Völkern Amerikas weitgehend fremd. Sie hatten einen Bezug zum Boden, der als gemeinschaftlich und unveräußerlich galt; nach ihrem Verständnis pachteten sie das Land von einer höheren Instanz.

»Wir können das Leben von Menschen und Tieren nicht verkaufen, deshalb können wir dieses Land nicht verkaufen. Der Große Geist hat es uns zur Verfügung gestellt, und wir können es nicht verkaufen, weil es uns nicht gehört«, erklärte ein Blackfoot-Häuptling, als man ihn bat, seine Unterschrift unter einen der ersten Landverträge Nordamerikas zu setzen. »Das Land ist nie aufgeteilt worden, weil es allen gehört und von jedem genutzt werden darf. Es gehört dem ersten, der sich mit seiner Decke oder seinem Fell daraufsetzt ... und bis er geht, hat niemand anders ein Recht darauf«, erklärte Tecumseh (Cougar Crouching for his Prey), der berühmte Shawnee-Häuptling, während der Landverhandlungen im Jahr 1810.

Nur weil es nicht »eingezäunt« war, wie ein indigener Führer es ausdrückte, erklärten die Europäer Amerika legal zur *terra nullus* und zum *vacuum domicilium,* zu einem von niemandem beanspruchten oder unterworfenen Land. Der größte Mythos der Eroberung bestand genau in der Behauptung, die indigenen Völker nutzten das Land, das sie schließlich bebauten, auf dem sie jagten und ernteten, nicht richtig und existierten gewissermaßen gar nicht – ein Mythos, der sich bis zum heutigen Tage gehalten hat.

Denn selbst wenn ihre Existenz anerkannt wurde, warf man den Indianern vor, das Land mit dem bedarfsdeckenden Brandrodungsfeldbau nicht vernünftig zu bestellen. Der wachsende internationale Kapitalismus hatte für die Nutzung des Bodens für die Bedarfswirtschaft, statt für die Gewinnwirtschaft, wenig übrig. Dies ist auch der Grund, weshalb der indigene Feldbau noch heute als »primitiv«, »ineffizient« und »unproduktiv« beurteilt wird.

Nichts ist der Wahrheit ferner. Vielmehr zeigt dieses vorschnell gefällte Urteil von Politikern und Großgrundbesitzern, die oft Tausende von Hektar brachliegenden Landes besitzen, die Fähigkeit der weißen kapitalistischen Landeigentümer, ihre eigenen Fehler den indigenen Subsistenzbauern anzulasten. Eine Untersuchung nach der anderen kam zu dem Ergebnis, daß ein Bauer effizientere, umweltfreundlichere Methoden anwenden und mehr Grundnahrungsmittel anbauen muß, je weniger Land er besitzt. »Niemand kann sich hier erlauben, auch nur einen Zoll Land, eine Getreideähre oder einen Tropfen Wasser zu verschwenden«, erklärt ein Bauer der Mixteken in Oaxaca (Mexiko).

Die indigene Landwirtschaft ist im allgemeinen effizient, umweltfreundlich und sehr produktiv. Als die indigene Bevölkerung Ecuadors im Mai 1990 ihre Landforderungen durch Straßenblockaden durchzusetzen versuchte und in den Städten des Landes schon nach wenigen Tagen gehungert wurde, zeigte sich, daß die indigenen Bauern in Gegenden, wo sie die Bevölkerungsmehrheit stellen, die meisten Nahrungsmittel produzieren.

Vom Amazonas bis zur Arktis:
Vertreibung, Verdrängung, Akkulturation

Dem Interessenkonflikt zwischen Subsistenzwirtschaft und kapitalistischer Landwirtschaft liegt ein grundlegender Unterschied in der Wahrnehmung der Umwelt zugrunde. Die Europäer ließen ihre Heimat Tausende von Meilen hinter sich und kamen in diese oftmals als feindselig erlebte Umgebung, um die Natur zu erobern – die Wildnis, den dunklen Wald, den Wilden Westen, wie sie sie nannten – und die darin lebenden indigenen Völker dazu.

Die indigenen Völker wußten aus Erfahrung, daß ihr Überleben unter oft schwierigen Umweltbedingungen von ihrer Fähigkeit abhing, mit dem fein ausgewogenen Gleichgewicht ihrer natürlichen Umgebung, als deren Teil sie sich verstanden, zu harmonieren. In dieser engen Beziehung zur Natur schreiben sie der Erde spirituelle, mystische Kräfte zu. Luther Standing Bear, ein im Jahr 1868 geborener Lakota-Häuptling, hat diese Philosophie wohl am treffendsten beschrieben: »Dieser Boden lindert, stärkt, reinigt und heilt. Deshalb sitzt der alte Indianer immer noch auf der Erde, statt sich auf Stühlen über sie zu erheben und sich damit von ihren lebenspendenden Kräften zu entfernen. Der alte Lakota war weise. Er wußte, daß sich das menschliche Herz, wenn es sich von der Natur abkehrt, verhärtet. Er wußte, daß die Mißachtung wachsender, lebender Dinge rasch zur Mißachtung des Menschen selbst führt.«

Die Geldwirtschaft war den meisten Uramerikanern sicherlich genauso fremd wie die im 16. Jahrhundert einsetzende internationale kapitalistische Agrarwirtschaft. Land zu kaufen und zu verkaufen, den Boden also, der die Gebeine und den Geist ihrer Vorfahren beherbergte, bedeutete für viele buchstäblich das gleiche, wie ihre eigene Großmutter zu verkaufen.

Die Kolonisation Nordamerikas verlief zwar anders als die von Süd- und Mittelamerika, führte jedoch zum gleichen Ergebnis, nämlich zur Vertreibung der Urbevölkerung. Anfangs sicherten Gruppen wie die Powhatan mit Wild- und Getreidegeschenken den Lebensunterhalt der ersten europäischen Siedler, von denen viele selbst aus der Heimat Vertriebene waren. Doch in den ersten Siedlungen in Virginia und Neuengland änderte sich diese Haltung rasch, als die unersättliche Gier nach Land und die Weigerung der Ankömmlinge, die indigenen Jagdgründe anzuerkennen, zunehmend zu Spannungen führten.

Als die Franzosen von ihren kanadischen Handelsniederlassungen nach Süden vordrangen, während die Spanier durch das heutige Florida und den Südwesten der Vereinigten Staaten nach Norden drängten, wurde das Land knapper. Der Wettstreit führte zu Kriegen zwischen den europäischen Kolonialmächten, doch die Leidtragenden waren unweigerlich die Indigenen des Kontinents. Als Verbündete umworben und anschließend gewöhnlich verraten, bevor sie gnadenlos unterdrückt wurden, standen in den europäischen Kriegen Indianer gegen Indianer, die abwechselnd verschiedenen Kolonialmächten den Treueid schworen.

Ebenso wie im Süden forderten auch in Nordamerika Masseneinwanderungen, Krankheiten und die Waffen des weißen Mannes ihre Opfer, doch verschärfte sich hier die Lage noch durch den Handel und die Einführung der Tausch- oder Geldwirtschaft, die überall Einzug hielt. Nirgends zeigte sich das deutlicher als in Kanada und im Norden der Vereinigten Staaten, wo die wachsende Nachfrage nach Pelzen, insbesondere Biber, einen Tauschhandel mit den Eisenfallen, Feuerwaffen und dem Alkohol der Siedler in Gang brachte.

Das Modell der merkantilen Ausbeutung schuf Abhängigkeiten und kulturelle Veränderungen. An die Stelle großer Migrationsgruppen, die für ihre Ernährung Großwild jagen mußten, traten kleinere Gruppen oder Einzelpersonen, die Kleinwild für den Pelzhandel fingen. Die steigende Nachfrage führte zum Rückgang des Wildbestandes und drängte die Algonkins und Irokesen weiter ins Landesinnere, wo sie mit anderen Gruppen aneinandergerieten und bald auf die Gewehre des weißen Mannes angewiesen waren, um sich zu verteidigen. Die indigenen Völker begannen sich gegenseitig zu bekriegen, so daß die Siedler nicht einmal mehr ihre Handelsniederlassungen in Kanada verlassen mußten, um das gleiche zu erreichen wie mit den »Indianerkriegen« weiter südlich.

Der Handel, oder besser die ungebremste ökonomische Ausbeutung, die Landnahme und die damit verbundenen Umsiedlungen führten zu den absehbaren Folgen: Enteignung, Verdrängung und Akkulturation. Wer bezweifelt, daß sich diese Prozesse bis in unsere heutige Zeit fortsetzen, sei nur an die Völker des Amazonasbeckens oder der nördlichen Arktis erinnert, die erst in den letzten Generationen die Auswirkungen der anhaltenden Eroberung in ihrer ganzen Härte zu spüren bekamen. Zwei Zeugnisse schildern die an ihnen verübten Verbrechen:

»Innerhalb nur weniger Jahre hat man uns unsere Freiheit und unser ganzes Land gestohlen. Um uns an einem Ort zu halten, hat die kanadische Regierung versucht, uns von allem zu trennen, was dem Leben unseres Volkes seinen Sinn gibt. Das bedeutete, daß wir innerhalb kurzer Zeit von einem der unabhängigsten und selbständigsten Völker der Erde zu einem der abhängigsten gemacht wurden. Da braucht man nicht zu fragen, ob wir uns betrogen fühlen.« (Rose Gregoire, eine Innu-Frau in Kanada, 1989)

»Sieh mal! Das hier mag ich nicht. Hier habe ich gelebt, damals war es wunderschön... Der Wald war gut, das Land war gut. Jetzt ist das Land zerstört. Jetzt haben sie die Bäume gefällt! Was ich euch hier zeige, ist schrecklich... Wir haben hier gelebt und niemanden gestört, und ihr habt es kaputtgemacht. Wir brauchen Land, wo es keine Weißen gibt.« (Aka, Panara-Häuptling und Ältester in Brasilien, 1991)

Die Innu aus Labrador, Neufundland und Nordquebec in Kanada, ein nomadisierendes Jägervolk, wurden seit 1950 mehreren Regierungsprogrammen zu ihrer Seßhaftmachung unterzogen, die verheerende soziale Folgen hatten. Zwischen 1973 und 1992 gab es allein unter den in Utshimassits (Davis Inlet) angesiedelten Mushuau-Innu 47 Alkoholtote. Von Juli 1991 bis Ende 1993, also innerhalb von zweieinhalb Jahren, verübten 203 der knapp 500 Bevölkerungsmitglieder einen Selbstmordversuch.

1993 löste ein Film über Innu-Kinder, die sich in einer Hütte verbarrikadiert hatten, Benzin schnüffelten und schrien, daß sie sterben wollten, einen internationalen Skandal aus. Im August desselben Jahres veröffentlichte die kanadische Menschenrechtskommission einen unmißverständlichen Bericht, dessen Schlußfolgerung lautete: »Die Mushuau-Innu sind eindeutig die Opfer eines Ethnozids und kulturellen Völkermords.« Dafür machte der Bericht die kanadische und neufundländische Regierung verantwortlich.

Als die Panara aus ihrem angestammten Wald von Peixoto 1975 im Xingu-Nationalpark angesiedelt wurden, waren sie bereits vom Aussterben bedroht. Zwischen 1976 und 1991 konnten sie sich zahlenmäßig von 67 auf 130 Mitglieder erholen; doch ihre Zukunft bleibt gefährdet, da weiße Farmer und Goldsucher ihr Land selbst im Xingu vereinnahmen.

Als eine Panara-Abordnung unter der Führung von Aka die alte Heimat Peixoto besuchte, vermochte sie ihren Schmerz und ihren Groll kaum zu verbergen. Die Hauptursache für ihren Bevölkerungsrückgang ist eine große Straße, die ihren Wald wie ein Schwert teilt und 80 000 Goldsucher in eine neu errichtete Stadt brachte. Meilenweit waren praktisch alle Bäume an beiden

Straßenseiten gefällt, und die Erde glich einer weißen Mondland-
schaft – der von Kratern übersäte, quecksilbergebleichte Boden
zeugte von derselben Goldgier wie der, die einst die ersten Siedler nach Amerika trieb.

Die Unabhängigkeit und der Nationalstaat:
Eine neue Offensive

Standen die Dinge in den ersten 300 Jahren der Kolonisation
Amerikas keineswegs zum besten, so sollte sich die Lage im
Laufe des 19. Jahrhunderts noch verschlimmern. Die Unabhängigkeit der Vereinigten Staaten (1776) und die der spanischen
und portugiesischen Kolonien in den zwanziger Jahren des
19. Jahrhunderts fegte den begrenzten Schutz, den die überlebenden indigenen Völker einigen relativ klarsichtigen europäischen
Monarchen des 17. und 18. Jahrhunderts zu verdanken hatten,
vom Tisch.

Das Nationalgefühl gab dem Nationalismus und seinem Bedürfnis nach Integration, Inkorporation und Grenzschutz neuen
Auftrieb. Die bis dahin auf die indigenen Völker angewandte
Bezeichnung als »Nation« wurde zunehmend von »Patrioten«,
europäischen Siedlern oder Mestizen beansprucht, die für die
Unabhängigkeit gekämpft hatten. Große Teile des verbliebenen
indigenen Landes wurden von ihnen im 19. Jahrhundert mitsamt
der Identität seiner Bewohner usurpiert.

Durch Grenzstreitigkeiten im neugegliederten Kontinent
stieß die Eroberung immer tiefer in den Urwald und die Berge
vor und erreichte selbst die entlegensten indigenen Gebiete.
Massenauswanderungen aus Europa verschärften die Landknappheit, als sich die indigenen Bevölkerungsziffern von ihrem
Tief nach der Eroberung zu erholen begannen. Doch die größten
Veränderungen waren politischer und wirtschaftlicher Natur.

Die europäischen und kreolischen Eliten Amerikas hatten für die Unabhängigkeit gekämpft, weil sie selbst an die Macht kommen und sich einen Zugang zum internationalen Handel verschaffen wollten, indem sie das Monopol der Kolonialmächte brachen. Den Rachefeldzug, mit dem die neuen Herrscher diese Ziele in Angriff nahmen, trugen sie auf dem Rücken ihrer weitgehend indigenen Untertanen aus, die das Land und die Arbeitskräfte für die Produktion der neuen für den Export bestimmten Verkaufsernten stellten, insbesondere Getreide, Zucker und Kaffee.

Die einschneidendste Veränderung war die komplette Umwandlung des gemeinschaftlichen Landes in Privateigentum, das unter den Gemeinschaftsmitgliedern aufgeteilt wurde. In vielen Gebieten war diese Ausweitung des europäischen Privateigentumskonzepts der folgenschwerste kulturelle Eingriff seit den ersten Jahren der Eroberung. Das indigene Land konnte nun von seinem jeweiligen Besitzer verkauft werden, was durch Verschuldung, Abwanderungen oder die blanke Unkenntnis marktwirtschaftlicher Mechanismen in vielen Fällen auch geschah.

In der Praxis wurde das indigene Land jedoch eher enteignet oder besetzt, als sich *haciendas* und Plantagen zu rein kapitalistischen landwirtschaftlichen Exportunternehmen weiterentwickelten. Als Landreformen verbrämt, wurden per Gesetz Millionen Hektar des in Subsistenzwirtschaft bestellten Landes, unter dem Vorwand der »mangelhaften Nutzung«, zu freiem Land erklärt. Wollten sich die Betroffenen wehren, mußten sie nun, statt an die Krone, an ihre Unterdrücker selbst appellieren.

Auch Inhaber von Besitztiteln für das Land wurden ignoriert. Bei einigen lateinamerikanischen Gerichten bürgerte sich sogar die Praxis ein, die Vorlage von Besitzurkunden zu verlangen, um diese dann zu zerreißen. In einigen Gegenden regte sich ein erbitterter Widerstand. In Kolumbien, wo das gemeinschaftliche

Landeigentumsrecht 1850 offiziell abgeschafft wurde, konnten die indigenen Gruppen gewisse Schutzmaßnahmen für die *resguardos,* die von den Spaniern gegründeten Indianerreservationen, erwirken. Zahlreiche andere Länder ließen jedoch ein Jahrhundert auf ähnliche Maßnahmen warten. Gesetzes- und Verfassungsänderungen zur Wiederanerkennung der Legalität indianischer Gemeinschaften wurden in Peru erst 1920, in Ecuador 1937 und in Bolivien 1938 vorgenommen.

Die »landwirtschaftliche Modernisierung« hatte noch eine andere Seite. Die Feldfrüchte, die nun anstelle der seit jeher von den indigenen Bauern kultivierten Grundnahrungsmittel Mais und Kartoffeln angebaut wurden, brachten zwar Abwechslung, waren jedoch sehr arbeitsintensiv und ausschließlich für den Export bestimmt. Enteignungen, auf welchem Wege auch immer, sorgten nicht nur für die Räumung ganzer Landstriche, um Exporternten anzubauen, sondern ebenso für die landlose oder beinahe landlose Belegschaft, die auf den Plantagen benötigt wurde. Auf diese Weise wurden die Indigenen zu Gefangenen auf dem eigenen Land, die als billige Arbeitskräfte zu lebenslanger Zwangsarbeit verurteilt waren.

Dieser Prozeß wurde in der zweiten Hälfte des 19. Jahrhunderts noch beschleunigt, als ganze Serien von »Indianerkriegen« gegen die *indios bárbaros,* nomadisierende oder unbefriedete ethnische Gruppen, geführt wurden, die bis dahin relativ ungestört in den Randgebieten der neuen Staaten gelebt hatten. Nordmexiko und der heutige Südwesten der Vereinigten Staaten, das Land der Apachen, Comanchen und Navahos, wurde mit Kreolen und Mestizen in Militärkolonien besiedelt.

Argentiniens und Chiles Armeen wurden in die Pampa und nach Patagonien geschickt, um die »Grenzen« der immer noch von Gruppen wie den Mapuche besetzten Gebiete zu schützen. In den neugegründeten Staaten Peru, Brasilien, Kolumbien,

Ecuador, Venezuela und den zentralamerikanischen Republiken verdoppelten die sich liberal gebenden Regierungen ihre Bemühungen, die »Barbaren« zurückzudrängen oder in *congregaciones* seßhaft zu machen – alles im Namen der Zivilisation. Diese ließ nicht lange auf sich warten und machte sich in Form von Ranchen, Einwanderern und der Eisenbahn breit, die Mahpiua Luta (Red Cloud), Häuptling der Oglala-Sioux, die »gefährliche Schlange« nannte.

Nichts von alledem nahmen die Uramerikaner widerstandslos hin. Der Maya-Aufstand von 1847 gegen eine kleine weiße Elite von Plantagenbesitzern in Yucatán war nur eine der zahlreichen Revolten, die Mexiko im 19. Jahrhundert erschütterten. Doch dieser von Cecilio Chi und Jacinto Pat angeführte »Kastenkrieg«, als der er in die Geschichte einging, übertraf die meisten anderen Aufstände und führte zur Gründung eines beinahe unabhängigen Maya-Staates. Dieser währte 50 Jahre und ebnete dem größten bewaffneten Aufstand des Kontinents, der Mexikanischen Revolution, den Weg. Sie war ein Kampf um Land, in dem zwischen 1910 und 1917 eine Million Bauern ihr Leben ließen.

Im Kastenkrieg von Yucatán ging es hauptsächlich um Land, und die Maya waren besonders erzürnt, als die Weißen ihre Maisfelder abbrannten. Das Verbrennen von Mais, der als »Gottesgnade« bezeichnet wurde und als Rohmaterial zur Erschaffung des ersten Menschen galt, kam einer Gotteslästerung gleich. Doch im Sommer 1848, als die Maya-Armee die gesamte Halbinsel von Yucatán eingenommen und in den beiden größten Städten Mérida und Campeche die Weißen in ihre Gewalt gebracht hatte, kam ihr Vorrücken plötzlich ins Stocken.

Jahre später erzählte Leandro Poot, der Sohn eines Befehlshabers, daß während der Vorbereitungen auf den Angriff von Mérida Schwärme von *sh'matanheeles,* fliegenden Ameisen, die den

Regen ankündigen, am Horizont erschienen seien. »Als die Leute meines Vaters das sahen, sagten sie sich: ›Aha, für uns ist die Zeit gekommen zu pflanzen. Tun wir es nicht, werden wir keine Gottesgnade haben, um die Bäuche unserer Kinder zu füllen.‹«

Obwohl ihre Anführer Einspruch erhoben, so Poot, weigerten sich die Männer seines Vaters, dazubleiben, und »am Morgen rollten alle ihre Decken zusammen … schnallten die Riemen ihrer Sandalen fest und machten sich auf den Heimweg zu ihren Maisfeldern«. Sechs Generationen später wiederholte sich die Geschichte, als die guatemaltekische Armee im Zuge der Gegenrebellion gegen mehrere Guerrillagruppen als Mittel der kulturellen Kriegführung den Mais der Maya abbrannte. Gleichzeitig klagten die Guerrillaanführer, hauptsächlich *ladinos,* über die bei Beginn der Pflanzsaison aus ihren Reihen desertierenden Maya-Rekruten.

Verträge und Betrügereien: Legaler Diebstahl

Am Ende der kriegerischen Auseinandersetzungen standen oft Verträge, durch deren Unterzeichnung die indigenen Völker Amerikas weitaus mehr Land weggaben, als sie je durch das Blutvergießen auf dem Schlachtfeld verloren haben. Allein in den Vereinigten Staaten wurden in den 90 Jahren vor 1868 374 Verträge unterschrieben. In vielen Fällen sind diese Verträge Gegenstand heutiger Kampagnen der indigenen Völker.

Die gesetzliche Grundlage für die Verträge zwischen indigenen Völkern und Siedlern wurde im 16. Jahrhundert durch ein spanisches Gericht gelegt und spiegelt den Wunsch der Kolonialmächte wider, irgendeinen pseudo-legalen Anspruch auf die »entdeckten« Gebiete festzuschreiben. Zunächst wurden durch Verträge Handelsbeziehungen vereinbart, indianische Hilfssoldaten rekrutiert oder das Passieren von Indianerland gesichert – aber nach der Unabhängigkeit gab es nur noch Kaufverträge.

Die Vorstellung, schriftliche Vereinbarungen über den Boden zu treffen, war den indigenen Völkern Amerikas vollkommen fremd. Folglich ließen sich bei dieser Vorgehensweise falsche Angaben, doppelte Ausfertigungen und Korruption kaum vermeiden. Mahpiua Luta (Red Cloud) beschrieb das so: »1868 kamen Leute mit Papieren. Wir konnten sie nicht lesen, und sie sagten uns nicht ehrlich, was darin stand ... Als ich nach Washington kam, erklärte mir der Große Weiße Vater (Präsident), was darin vereinbart worden war, und machte mir deutlich, daß die Dolmetscher mich betrogen hatten.«

Diese Erfahrung wiederholte sich fast überall. Selbst wenn sie wußten, was sie unterschrieben, mußten die Indianerführer feststellen, daß die in den Verträgen getroffenen Vereinbarungen nicht eingehalten wurden. Tatanka Yotanka (Sitting Bull) fragte daher 1885: »Welchen Vertrag hat der Weiße eingehalten und der rote Mann gebrochen? Keinen. Welchen Vertrag hat der weiße Mann jemals mit uns gemacht und eingehalten? Keinen.«

Im März 1871 setzte der Kongreß dem Usus, mit indigenen Gruppen Verträge zu schließen, ein Ende und begründete es damit, daß »keine von ihnen eine organisierte Regierung hat«. Das diesbezüglich in demselben Jahr verabschiedete Gesetz, *Indian Appropriation Act,* erklärte: »Keine indianische Nation und kein Stamm innerhalb des Territoriums der Vereinigten Staaten darf als unabhängige Nation, unabhängiger Stamm oder unabhängige Macht angesehen oder anerkannt werden, mit der die Vereinigten Staaten Verträge schließen können.«

Dieses Gesetz machte die indigenen Völker zu Regierungsmündeln und unterband jeden Versuch, sie als die souveränen Nationen anzusehen, die sie waren. In Kanada, wo mit der Unterzeichnung von sieben Verträgen zwischen 1871 und 1877 der ganze südliche Teil der Prärieprovinzen an die Regierung abgetreten wurde, bewirkte der im Jahr 1880 verabschiedete *Indian Act* dasselbe.

Die rechtliche Tragweite der Verträge, die die Souveränität und die kollektiven Rechte indigener Völker anerkannten und Klauseln zur ewigen Gültigkeit enthielten, zu schmälern, zu mißachten oder aufzuheben, war seit jeher das Ziel beider Regierungen Nordamerikas. Es folgten »Vereinbarungen« und eine Unzahl von Gesetzen, um den Landraub an der Urbevölkerung zu legalisieren, der an Nicht-Indianern völlig illegal gewesen wäre.

Die »Doktrin der Generalvollmacht« von 1899, die ohne Einschränkung durch die Verfassung auf die Regierungsmächte anwendbar war, wurde als Beleg für die uneingeschränkte Macht des US-Kongresses über die indigenen Völker angeführt. Ein anderer aus dem Fall der Tee-hit-ton-Indianer aus Alaska im Jahr 1955 abgeleiteter Rechtsgrundsatz besagte, daß die US-Regierung beim Fehlen von Verträgen freien Zugriff auf die Ländereien der Indianer habe.

In demselben Jahr weitete der Oberste Gerichtshof der Vereinigten Staaten diese Regelung auf vertraglich geschütztes Land aus, das bereits von einer Bundesbehörde vereinnahmt worden war. Der Übergriff auf das Land der westlichen Shoshone in Nevada, den letztlich das Innenministerium zu verantworten hatte, schuf einen Präzedenzfall für die finanzielle Abfindung in Höhe des Grundstückswertes zum Zeitpunkt der Landnahme, ohne ein Recht auf neue Landzuteilungen und ganz gleich, auf welchem Wege die Enteignung stattgefunden hatte.

Damals begannen die Uramerikaner zurückzuschlagen und richteten ihre Kampagnen hauptsächlich gegen den Vertragsbetrug und die legalen »Tricks«. Sie verfolgten ihre Klagen durch alle Instanzen und trugen sie den internationalen Foren vor, denn sie waren entschlossen, zu zeigen, daß – wie der kanadische

Cree Harold Cardinal es ausdrückt – »die Verträge für uns eine Magna Charta sind«.

Weil sie sich nicht mit Pennies pro Morgen abspeisen ließen, haben die indigenen Gruppen immer öfter die Abfindungen der *US Indian Claims Commission* in Höhe des einstigen Marktwerts ihrer Territorien ausgeschlagen. Die westlichen Shoshone lehnten 26 Millionen Dollar für den Verlust ihres Landes ab, und die Lakota wiesen eine Entschädigung in Höhe von 105 Millionen Dollar für den Verlust der Black Hills in Süddakota zurück mit der Begründung, daß nur eine der Minen, die heute diese heilige Stätte ihres Volkes entweihen, seit 1876 250 Milliarden Dollar abgeworfen hat.

Während der Streit um vergangenes Recht und Unrecht noch lange nicht beigelegt ist, setzt sich das Unrecht auf vielerlei Weise fort. 1971 verabschiedete der US-Kongreß den *Alaska Native Claims Settlement Act,* um die indigenen Ansprüche auf Alaska für alle Zeiten zu erledigen, indem 86 000 Inuit, Indianern und Aleuten 18 Millionen Hektar Land, also etwa elf Prozent des Staates, und eine eine Million Dollar zugesprochen wurden. Dahinter verbarg sich, wie immer, das Interesse an Alaskas Mineralölreichtum, Bodenschätzen, Holzressourcen und Seetieren. Ein Anthropologe kommentierte diese Vorgehensweise als »den Versuch, das Problem der Territorialrechte assimilatorisch zu lösen, indem die indigenen Völker in die kapitalistische Entwicklung eingebunden werden«.

Bald zeigte sich, daß die Ureinwohner dabei schlecht abgeschnitten hatten, denn das ihnen zugedachte Land und Geld wurde von dreizehn regionalen Korporationsgesellschaften und über 200 Dörfern, die in Gesellschaften nach dem Korporationsrecht umgewandelt wurden, verwaltet. Diese hatten, nach Aussagen der meisten Ureinwohner Alaskas, die über Probleme bei der Aktienverwaltung, der Besteuerung und dem Landschutz klagten, keineswegs in erster Linie das Wohl der indigenen Völker im Sinn.

Umweltkatastrophen, wie das Ölleck des Tankers Exxon Valdez, machten deutlich, welchen Preis Alaskas Ureinwohner für diese Entwicklung zu zahlen hatten. Doch dank ihres unermüdlichen Einsatzes konnten sie 1991 nach Ablauf der 20jährigen Übergangsfrist Veränderungen des *Alaska Native Claims Settlement Act* durchsetzen, die hoffen lassen. Ein endgültiges Urteil über ihre Lage steht allerdings noch aus, denn die Gefahr einer von anderen bestimmten Entwicklung ist nicht aus der Welt, genausowenig wie das Erbe der jahrelangen Umweltzerstörung. 1994 zog eine umfassende Untersuchung der *Alaska Native Commission* die Schlußfolgerung, daß für Alaskas gesamte Urbevölkerung »die Gefahr besteht, auf Dauer in Amerikas Unterschicht einzugehen ... die Gefahr, ein Leben zu führen, das Generation für Generation gekennzeichnet ist von Gewalt, Alkoholmißbrauch und einem Teufelskreis der persönlichen und sozialen Zerstörung ... die Gefahr, ihre kulturelle Kraft auf immer zu verlieren ... die Gefahr, die Fähigkeit zur Selbstverwaltung unwiederbringlich zu verlieren«.

Der Bericht sprach sich für den vollständigen Bruch mit der bisherigen Politik aus, weil diese nur Abhängigkeiten geschaffen habe. Ein Ureinwohner Alaskas, Pete Schaeffer, drückte das so aus: »Ich glaube, wir wissen, daß wir, wenn wir als indigene Völker gerettet werden wollen, es selbst tun müssen.« Es bleibt nur die Frage: Werden sie noch Gelegenheit dazu haben?

Vertreibung und Zwangsumsiedlung: Die Spur der Tränen

Nirgends war das Vordringen der weißen Siedler im 19. Jahrhundert rascher und brachte mehr Leid über die Urbevölkerung als in Nordamerika. In einem unaufhaltsamen Schub nach Westen wurden Kentucky, Tennessee, Ohio, Indiana, Mississippi, Illinois, Louisiana und Alabama in den ersten 20 Jahren des Jahrhunderts von der Union annektiert. Zahllose Siedler strömten in die Länder der Creek, Choctaw, Cherokee und anderer Völker.

Selbst wenn er gewollt hätte, hätte der Kongreß die weißen Grenzsoldaten, die »Langen Messer«, wie sie bei den Indianern hießen, nicht besser zurückzuhalten vermocht als die Briten. Stämme wurden auseinandergerissen, als manche beschlossen, nach Westen zu ziehen, während andere dablieben, um zu kämpfen. Einer von ihnen war Tecumseh (Cougar Crouching for his Prey), ein bemerkenswerter Häuptling der Shawnee, der vom Golf von Mexiko bis zu den Great Lakes reiste, um möglichst viele indigene Völker in einem Kampfbündnis gegen das weitere Vordringen der Weißen zu vereinen. Er war ein feuriger Redner, der es verstand, die Indianer aufzurühren: »Der Weg, der einzige Weg, diesem Übel Einhalt zu gebieten, besteht darin, daß sich alle roten Männer vereinigen und ein allgemeines, gleiches Recht auf Land fordern, wie es einst war und noch sein sollte... Wo sind heute die Pequot? Wo sind die Narraganset, wo die Mohawk, die Pokanoket und viele andere einst mächtige Stämme unseres Volkes geblieben? Die Habsucht und die Unterdrückung des weißen Mannes haben sie dahingerafft wie Schnee in der Sommersonne.«

Tecumsehs großer Völkerbund kam nie zustande. Er starb im Oktober 1813, wie er gelebt hatte: im Kampf. Diesmal stand er in Kanada an der Seite der Briten gegen die US-Streitkräfte, die ihn aus seiner Heimat im Tal des Ohio River verdrängt hatten. Als er im Sterben lag, tauschte er seine britische Uniformjacke gegen eine Wildlederjacke – vielleicht, um seinen eigenen Worten treu zu bleiben: »Die Weißen sind wie Giftschlangen. Eisgekühlt sind sie zahm und unschädlich, doch belebt man sie mit Wärme, versetzen sie ihren Wohltätern den tödlichen Biß.«

Die Vereinigten Staaten veränderten sich, ihre Führer wechselten, und ihre Grenzen verschoben sich. Die aristokratischen Europäer, die für die Unabhängigkeit gekämpft hatten, wurden 1828 durch Präsident Andrew Jackson, »Old Hickory«, abgelöst. Als Grenzsoldat und engagierter »Indian fighter« (»Scharfes Messer« war sein Spitzname unter den Indianern) hatte er seine Kandidatur mit einem Wahlprogramm gestützt, das versprach, sämtliche östlich des Mississippi ansässigen Stämme in den Westen umzusiedeln, wenn nötig mit Gewalt. Da die meisten neuen Staaten ihren Machtbereich auf die indigenen Territorien innerhalb ihrer Grenzen ausdehnten, hielt der Kongreß Jacksons Wahlversprechen und verabschiedete im Mai 1830 den *Indian Removal Bill.*

Dieses Gesetz sah die Zwangsumsiedlung von fünf Stämmen in das heutige Oklahoma (das Land der Choctaw, also der »roten Leute«) vor. Ebenso wie ihnen in vorangehenden Verträgen das Land, aus dem sie jetzt vertrieben wurden, für die Ewigkeit versprochen wurde, geschah es auch mit den neuen Territorien. Aber John Ross, Oberhäuptling der Cherokee in Georgia, beschloß zu kämpfen und brachte das seiner Nation widerfahrene Unrecht bis vor den Obersten Gerichtshof in Washington.

In zwei unterschiedlichen Gerichtsurteilen gab der Oberste Bundesrichter Marshall den Cherokee recht, indem er entschied, daß die Regierung in Washington die Rechtsnachfolge der *Royal Proclamation* der britischen Regierung von 1763 antreten mußte. Die *Royal Proclamation* erkannte die Souveränität und die Unabhängigkeit der indianischen Nationen an sowie die unanfechtbaren Besitzrechte auf ihr Land, die nur durch einen mit der Krone vereinbarten Vertrag aufzuheben waren. Marshalls Entscheidung, welche die indigenen Völker als eigene, unabhängige Gemeinschaften unter Wahrung ihrer natürlichen Rechte bestätigte, ist theoretisch noch heute die Grundlage der Indianerpolitik der USA. Die Praxis entspricht allerdings eher Präsident Jacksons Reaktion auf diese Entscheidung: »Marshall hat sein Urteil gesprochen«, spottete er, »nun laßt es ihn durchsetzen.«

Nachdem sie von der Polizei in Georgia belästigt und festgenommen worden waren, unterzeichnete eine Gruppe von Anführern der Cherokee schließlich einen Vertrag, in dem sie die letzten 50 000 Quadratkilometer der Cherokee-Nation für fünf Millionen Dollar und das Versprechen abtraten, in Oklahoma als Nation weiterbestehen zu dürfen. Diesen Vertrag drückte Jackson durch den US-Kongreß, von dem er einstimmig angenommen wurde. 1838 wurden die in der Heimat verbliebenen 16 000 Cherokee von der US-Armee eingekesselt und mit gezücktem Bajonett durch die gefrorene Winterprärie nach Oklahoma getrieben. Etwa 4 000 kamen auf dieser Wanderung, die als »Spur der Tränen« in die Geschichte einging, ums Leben.

In den darauffolgenden 50 Jahren liefen Dutzende weiterer Tränenspuren in Oklahoma zusammen, als andere indigene Nationen – die Nez Perce aus dem fernen Nordwesten, die Modoc aus Kalifornien, die Pawnee aus Nebraska – dorthin zwangsumgesiedelt wurden, weil die europäischen Kolonien westlich des Mississippi noch schneller wuchsen als im Osten. »Ich glaube, ihr solltet die Indianer auf Räder stellen. Dann könnt ihr sie herumschieben, wie es euch paßt«, erbitterte sich im Jahr 1876 der Sioux Red Dog gegenüber den Vertragsunterhändlern.

Übergriffe und Landraub gaben den indigenen Völkern unablässig Anlaß zur Klage. »Wir haben kaum Platz, um unsere Decken auszubreiten«, beschwerte sich einer. »Gerade genug Boden, um darauf zu stehen«, klagte ein anderer. »Wir werden Nation um Nation weiter abgedrängt, bis wir zu Flüchtlingen, Heimatlosen und Fremden im eigenen Land geworden sind«, erklärte John Ross im Cherokee-Prozeß vor dem Obersten Gerichtshof 1830.

In der zweiten Hälfte des 19. Jahrhunderts siedelten weiße Einwanderer überall, wo es Land gab, und rückten nach Angaben der Indianer »dicht wie Gras« ein. Um sie unterzubringen, fing Washington an, sein eigenes Reservationssystem zu unterwandern. Wie oben beschrieben, unterband die US-Regierung seit 1871 Vertragsabschlüsse mit indigenen Gruppen und machte sie damit zu Regierungsmündeln, deren Land nicht mehr ihnen gehörte, sondern Staatseigentum unter der Verfügungsgewalt der Regierung war.

1887 verabschiedete der Kongreß den *General Allotment Act,* der unter dem Namen seines Hauptbefürworters Senator Henry Dawes als *Dawes Act* bekannt wurde. Dieser läutete, durch die Umwandlung des verbliebenen Gemeindeeigentums in privaten Einzelbesitz, dieselbe Entwicklung ein, die bereits in Lateinamerika stattfand und von den Osage treffend *Can't Go Beyond* (Durch nichts zu übertreffen) genannt wurde. Jedes männliche Familienoberhaupt erhielt 65 Hektar Reservationsland unter einer Art Treuhänderschaft der Regierung. Sämtliche »Überschüsse« wurden zu Schleuderpreisen von der Regierung aufgekauft und unter dem *Homestead Act* an weiße Siedler weiterverkauft.

Es gab eine Menge Überschüsse. 1890 berichtete der *Commissioner for Indian Affairs* stolz, daß innerhalb eines einzigen Jahres sieben Millionen Hektar, also fast ein Siebtel des gesamten Indianerlandes, »wieder der öffentlichen Hand zugeführt« worden waren. Als der *Dawes Act* 1934 außer Kraft gesetzt wurde, hatte er sein Soll erfüllt: Die Uramerikaner hatten 36,5 der 55,8 Millionen Hektar ihres legalen Territoriums von 1887 verloren.

»Ägypten hatte seine Heuschrecken, die asiatischen Länder hatten ihre Cholera ... England hatte seine Pest, Memphis sein Gelbfieber, aber das unselige Indianerland wurde von der Plage der *Dawes Commission* heimgesucht«, klagte ein Oklahoma-Creek.

Dawes selbst rechtfertigte sein Gesetz mit der Begründung: »Indianer müssen zum Egoismus erzogen werden, der die Grundlage der Zivilisation ist.«

Der *Dawes Act* erschloß das verbliebene Indianerland dem Zugriff des freien Marktes, worauf Korruption, Veruntreuungen und Landraub ein ungeahntes Ausmaß annahmen. Doch wider alle Erwartungen wurden die Indianer (die im Jahr 1900 in den Vereinigten Staaten nur noch 237 000 Einwohner zählten) nicht ausgerottet. Im Gegenteil, ihre Bevölkerungszahlen erholten sich langsam. Das war teilweise dem Reservationssystem zu verdanken, wodurch, trotz bitterster Armut, einige alte Bräuche gerettet werden konnten. Hier durften die Uramerikaner – kulturell gesprochen – wieder ihre eigenen Umhänge tragen und die »Posäcke« (Hosen) der Weißen ablegen.

Bewaffnete Revolution und Landreform: Mexiko weist den Weg

Überall, wo die Uramerikaner immer noch die Bevölkerungsmehrheit oder eine beträchtliche Minderheit ausmachten, rief die veränderte Landeigentümerschaft in der zweiten Hälfte des 19. Jahrhunderts große innenpolitische Krisen hervor. Das betraf besonders Mexiko, denn dort brachen im November 1910 politische Unruhen aus, die sieben Jahre andauern sollten und als Mexikanische Revolution in die Geschichte eingingen. Über eine Million Bauern, vor allem Indianer, ließen in einem Kampf ihr Leben, in dem sie ihr Land von den *hacendados,* den Besitzern der *haciendas,* zurückforderten.

Niemand verkörperte die revolutionären Forderungen nach »Land und Freiheit« vollkommener als Emiliano Zapata, ein Nahuatl-sprechender Maultiertreiber aus den Bergen von Morelos, südlich von Mexiko City, der ein gefürchteter Guerrillaführer wurde. Die von der Revolution aus der Taufe gehobene Verfassung von 1917 bevollmächtigte die mexikanische Regierung, den Bauerngemeinschaften ihr verlorenes Land zurückzugeben, legte Höchstgrenzen für den privaten Grundbesitz fest und sorgte für die Rückverteilung enteigneter Besitzungen, die als *ejidos* zu unveräußerlichem Gemeindeeigentum wurden. Der *ejido* war die moderne Variante des traditionellen indigenen Gemeindeeigentums: Aus dem kommunalen Landbesitz wurden Parzellen an die einzelnen Familienoberhäupter verpachtet.

Wie immer lag die entscheidende Frage darin, ob die Verfassungsvorschriften jemals in die Tat umgesetzt würden. Zapata wurde im April 1919 ermordet, als die Saalwachen auf einer Konferenz, zu der er geladen worden war, die Gewehre auf ihn richteten. Dieser Verrat schien den seiner indigenen Fußsoldaten zu offenbaren. Denn nur wenige Tage, bevor er niedergeschossen wurde, wandte er sich mit einem Beschwerdeschreiben an Präsident Venustiano Carranza: »Die alten Ländereien wurden von neuen Landherren übernommen ... und das Volk wurde in seinen Hoffnungen betrogen.«

Zapatas Kriegsruf »Lieber auf den Füßen sterben als auf den Knien leben« hallte das ganze restliche 20. Jahrhundert auf dem Kontinent wider. In den frühen Morgenstunden des Neujahrstages 1994 nahm eine Armee aus mehreren tausend Maya aus dem südlichsten mexikanischen Bundesstaat Chiapas vier Städte ein, um genau gegen denselben Abbau ihrer Landbesitzrechte zu protestieren. Sie nannten sich sogar »Zapatistisches Nationales Befreiungsheer«.

Das weitgehend indigene Opfer der Mexikanischen Revolution war indes nicht vergeblich. Denn der geweckte Kampfgeist der Bauern sorgte dafür, daß 1934, als die revolutionären Ziele mit Präsident Lázaro Cárdenas neuen Auftrieb bekamen, fast 23 Millionen Hektar Land an sie zurückverteilt wurden und weitere

44 Millionen Hektar in den nächsten sechs Jahren. Überall in Lateinamerika standen nun Landreformen auf dem Programm, entweder nach einem Bürgerkrieg, wie in Bolivien (1952), Kuba (1959) oder Nicaragua (1979), oder nach der Wahl einer linksorientierten Regierung, wie in Chile (1970) und Guatemala (1950), oder auch nach dem einzigen linksorientierten Militärputsch des Kontinents in Peru 1968. Andere Länder mit einem großen indigenen Bevölkerungsanteil, wie Ecuador und Kolumbien, setzten Landreformen in Gang, nachdem Washington 1961 sein Programm *Alliance for Progress* (Bündnis für den Fortschritt) ins Leben gerufen hatte.

Dieses Programm stellte US-Gelder für Reformen bereit, um der Gefahr weiterer Revolutionen, wie der kubanischen, entgegenzuwirken. Bedauerlicherweise setzten viele dieser Reformen das Prinzip fort, den Grundbesitz der Gemeinschaften aufzulösen und in privaten Einzelbesitz umzuwandeln, während sich andere in gewisser Weise als legale Methoden herausstellten, den Großgrundbesitzern – und nicht den Kleinbauern Land – zuzuteilen. Die meisten Reformprogramme waren zudem kurzlebig und halbherzig und bestanden in Akut- oder Scheinmaßnahmen zur Bewältigung der drängendsten politischen Probleme der damaligen Zeit.

Viele dieser Programme wurden nach einem Putsch oder Regierungswechsel wieder aufgegeben, und selbst die besten unter ihnen unterstützen nur einen Teil der wachsenden landlosen Bauernschaft. Viele sahen die Übersiedlung landloser indigener Völker aus Hochlandregionen in Zonen des tropischen Regenwaldes im Tiefland vor, wobei fälschlicherweise angenommen wurde, daß diese sowohl verfügbar als auch für die Subsistenzwirtschaft geeignet waren. So führten die Programme in Peru, Bolivien, Guatemala und Mexiko nur allzu häufig dazu, daß eine aus dem Hochland vertriebene indigene Gruppe selbst Anlaß zur Vertreibung einer Tieflandgruppe gab.

Dennoch brachten die Agrarreformprogramme einigen Hochlandgemeinschaften einen gewissen Nutzen ein. Die ihnen vom Staat ausgehändigten offiziellen Besitzurkunden über das Land erwiesen sich häufig als wichtige Beweisstücke für zukünftige Kämpfe; die Agrarreformbehörden und das Gesetz boten ihren Kampagnen und dem »Lobbying« neue Angriffspunkte; die indigenen Organisationen konnten, selbst durch eine nur oberflächliche Beschäftigung mit den Bodenreformen, die Heuchelei der Regierungen und den üblichen Widerspruch zwischen Lippenbekenntnis und Realität offenlegen.

Die meisten Agrarreformprogramme blieben in den sechziger Jahren des 20. Jahrhunderts auf der Strecke, als in Lateinamerika die »Grüne Revolution« mit einer neuen Welle von Staats- und Auslandsinvestitionen zur Entwicklung kapitalintensiver Farmen nach nordamerikanischem Muster einsetzte. Große landwirtschaftliche Betriebe, für deren Bewässerung Staudämme gebaut werden mußten und die die Preise für Grundnahrungsmittel auf dem Exportmarkt drückten, wurden den von der Subsistenzwirtschaft abhängigen indigenen Gemeinschaften zum Verhängnis. Diese Betriebe brachten die Anhäufung von Grundbesitz erneut in Gang und läuteten durch die Enteignung von Gemeinschaften, durch die hohen Preise für importierte Grundnahrungsmittel aufgrund einer rückläufigen Inlandproduktion und durch die weitere Beschneidung von Bankdarlehen für Kleinbauern, die keine Exporternten produzierten, eine neue Runde der Unterernährung ein. »Sie kamen, um uns unser Land zu nehmen, und sie nehmen es, ohne Zweifel«, bemerkte Davo Yanomami mit erschreckender Endgültigkeit.

Guatemala gehört zu den Ländern mit einer indigenen Bevölkerungsmehrheit und hat nicht zufällig eines der ungerechtesten Landverteilungssysteme Amerikas. Mit dem Anwachsen der Landbevölkerung wurden die Bauernhöfe immer kleiner, da die

Familienoberhäupter ihr Land, nach Einführung des privaten Grundbesitzes, für eine wachsende Zahl von Nachkommen in immer kleinere Parzellen aufteilen mußten.

Bei der letzten landwirtschaftlichen Erhebung im Jahr 1979 waren 89,9 Prozent der guatemaltekischen Bauernhöfe kleiner als sieben Hektar, die als Minimum gelten, um eine Bauernfamilie mittlerer Größe zu ernähren. Dieser Prozentsatz hatte sich seit der vorhergehenden Erhebung im Jahr 1950, also innerhalb von 30 Jahren, verdoppelt. 1950 gab es in Guatemala 74 269 Höfe mit 0,7 Hektar Land, die kleinste in Guatemala erfaßte Kategorie. 1979 hatte sich dieser »Parzellierungsprozeß«, wie er genannt wurde, verdreifacht, so daß 250 918 Höfe auf diese Kategorie entfielen. 1988 schätzte die guatemaltekische Bischofskonferenz, daß 98 Prozent der indigenen Familien des Landes entweder landlos seien oder nicht genügend Land besäßen, um sich davon zu ernähren.

Guatemala steht hier für Mexiko, Peru, Bolivien, Ecuador, Kolumbien oder jedes andere mehrheitlich indigene Land Amerikas. Im einzelnen mag es da Unterschiede geben, doch sind überall die gleichen Tendenzen zu beobachten. Diese lassen sich einerseits auf die häufig durch bezahlte Schießtrupps durchgesetzten Vertreibungen zurückführen, andererseits auf das Fehlen von Besitzurkunden und die korrupte und fehlerhafte Führung der Kataster. Letztlich ausschlaggebend waren jedoch die ungehemmte Ausbreitung des »freien Marktes« und eine landwirtschaftliche »Modernisierung«, welche einst abgelegene indigene Gebiete mittels neuer Technologien und Kapital für den Anbau von Exporternten erschlossen, wenn auch nur für kurze Zeit.

Rigoberta Menchú, Maya und Friedensnobelpreisträgerin 1992, beschrieb diese Entwicklungen in ihrem Buch *Leben in Guatemala:* »Meine Eltern wurden nicht direkt vertrieben, aber die *ladinos* übernahmen allmählich unseren Besitz. Meine Eltern gaben alles aus, was sie hatten, aber sie verschuldeten sich bei diesen Leuten so sehr, daß sie ihr Haus aufgeben mußten, um sie zu bezahlen.« Die Geschichte der Familie Menchú ist die Geschichte von Millionen anderer indigener Familien Amerikas.

Gefährdete Umwelt

Hobart Keith, ein Oglala, machte darauf aufmerksam, daß das indigene Land im Laufe der Zeit auch noch auf eine ganz andere Art verschwand. »Warum beträgt die Ackerkrume Amerikas nur noch acht Zoll, während es zur Zeit der Unabhängigkeitserklärung 1776 noch 18 Zoll waren? Wo geht unsere heilige Erde hin?« fragte er.

Die Antwort lautet: ins Meer, in die Flüsse und in die Luft. Rodungen, Übernutzung und chemische Düngemittel haben die Böden erschöpft und die Erträge verringert. Niemand trägt schwerer an den Folgen als die indigenen Völker, deren Lebensraum größtenteils Wälder, Berge und Tundra sind, also die empfindlichsten Regionen des Kontinents. »Überall, wo der weiße Mann die Erde berührt hat, ist sie wund«, sagte eine Wintu-Indianerin aus Kalifornien beim Anblick des hydraulischen Goldbergbaus und der intensiven Holzgewinnung, die ihre Heimat bis zur Unkenntlichkeit verändert haben.

Ebenso wie die Frage des Landeigentums geht auch die Umweltproblematik auf den Zusammenprall zweier gegensätzlicher Weltanschauungen bei der Eroberung zurück. Die Götter der indigenen Gesellschaften lebten in der Natur und schufen eine symbiotische Beziehung zwischen der gesellschaftlichen und der natürlichen Ordnung, die mit religiöser Ehrfurcht respektiert wurde.

Der christliche Gott dagegen nahm die Gestalt eines Menschen in der Mitte der Schöpfung an. Die römisch-katholische

Kirche lehnte die Vergöttlichung der Natur als Ketzerei ab, und tatsächlich erlebten viele Europäer, Katholiken wie Protestanten, den Regenwald und die »heulende Wildnis« der Prärie eher als »teuflische Höhle«. Sie zu unterwerfen galt ebenso als Gotteswerk wie die Bekehrung der Heiden.

Diese Einstellung ebnete einer hemmungslosen Ausbeutung der natürlichen Ressourcen und der Unterjochung der Natur mitsamt ihren Völkern, den »widernatürlichen Naturwesen«, wie ein Europäer sie einst nannte, den Weg. Denn die Eroberung galt genauso der Umwelt wie den in ihr lebenden Menschen. »Wenn die Natur sich widersetzt, werden wir gegen sie kämpfen und sie beugen«, verkündete Simn Bolivar, der in großen Teilen Südamerikas die Unabhängigkeitsbewegung anführte.

Die aus der Ankunft der Europäer resultierenden ökologischen Folgen waren für Amerika in gewisser Weise zerstörerischer als die physischen und kulturellen Konsequenzen. Neben Krankheiten schleppten die Europäer eine Flora und Fauna in den Kontinent ein, deren schädliche Auswirkungen vermutlich wesentlich weitreichender waren.

Ein Hauptanliegen der Eroberung bestand darin, die *conquistadores* und die nachfolgenden Siedler mit den vertrauten Lebensmitteln und Tieren zu versorgen und Europa mit den begehrten natürlichen Ressourcen und Agrarprodukten aus der Neuen Welt zu beliefern. Durch die Einführung europäischer Feldfrüchte und Tiere wurde die einheimische Flora und Fauna in einem ökologischen Krieg gegen alles und jedes, was in Amerika heimisch war, rücksichtslos verdrängt.

Plantagen und *haciendas* waren die Vorreiter des Großangriffs auf die Umwelt. Das Land wurde gerodet, neue Arten ohne natürliche Feinde wurden eingeführt und jene heimischen Arten, die den neuen Feldfrüchten nicht zuträglich waren, unterdrückt. Heute ist die Umweltzerstörung in den Gegenden des Kontinents am weitesten fortgeschritten, die als erste für den Anbau von Zuckerrohr – dem ersten Exportprodukt – entwaldet und bewässert wurden, nämlich Haiti, die Dominikanische Republik und der Nordosten Brasiliens. Später fielen die Piedmont-Wälder den Kaffeeplantagen in Mexiko, Zentralamerika, Kolumbien, Venezuela und Südbrasilien zum Opfer. Die Küstenwälder Zentralamerikas mußten Baumwollfeldern weichen.

Mit Hilfe von Satellitenbildern wurde wissenschaftlich errechnet, daß etwa 18 Prozent der Gesamtfläche Südamerikas in den vergangenen 500 Jahren zerstört oder der direkten menschlichen Nutzung zugeführt wurden. Das Tempo dieser Entwicklung nimmt zu, denn etwa drei Prozent davon entfallen allein auf die letzten zehn Jahre. Der dichte Regenwald war mit einem Verlust von 22 Prozent oder 1 780 000 Quadratkilometern am stärksten betroffen, von denen 556 000 Quadratkilometer oder 31 Prozent allein im letzten Jahrzehnt vernichtet wurden. »Selbst die spanische Eroberung hatte nicht so direkte und so verheerende Auswirkungen wie das hier«, stellt Rafael Pandam fest, Leiter der *Confederación de nacionalidades indígenas del Ecuador* (CONAIE – Verband indigener Nationalitäten von Ecuador).

Die größten Verluste waren an der brasilianischen Küste zu verzeichnen, wo nur fünf Prozent des tropischen Regenwaldes unversehrt blieben; ebenso im Amazonasbecken und in den einst unermeßlichen Araukarien-Wäldern Südbrasiliens, von deren einstigen 1 000 000 Quadratkilometern nur ein Prozent erhalten blieb. Daß hier keine indigenen Völker mehr anzutreffen sind, ist kaum verwunderlich.

In den Vereinigten Staaten blieben ganze fünf Prozent des Primärwaldes unversehrt. Steppen und Waldungen erlitten das gleiche Schicksal. Von ersteren wurden in Südamerika etwa 23 Prozent oder 770 000 Quadratkilometer der direkten Nutzung zugeführt oder zu Ödland; von letzteren wurden etwa 18 Prozent oder 690 000 Quadratkilometer zerstört.

Die Entwaldung löste in der tropischen Umwelt, in der die Pflanzenwelt der größte Nahrungslieferant ist, eine Kettenreaktion aus. Wilden Tieren fehlte es bald an Nahrung und Schutz, dem Boden mangelte es an Nährstoffen, und schließlich folgte die Regenknappheit. Wegen rasch verschmutzter Wasservorräte und erschöpfter Böden konnte die Plantagenwirtschaft nur aufrechterhalten werden, indem sie sich ständig neue, unberührte Gebiete erschloß und umweltzerstörerische Düngemittel und Pestizide einsetzte.

Die Rinderzucht hatte in den nordamerikanischen Steppen, den südamerikanischen Pampas und den venezolanischen *llanos* ähnliche Folgen. Die zur Lieferung von preiswertem Exportfleisch betriebene Rinderzucht ist heute für die Zerstörung großer Teile Amazoniens verantwortlich. Vor noch nicht allzulanger Zeit, im Jahr 1988, fiel ihr innerhalb nur weniger Monate ein Regenwaldgebiet von der Größe Belgiens zum Opfer. »Warum brennen die weißen Männer das alles nieder und pflanzen nichts Neues, um ihre Kinder zu ernähren? Ich bin zu alt, um das zu verstehen«, klagte Beptopoop, ein Schamane der Kayapó, als er im gleichen Jahr sein verlassenes Dorf Gorotire aufsuchte.

Das Roden von Waldland für die Rinderzucht ist an sich nichts Neues, wohl aber das Ausmaß der Rodungen. Seit den ersten Tagen der Eroberung sind Rinderherden in Amerika gut gediehen. Bereits aus dem Jahr 1579, als die größten spanischen Herden gerade 1 000 Stück zählten, berichtete man von Herden mit 150 000 Tieren in der Neuen Welt. Das Rind war nur eine der zahlreichen importierten Arten. Schweine, Ziegen, Schafe, Pferde und Hühner – alle in Amerika unbekannt, bevor sie von den europäischen Schiffen an Land gingen – verursachten eine biologische Explosion. Die wenigen importierten Exemplare vermehrten sich rasch und drangen noch viel schneller als die fremden Menschen bis in die letzten Winkel des Kontinents vor.

Diese Tiere spielten beim indigenen Holocaust eine entscheidende Rolle. Sie fraßen die Felder ab, trampelten die Äcker nieder und übertrugen Krankheiten auf Alpakas und Lamas, die einzigen einheimischen Zuchttiere Südamerikas. Doch letztlich trugen diese europäischen Mitbringsel maßgeblich zum Überleben der indigenen Völker bei. Denn die Indianer, die zu Tode erschraken, als sie die ersten berittenen *conquistadores* zu Gesicht bekamen, wurden zu kundigen Reitern, jagten Büffel und trieben, von Alberta im Norden bis Patagonien im Süden, die in den Steppen streunenden wilden Rinderherden zusammen. Außerdem widersetzten sie sich zu Pferde dem weiteren Vordringen der Europäer. Heutzutage wäre es den meisten indigenen Familien in Amerika gar nicht mehr möglich, ohne ein paar Exemplare der einst von den neuen Siedlern eingeführten Ziegen, Hühner, Schweine oder sogar Schafe und Rinder zu überleben.

Diese Anpassungsfähigkeit reflektiert eine indigene Tradition. Anhand der Forschungsergebnisse von Naturwissenschaftlern und Anthropologen läßt sich immer deutlicher nachweisen, daß sich die Waldvölker nicht nur ihrer Umwelt anpaßten, sondern diese auch formten: Indem sie »Gärten« auf verschiedenen Lichtungen anlegen, pflanzen sie Obst- und Gemüsepflanzen von einem Teil des Waldes in den anderen um, womit sie die Böden bestellen und die Pflanzen allmählich verbessern. Sie setzen Termitenvölker zur Bekämpfung größerer Schädlinge ein, pflanzen zwischen ihre Feldfrüchte Unkraut, um den Boden vor Sonne und Regen zu schützen und gleichzeitig das Ausschwemmen der Nährstoffe zu verhindern, und sie fördern sogar die schon nach wenigen Jahren abgeschlossene Rückeroberung des Urwaldes, indem sie Bäume und Pflanzen bevorzugen, die das dazu dienliche Blätterwerk, Rinde oder Ranken liefern.

Während der achtziger Jahre des 20. Jahrhunderts leitete der nordamerikanische Anthropologe Darrel Posey ein Team aus

mehr als 20 Ethnobiologen, die das Wissen einer einzigen Ama-
zonasgruppe, der Kayapó, erforschten. »Das Detailwissen und
die umfangreichen wissenschaftlichen Kenntnisse der Kayapó
stellen unser ganzes Wissen in den Schatten«, erzählte er 1989.
»So ließen sich promovierte Akademiker bei der Entwicklung
neuer Hypothesen von Spezialisten der Kayapó anleiten, die niemals einen Klassenraum betreten haben, um wissenschaftliche
Erkenntnisse des Westens zu überprüfen und zu erweitern.«

Wie Stephen Corry von *Survival International* es sagte, wird damit langsam deutlich, was die Welt verliert, wenn es ihr nicht
gelingt, der physischen Vernichtung dieser Völker rechtzeitig
Einhalt zu gebieten. Westliche Wissenschaftler haben einen
Wettlauf gegen die Zeit begonnen und laden inzwischen indigene Spezialisten, statt als anthropologische Ausstellungsstücke,
als Umweltexperten zu ihren Fachtagungen ein. 1988 zeigte sich
die Stärke einer wachsenden Graswurzel-Ethnobiologie, als 600
Delegierte aus 35 Ländern am Ersten Internationalen Kongreß
für Ethnobiologie in Belem (Brasilien) teilnahmen.

Die Zusammenkunft schien die Worte des Sioux Autors Vine
Deloria Jr. zu bestätigen, der behauptete: »Die nicht-indiani-
schen Wissenschaftler erleben das gewöhnliche Alltagswissen
der Indianerstämme als vielversprechenden Durchbruch, wenn
sie es entdecken. Aus unserer Perspektive ist es das reinste Kin-
derspiel. In unserer Tradition wird von den Kindern ganz selbstverständlich erwartet, dieses Wissen zu erwerben.«

Minen und Mineralien: Der Fluch des Reichtums

Es gab noch eine weitere wichtige Ursache für die Umweltzerstörung: den Bergbau und den Abbau von Bodenschätzen. Das
menschliche Opfer wurde im vorangegangenen Kapitel beschrieben, doch die Opfer der Umwelt waren fast ebenso groß.

Elizabeth Dore, Dozentin für lateinamerikanische Geschichte an der *University of Portsmouth* in England, teilte Amerikas Umweltzerstörung durch den Bergbau in drei verschiedene Phasen ein: 1492 bis 1900, 1900 bis 1960 und 1960 bis heute. Jede Phase war um ein Vielfaches zerstörerischer als die vorangehende, so daß der Bergbau eine Erklärung für die wachsende Umweltkrise unserer Tage liefert.

Zunächst beschränkte sich der Silberbergbau großen Stils auf Mexiko, besonders Guanajuato und Zacatecas, und auf Potosí in Bolivien. Das 1570 in Huancavelica in den peruanischen Zentralanden entdeckte Quecksilber führte zur Entwicklung neuer Abbauverfahren und gab der industriellen Umweltzerstörung eine neue Dimension. Das Quecksilber verschmutzte die Flüsse und gelangte über Fische, Pflanzen und Tiere in die Nahrungskette.

Aufgrund der massiven Invasion von meist illegalen Goldsuchern – auf portugiesisch *garimpeiros* –, die in den indigenen Gebieten das Gold aus den Böden waschen, sind im Amazonasbecken auch heute noch das Wasser und die Nahrungskette mit Quecksilber verseucht. 1995 hatten die von ihnen eingeschleppten Krankheiten wie Malaria, Tuberkulose und Masern nach Angaben der Internationalen Arbeitsgruppe für indigene Angelegenheiten (IWGIA) schätzungsweise 21 Prozent des größten in Amazonien ansässigen Regenwaldstammes, der Yanomami, vernichtet.

»Was wir heute in Amerika zu sehen bekommen, ist ein Goldrausch, wie wir ihn aus den ersten Tagen der Eroberung kennen«, sagt Roger Moody, Herausgeber von *The Indigenous Voice,* einer Anthologie indigener Aufsätze, Berichte und Reden. »Der Mythos von Eldorado, dem goldenen Königreich und heiligen Gral, lebt unter den Goldsuchern unverändert fort.«

In Brasilien, Ecuador, Bolivien, Peru, Kolumbien, Guyana und Französisch-Guayana erlebte die Goldproduktion einen Aufschwung, doch die Indigenen zahlen den Preis dafür. 1989 drangen die Goldsucher in ein Drittel der 518 vom brasilianischen Staat anerkannten indianischen Gebiete ein. Den meisten Gruppen brachten die Eindringlinge rasch Unheil. »Malaria, Quecksilber, Gewehre, Alkohol, Spaltungen der Gemeinschaften – es ist schwer zu sagen, wie es weitergeht«, sagte Davi Yanomami 1989 auf einer Europareise.

Ein alter Medizinmann oder *paje* der Yanomami machte sich seinen eigenen Reim darauf. Er erinnert an die Erklärungen, die sich die Minenarbeiter in den Anden des 16. Jahrhunderts zurechtlegten: »Bleibt das Gold tief unten in der kühlen Erde, ist es unschädlich. Holt der weiße Mann es herauf, verbrennt es, und rührt er es auf wie Mehl, beginnt es zu rauchen. So entsteht *xawara,* der Rauch des Goldes ... und breitet sich über den ganzen Wald aus. Er wird sehr aggressiv. Wenn das geschieht, rafft er die Yanomami dahin. Das sagen die alten Leute.«

Im 20. Jahrhundert wuchs das Ausmaß der Umweltzerstörung mit der Nachfrage der industrialisierten Welt nach metallischen Rohstoffen wie Zink, Kupfer und Blei, später nach Nitraten und Erdöl. Transport, Weiterverarbeitung und Industrieabgase schufen eine neue Dimension der Umweltbedrohung, da die Gefährdung der Umwelt mit der Größe der Unternehmungen stieg. Die Liberalisierung der Wirtschaft, die den Bergbau und die Landwirtschaft erst kürzlich ausländischen Investoren öffnete, hat diese Entwicklung noch beschleunigt.

Von den sechziger Jahren des 20. Jahrhunderts an sorgten ausgedehnte Kupfer-, Eisen- und Bauxitbergwerke im Tagebau sowie die zunehmende Ölförderung für ein rasantes Tempo der Umweltzerstörung. Viele dieser neuzeitlichen Entwicklungen betrafen vornehmlich indigene Gebiete, so die Ölfelder Nordkanadas, der südmexikanischen Bundesstaaten Chiapas und Tabasco, der westlichen Amazonasgebiete von Peru, Ecuador und

Kolumbien, die Ölquellen und Eisenbauxitminen im venezolanischen Orinocobecken und das Eisenerzprojekt Carajas im brasilianischen Amazonasgebiet als größtes Bergbauprojekt der Welt.

Die rücksichtslose Ausbeutung der natürlichen Ressourcen in der zweiten Hälfte des 20. Jahrhunderts ist beispielhaft für das ganze Leid, das im Laufe der Geschichte Amerikas über die indigenen Völker kam und das der uruguayische Schriftsteller Eduardo Galeano den »Fluch ihres eigenen Reichtums« nannte. Nicht nur ihr eigener Reichtum wurde ihnen gestohlen; oft genug wurde gleichzeitig auch ihre Umwelt unbewohnbar gemacht. Schlimmer noch: Der Reichtum indigener Territorien lockt immer noch Diebe an und sorgt für einen Teufelskreis der weiteren Zerstörung wie die Plantagenwirtschaft, in der sie zu arbeiten gezwungen waren, nachdem sie ihr Land und die Möglichkeit zur Selbstversorgung verloren hatten.

Berechnungen haben ergeben, daß der Bergbau und der Abbau von Bodenschätzen in den vergangenen 30 Jahren in Amerika größere Umweltschäden angerichtet haben als in den 470 Jahren davor. Das deutlichste Beispiel dafür ist das Carajas-Projekt. Die Eisenerzablagerungen liegen mitten in einem Netz von Bauxit-, Kupfer-, Chrom-, Nickel-, Wolfram- und Goldminen im Tagebau. Die für diese Anlage erforderliche Infrastruktur umfaßt die Holzverarbeitung, Stahl- und Aluminiumfabriken, eine industrielle Agrar- und Viehwirtschaft, Wasserkraftwerke, Eisenbahnen, Straßen und Tiefwasserhäfen.

Alle diese Unternehmen wirken wie Magnete und locken Farmer, Goldsucher und Arbeiter in das indigene Territorium. Carajas hat zwölf indigene Gemeinschaften entwurzelt und 10 000 Menschen verdrängt. »Eines Tages im Jahr 1980, als ich im Wald jagte, sah ich Leute, die Vermessungen für den Straßenbau und den Bau einer Eisenbahnstrecke durchführten. Wir wurden nicht gefragt, nicht einmal informiert«, sagt Tiure, ein lokaler Aktivist und der erste brasilianische Indianer, der im Ausland politisches Asyl erhielt.

Im Umkreis von Carajas werden heute, allein zum Heizen der Hochöfen und für Bauholz, jährlich 650 000 Hektar Wald abgeholzt. Dieses Beispiel zeigt, in welchem Maße die unaufhaltsame Entwaldung Amerikas durch andere umweltschädigende Unternehmungen bedingt wird.

Auf Barbados entwaldeten die Besitzer von Zuckerrohrplantagen innerhalb von nur 20 Jahren die gesamte Insel, um ihre Zuckermühlen zu bauen und zu betreiben. Über 75 Prozent der Rodung des brasilianischen Regenwaldes am Amazonas fand in den letzten 20 Jahren statt, also ausgerechnet in dem Zeitraum, in dem sich das Umweltbewußtsein in der industrialisierten Welt stärker verbreitete als je zuvor.

Die Art dieses Bewußtseins und die Beziehungen zwischen Indigenen und Umweltschützern sorgten allerdings in den vergangenen Jahren für hitzige Debatten. 1980 fühlten sich viele indigene Führer durch verbündete Umweltschützer schlecht vertreten, die versuchten, lebenden Kulturen ihre umwelterhaltenden Vorstellungen aufzuzwingen. »Für wen soll die Umwelt eigentlich erhalten werden? Für andere?« fragt Nicanor González, ein Kuna, der in der Heimat seiner Gruppe in Panama ein forstwirtschaftliches Projekt leitet. »Ihr könnt den indigenen Völkern nicht vorschreiben, wo sie fischen sollen, welche Tiere sie jagen sollen oder daß sie in die als Nationalparks oder Schutzgebiete ausgewiesenen Gebiete zu ziehen haben.«

Die Uramerikaner haben ihre eigenen Vorstellungen von Umweltschutz und internationaler Solidarität und wehren sich gegen einen Paternalismus oder Kolonialismus unter neuen Vorzeichen. Denn Autonomie und Selbstbestimmung von Indianern bedeutet auch, daß eine ethnische Gruppe das Recht hat, ihre eigene Umwelt zu zerstören und zu verschmutzen. Die Kayapó haben mittlerweile ihre Laubbäume wahrscheinlich in einem nicht wiedergutzumachenden Ausmaß zum Holzmachen verbraucht. Die Quechua und Maya setzen in dem verzweifelten Versuch, ihre Erträge zu steigern, auf den Äckern schädliche chemische Düngemittel ein. Nordamerikanische Völker erwägen, die Endlagerung von Atommüll in ihren Reservationen zu genehmigen. Hinter solchen »Entscheidungen« stehen in der Regel äußere Zwänge, wie Armut, Korruption oder die ethnische Entfremdung von Führern oder ganzen Ethnien.

Die meisten würden sich der Meinung des Guajiro-Autors José Barreiro anschließen, der die indigenen Völker als »die Kanarienvögel der menschlichen Familie« bezeichnete. Ihre Abhängigkeit vom Naturreich ist so unmittelbar, daß sie eingehen, wenn ihr Land und ihre Umwelt zerstört sind. Dieses Gefühl kleiden viele indigene Völker in Sprichworte, die aus der Naturbeobachtung ihrer Umgebung stammen. Eine Redensart der Teton-Sioux besagt beispielsweise: »Der Frosch trinkt nicht den Weiher leer, in dem er lebt.«

Pae Antonio, ein Priester der Guaraní, dessen Dorf in Argentinien 1991 bis zum Boden niedergebrannt wurde, drückte es so aus: »Wenn die Indianer aussterben, folgt bald der Rest.« Das Umweltbewußtsein erlaubt den indigenen Gruppen, die Dinge längerfristig zu sehen: »Auch die Weißen werden vergehen – vielleicht sogar schneller als andere Stämme«, bemerkte ein kalifornischer Indianer. »Verschmutz dein Bett nur weiter, dann wirst du eines Tages in deinem eigenen Unrat ersticken.«

Quellen

Alan Thein Durning, Guardians of the Land: Indigenous Peoples and the Health of the Earth, Worldwatch Paper 112, Worldwatch Institute, Washington DC, December 1992

Alfred Crosby, The Columbian Exchange, Greenwood Press, Westport 1972

Darrel Posex, From Warclubs to Words, NACLA Report on the Americas, New York, Vol. XXIII, No. 1 (March 1989)

Indigenous Affairs, IWGIA, Copenhagen, October/November/December 1994

Roger Plant, Land Rights and Minorities, Minority Rights Group, London 1994

Peter Dorner, Latin American Land Reforms in Theory and Practice, A Retrospective Analysis, University of Wisconsin Press, Madison 1992

The Conquest of Nature, 1492–1992, NACLA Report on the Americas, New York, Vol. XXV, No. 2 (September 1991)

Jack Weatherford, Indian Givers: How the Indians of the Americas Transformed the World, Crown, New York 1988

Richard Wilson, Before Columbus, External Affairs, Central Television, Birmingham 1992

Der dritte Vernichtungsversuch

Krieg, Massaker, Enteignungen, Zwangsumsiedlungen... Als sich Ende des 19. Jahrhunderts allmählich die Wogen glätteten, war die indigene Bevölkerung keineswegs vom amerikanischen Kontinent getilgt, »in einem natürlichen Prozeß, in dem eine Rasse die andere ersetzt«, wie ein US-Senator es ausdrückte, sondern sie wuchs wieder und tut das bis heute.

Als Armut und Industrialisierung immer mehr Indianer zwangen, in die Großstädte zu migrieren und immer mehr Siedler auf das Land trieben, wurde das »Indianerproblem« (Nordamerika) beziehungsweise *la mancha india* (»der indianische Schandfleck«, wie es in den Anden hieß) drängender denn je. Für die indigenen Völker wuchs dagegen das »weiße Problem«, denn immer mehr von ihnen bekamen die Folgen des raschen Wandels und der staatlichen Integrationspolitik zu spüren.

Nachdem erst die Kolonisten und später die unabhängigen Regierungen vergeblich versucht hatten, die Indianer auszurotten, verbannte man sie in Reservationen, besondere Gemeinschaften und Schutzgebiete, um ihren Niedergang zu lenken. Das wirkte sich insofern gegenteilig aus, als sie dort Gelegenheit hatten, das Gefühl ihrer Andersartigkeit zu festigen. Im 20. Jahrhundert folgte mit der Assimilationspolitik der dritte Vernichtungsversuch. Sie brachte den Keim der indigenen Erneuerung zur vollen Blüte.

Nach ihrer Meinung befragt, vertraten indigene Führer von Anfang an die Ansicht, daß eine gewisse Koexistenz oder auch Völkermischung nicht bloß möglich, sondern auch unumgänglich sei. »Zum Kämpfen sind meine Leute zu wenig, zum Sterben sind es zu viele«, beurteilte ein Mohawk-Führer im 18. Jahrhundert die Lage seines Volkes.

Die einzige Frage war, unter welchen Bedingungen eine Ko-existenz möglich war – und genau das bewegt die Herzen im Kampf um Selbstbestimmung bis heute. Die Zerstörung der in-dianischen ökonomischen Basis im 19. Jahrhundert hatte dra-matische Auswirkungen und bedeutete nichts anderes, als daß – zumindest anfangs – Assimilierung allein zu den Bedingungen der Regierungen stattfinden konnte.

Bei ihren verzweifelten Versuchen, den Export anzukurbeln, die Einwanderer anzusiedeln und die wachsende Bevölkerung zu ernähren, setzten die Regierungen nun auf Assimilation. Im-mer größere Massen ihrer eigenen Migranten beanspruchten den gesamten Kontinent von Prudhoe Bay im Norden bis Pata-gonien im Süden. Vertreibungen und Zwangsumsiedlungen ver-loren ihren Sinn, als selbst die unbeliebten Landstriche, in die man die verbleibenden Indianer hätte abschieben können, be-siedelt waren.

Der erste Versuch, einer mestizischen Bevölkerungsmehrheit (aus hispanisierten Indianern) Rechnung zu tragen, fand 1917 am Ende der Mexikanischen Revolution statt. In Mexiko wurde das Mischen von Rassen und Kulturen, *mestizaje,* zur Staatspolitik er-hoben und formte die Grundlage eines neuen Nationalismus. Die Eingliederung der verarmten, landlosen indigenen Massen in den Staat sollte weitere Aufstände verhüten; geringfügige Landverteilungen und eine minimale Sozialfürsorge wurden für die innere Stabilität eingeführt.

Eine ähnliche Philosophie ließ in den Anden nicht lange auf sich warten und konnte sich nach der Bolivianischen (1952) und der Peruanischen Revolution (1968) auch als offizielle Regie-rungspolitik durchsetzen. Die Aymara und Quechua aus dem Hochland wurden einfach wegdefiniert, indem die neuen Regie-rungen sie in *campesinos* oder Bauern umbenannten, was für die damalige Politik Symbol und Ziel in einem war. In Bergwerken und Dörfern wurden politische Parteien, Gewerkschaften und Genossenschaften mit den Massen der *campesinos* organisiert. Die Regierungen wollten sich ihre Unterstützung sichern, indem sie ihre »nicht-nationalen« Elemente eingliederten.

Durch ähnliche Umdefinierungen wurden in Kanada und den Vereinigten Staaten »zivilisierten« Indianern die vollen Bürgerrechte angeboten als Mittel, der Armut und Korruption der Reservationen zu entfliehen. Einer vollständigen Kontrolle des indigenen Lebens und der Reservationen durch die staatlichen Behörden folgte in den USA die »Terminationspolitik«, also die Aufhebung des indianischen Sonderstatus und die Umsiedlung der verbleibenden Indianer in die Städte.

Diese Politik wurde von Regierungsbehörden, staatlichen Indianereinrichtungen, Kulturämtern und Indianerbüros durchgeführt. Diese erschienen eine nach der anderen auf der Bildfläche, wobei sie ihre wahren Ziele hinter irreführenden Namen verbargen: Büro für Indianerangelegenheiten (Vereinigte Staaten, 1871); Indianerschutzdienst (Brasilien, 1910); Ländliches Schulamt zur Eingliederung der indigenen Kultur (Mexiko, 1925); Nationales Indigenisteninstitut (Guatemala, 1945).

Im Laufe der Zeit sollte sich die von Regierungsseite angestrebte Assimilation jedoch genauso als Mythos erweisen wie die Eroberung selbst. Denn sowohl die »Akkulturation«, die Anpassung und Veränderung durch den kulturellen Kontakt, als auch die »Assimilation«, die vollständige kulturelle Vereinnahmung einer Gruppe durch eine andere, stellten sich immer öfter als zweiseitige Prozesse heraus, die zu einer synkretistischen Mischung aus zwei oder mehr Kulturen führten.

Weil diese Wechselbeziehung unter ungleichen politischen Voraussetzungen stattfand und die indigenen Völker nicht dieselben Mittel wie die Weißen hatten, um diesen Prozeß zu definieren und zu interpretieren, entstand der Eindruck, daß es sich bei der Assimilation um einen einseitigen Vorgang handelte, eine Auffassung, die durch die Rhetorik ihrer Hauptbefürworter bestärkt wurde.

Lassen Sie uns mal etwas typisch Indianisches tun und den Spieß umdrehen: Glaubten spanische, englische, französische oder portugiesische Siedler oder ihre Nachkommen tatsächlich, die Urbevölkerung zu »assimilieren«, als sie Tabak rauchten, Kartoffeln aßen oder Kanus benutzten? Befleckten oder indigenisierten sie ihre Sprachen, als sie die indianischen Begriffe für diese Dinge übernahmen? Definitionen hängen von denen ab, die sie vornehmen, darum beklagten indigene Aktivisten auch bis vor kurzem noch den Mangel an indigenen Anthropologen, welche die kulturellen Veränderungen aus ihrer Sicht hätten definieren können.

Kulturelle Reinheit in vollkommener Form gibt es nicht, und keine Kultur läßt sich anthropologisch einzäunen. Das meinte David Courchene, Vorsitzender der *Manitoba Indian Brotherhood,* als er sagte: »Eure Kultur ist nicht die eurer Vorfahren von vor 500 Jahren. Genausowenig unsere. Wir sind dabei, eine Kultur des 20. und 21. Jahrhunderts zu entwickeln, und es wird eine indianische Kultur sein.«

Das schließt nicht aus, daß im Laufe des 20. Jahrhunderts eine immer raschere Assimilation zahlreicher Individuen und ganzer Völker stattgefunden hat, die keine oder nur noch wenige indigene Merkmale beibehalten haben und sich die kulturellen Normen Spaniens oder Englands angeeignet haben. Diese Mestizen, *ladinos* oder *misti* sind zwar rassische Mischlinge, kulturell sind sie jedoch Nicht-Indigene, denn sie haben die Sprache, das Wertesystem und die kulturellen Normen der herrschenden Gesellschaft übernommen, die häufig die offene Verachtung der indigenen Kultur und Bevölkerung einschließen.

Wie kommt das? Für viele war der kulturelle Wechsel ins Lager der Weißen und deren Nachahmung der einzige Weg, sich einen Zugang zu Arbeit, Land und Erziehung und damit sozialer Absicherung zu verschaffen, die ihnen vorher verweigert wurde. Andere unternahmen diesen Schritt nie bewußt, sondern erlebten ihn als unvermeidliche Folge einer kulturellen Verdrängung, durch die sie von ihrem Land verjagt und/oder zur Abwanderung in die Städte gezwungen wurden. »Wie kannst du deine Sprache sprechen, wenn es in deiner Umgebung niemanden gibt, der sie spricht?« fragte ein Chuj-Indianer, der genötigt war, nach Guatemala-City zu ziehen.

Ana María Condori, eine Aymara aus Bolivien, beschreibt einige Aspekte dieser kulturellen Übermacht in ihrem Buch *Nayan Uñatatawi – Mi Despertar* (Mein Erwachen). Sie arbeitete als Hausangestellte in der Stadt und erzählt, wie die Werte und Ansichten ihrer Arbeitgeberin langsam auf sie abfärbten. »Nach und nach machte sie mich auf meine Klassenzugehörigkeit aufmerksam, indem sie Worte benutzte wie ›Indianer‹ und ›Bauern‹ und sagte: ›So solltest du nicht sein, hier wirst du zivilisiert werden.‹ . . . Du pflegst ihre Sachen, als wären es deine eigenen, und nach einer Weile fängst du an, dich total mit ihrer Mentalität zu identifizieren.«

Für andere war es nur der verstärkte Kontakt zu den Vertretern des Staates, die durch Zurechtweisung, Zwangsverpflichtung und Kontrolle in Dörfern und Reservationen die Allgegenwart der zentralen Staatsmacht repräsentierten. Mit der Zerstörung oder dem stetigen Abbau ihrer wirtschaftlichen Basis geriet die Urbevölkerung zwangsläufig in vielen Bereichen immer mehr in die Abhängigkeit des Staates.

Die Assimilationspolitik nahm zwar unterschiedliche Formen an, doch basierte sie überall auf derselben Fehlannahme, daß die Uramerikaner nur überleben könnten, wenn sie aufhörten, kulturell eigenständige Völker zu sein. Ein noch größerer Irrtum, daß nämlich eine planmäßige und strukturierte kulturelle

Transformation durch die Politik machbar sei, hat sich in vielen Teilen des Kontinents bis heute erhalten.

Die Vorstellung war und ist in vielen Ländern heute noch, daß die Indianer ihr »Indianertum« ablegen sollten, um »braune« oder »rote« Weiße zu werden; um Christen zu werden, die in den Sprachen der Kolonisatoren schreiben und lesen konnten; um Kleinbauern oder steuerzahlende Arbeitnehmer zu werden. Man wollte sie von den Zwängen des Stammes- oder Gemeinschaftslebens befreien, die man bei ihrer Entwicklung zu freien Staatsbürgern als Hemmnisse ansah.

Assimilation in Nordamerika: Den Indianer neu definieren

In Nordamerika wurde diese Philosophie von einer ganzen Gesetzesflut begleitet, um die Indigenen zu definieren und ihnen schließlich, sobald sie als ausreichend »zivilisiert« erachtet wurden, die vollen Bürgerrechte anzubieten. Der kanadische *Indian Act* von 1880 unterteilte die Uramerikaner des Landes in Inuit, Status-Indianer und Nicht-Status-Indianer. Die Gruppe der Status-Indianer genoß zwar einige Priviliegien wie bestimmte Steuererleichterungen, jedoch die Verwaltung ihres Landes, ihr Erziehungssystem, ihre Unterbringung und ihre Wirtschaftstätigkeit waren der direkten Kontrolle des neugegründeten Ministeriums für Indianerangelegenheiten in Ottawa unterstellt. Nur als Nicht-Status-Indianer konnte man sich dieser fortwährenden Kontrolle durch die Regierungsvertreter in den Reservationen entziehen, die häufig wie Diktatoren ihres Amtes walteten. Denn jeder einzelne hatte die Möglichkeit, den Status abzulehnen, sich von der Gruppe seinen Anteil am Gemeinbesitz auszahlen zu lassen und als kanadischer Bürger in die »Freiheit« entlassen zu werden. Dieser Vorgang mußte von einem Vertreter des *Superintendent General* befürwortet werden und schloß eine dreijährige Probezeit ein, um den »zivilisatorischen Reifegrad« und die »Integrität, Moral und Verläßlichkeit« des Betreffenden zu prüfen.

In den Vereinigten Staaten kam dem Büro für Indianer- Angelegenheiten bei der Umsetzung des *Dawes Act* oder des *General Allotment Act* von 1887 eine ähnliche Rolle zu. Selbst wohlmeinende Weiße, darunter zahlreiche Anthropologen und Soziologen, betrachteten die Integration als einzige Zukunftschance für die Indianer, ebenso wie für die damals zu Millionen nach Amerika auswandernden Iren, Italiener, Russen und Polen. In den Räubern von Land und Bodenschätzen fanden diese freiheitlich denkenden Assimilationsverfechter einen ungleichen Bündnispartner. In den Reservationen fand sich ein wahres Heer von Anthropologen ein, um Leben und Sprachen der indigenen Nationen zu studieren, deren Niedergang sie auf dem Wege der Integration befürworteten.

1881 veröffentlichte Helen Hunt Jackson ein vielversprechendes Werk über die Konfrontation von Indianern und Siedlern in den Vereinigten Staaten: *A Century of Dishonour*. In ihrer Schlußfolgerung stellte sie fest: »Jeder Mensch, der in diesem Land geboren wurde oder aus irgendeinem Winkel der Erde hier eingetroffen ist, kann vor unseren Gerichten Schutz finden, jeder, bis auf diejenigen, denen das Land einst gehörte.« Doch selbst sie sah die Lösung in der Assimilation an das europäische Erziehungssystem, die europäische Religion und Landeigentümerschaft.

Die neue Politik wiederholte die Heuchelei, den Vertrauensmißbrauch und die Doppelmoral ihrer Vorgänger. Der 1950 das Amt des *Commissioner of Indian Affairs* antretende Dillon Miller war fest entschlossen, seine Schützlinge durch eine Politik, die allen außer ihm als »Terminationspolitik« (Termination des indigenen Sonderstatus) bekannt wurde, aus den Reservationen und der staatlichen Unterstützung zu »befreien«. Zwischen 1954 und 1962 kündigte der Staat 61 Indianergruppen die Verträge auf. Der dadurch verursachte Verlust der staatlichen Unterstützung hatte für viele so verheerende Folgen, daß sie sich später erfolgreich für die Wiederherstellung ihres früheren Status einsetzten.

Indianerführer wiesen darauf hin, daß Dillon während des Krieges gegen Japan von der Regierung damit betraut war, Japan-Amerikaner zu verhaften. Sein eigentliches Ziel war die vollständige Assimilation, womit er die Regierungspolitik der damaligen Zeit vertrat. »Was können wir tun, um die Indianer zu amerikanisieren?« fragte er eine Indianerabordnung, worauf ihm ein Häuptling treffend entgegnete: »Wir fragen uns, wie wir euch amerikanisieren können. Das erste, was wir euch beibringen wollen, ist nämlich, daß es zur amerikanischen Lebensart gehört, die Ansichten seines Bruders zu respektieren.«

In Mexiko lag der Schwerpunkt anders, obwohl mit dem sogenannten *mestizaje,* der kulturellen Mischung, letztlich dasselbe bezweckt wurde. Mexiko stellte auf dem Kontinent immer die Ausnahme dar. Durch die Bevölkerungsdichte bei der Ankunft von Cortés im Hochtal von Mexiko, durch den relativ weitentwickelten städtischen Handel im Azteken-Staat und die Gründung der Hauptstadt Neuspaniens auf den Ruinen des einstigen Tenochtitlán wurde der Synkretismus, die Verschmelzung von Neuem und Altem, ein wichtiger Aspekt der mexikanischen Kultur.

Mexiko brachte als einziges Land Amerikas nach der Eroberung ein indianisches Staatsoberhaupt hervor. Benito Juárez, ein zapotekischer Rechtsanwalt aus Oaxaca, der bis zu seinem zwölften Lebensjahr kein Spanisch sprach, wurde im März 1861 Mexikos erster ordentlich gewählter ziviler Präsident. Juárez legte die Grundlagen des modernen mexikanischen Staates, indem er die

Armee verkleinerte, die Verfassung durch Zusatzartikel ergänzte, das Bildungssystem ausbaute und die zivilgerichtliche Immunität von Kirche und Militär aufhob.

Als Juárez 1872 als einer der wenigen mexikanischen Staatsführer des Jahrhunderts während seiner Amtszeit eines natürlichen Todes starb, war sein Leben das beste Beispiel des mexikanischen Synkretismus. Als reinblütiger Indianer hatte er den Weg zum Nationalpalast über eine spanische Schule, ein europäisches Jurastudium und ein kreolisches System genommen.

Doch wie so viele andere veränderte er sich in den Augen seiner indigenen Kritiker durch die Nachahmung des weißen Mannes. Er verlor den Kontakt zu den zapotekischen und mixtekischen Dorfbewohnern, deren Anliegen er in seinen Zwanzigern vor Gericht vertreten hatte. Das Leben des Benito Juárez, dessen Reformen vielen der später durch die Mexikanische Revolution erzwungenen Veränderungen den Weg ebneten, warf eine Grundsatzfrage auf, die noch heute aktuell ist: Wie indigen konnte ein Indianer bleiben, der in der Siedlergesellschaft Erfolg hatte? Wann wurde ein Indianer zum »weißen Indianer«?

Mexiko war das Versuchsfeld für die Assimilation. José Vasconcelos, mexikanischer Kultusminister in der nachrevolutionären Regierung der zwanziger Jahre des 20. Jahrhunderts, vertrat eine Politik der Verschmelzung von Mestizen und Indigenen zu einer einzigen nationalen mexikanischen Kultur. In seinem Buch *La Raza Cósmica* (1925) stellte Vasconcelos die These auf, daß sich aus der Eroberung und ihren Folgen eine dritte Rasse mit eigenen Rechten entwickelt habe. Diese Lehre wurde als *la raza*-Nationalismus vom Staat übernommen, der den Columbus-Gedenktag am 12. Oktober zum Geburtstag dieser neuen Rasse umdefinierte und als *el día de la raza,* Tag der Rasse, feierte.

Die von der Revolution weiter geförderte Machtverschiebung von der kreolischen Elite zur mestizischen Masse besaß damit neben der philosophischen auch eine politische Grundlage. In der Folge wurden rein ethnische Organisationen verboten, in denen sich die tatsächliche Existenz Dutzender unterschiedlicher Indianersprachen und -kulturen widerspiegelten. Es sah so aus, als wollte Mexiko den Indianer per Gesetz abschaffen. Denn eine neue Definition des Nationalismus war geboren, die ihn genauso ausschloß wie die alte.

Als 1940 der erste sogenannte Interamerikanische Indigenistenkongreß in Pátzcuaro (Mexiko) stattfand, der das Ziel verfolgte, die Integrationspolitik der verschiedenen Staaten zu koordinieren, stand die indigene Kultur nicht mehr unter Beschuß, sondern schien vielmehr usurpiert zu werden. Die Veranstaltung drehte sich mehr um die Identitätssuche des Mestizen, Kreolen oder *misti* als um ein indigenes Bewußtsein. Dazu ein Mapuche aus Chile: »Wir wissen, wer wir sind, weil wir immer hier gelebt haben. Sie wissen es nicht, weil sie nicht wissen, wo sie hergekommen sind, und noch herausfinden müssen, wo sie jetzt sind.«

Indigenismus in Peru:
Dem Kopf wächst ein neuer Leib

In Peru nahmen die gleichen Vorstellungen eine leicht abweichende Form an: als *indigenismo,* einer allgemeinen Neubewertung und Rückbesinnung auf die indigene Kultur. Diese Bewegung rief zur Anerkennung der indigenen Völker als Grundbestandteil der Nation auf und forderte das Ende ihrer Ausgrenzung.

Wie in Mexiko die Revolution als Katalysator gewirkt hatte, so tat dies in Peru der Schock durch die Niederlage im Salpeterkrieg gegen Chile (1879–83). Als die kreolische Elite Massenauswanderungen aus Europa förderte, um der *mancha india* Paroli zu bieten, wiesen einige ihrer Vertreter darauf hin, daß die wenigen Kriegserfolge Perus gegen den chilenischen Gegner auf das Konto indigener Truppen gingen, die ihr Territorium heldenhaft verteidigt hatten.

Die beiden Begründer linksorientierter Parteien, Víctor Raúl Haya de la Torre und José Carlos Mariátegui, machten den *indigenismo* in Peru zum politischen Schlagwort, als der Sozialismus und Marxismus zu Beginn des 20. Jahrhunderts eine immer breitere Anhängerschaft fand. Keiner von beiden war Uramerikaner, verfügte über direkte persönliche Erfahrungen mit der Andenkultur und sprach Quechua oder irgendeine andere indigene Sprache. Beide sahen jedoch im Gesellschaftssystem des Inka-Staates, insbesondere in dessen Solidargemeinschaft, die Grundlage zur Schaffung eines einzigartigen peruanischen Sozialismus.

Niemand verkörperte die gespaltene peruanische Identität besser als der Mann, der dem *indigenismo* zu neuen Höhepunkten des literarischen Ausdrucks verhalf: José María Arguedas. Er gehörte beiden Welten Perus an, der hispanischen und der Quechua-Welt. Die Literatur anderer, insbesondere von Miguel Angel Asturias, dem guatemaltekischen Literaturnobelpreisträger, ist von einem tiefen Verständnis der Mythen und der Alltagswelt der indianischen Völker des jeweiligen Landes durchdrungen, doch war keiner ein Insider wie Arguedas.

Er war der Sohn eines Provinzrichters und berichtete, wie er von seiner Stiefmutter verstoßen wurde, die beschloß, »weil sie mich ebenso haßte und verachtete wie die Indianer, mich mit diesen in der Küche leben zu lassen, wo ich auf einem Holztrog zum Kneten von Brotteig aß und schlief«. Damals faßte er den Entschluß, »bei meinen Leuten zu bleiben, den Enteigneten, den Betrogenen, den Verfolgten«.

Die Sprache der Inka wurde seine Muttersprache, und er kehrte nach seinem Studium in Lima in die Anden zurück, um die indigene Kultur niederzuschreiben, zu studieren und zu lehren. Mythen und Rituale der Quechua sind der Stoff seiner (spanischsprachigen) Romane, darunter als bekanntester *Los Rios Profundos* (1958; in deutscher Sprache erschienen als *Die tiefen Flüsse*), ferner *Todas las Sangres* (1964; in deutscher Sprache erschienen als *Trink mein Blut, trink meine Tränen*) und *El Zorro de Arriba, el Zorro de Abajo* (1970) sowie seine Gedichte (in Quechua) und vor allem seine gesammelten Werke *Katatay*. Diese Veröffentlichungen legten neben den Werken von Miguel Angel Asturias den Grundstein zu einer neuen literarischen Gattung, dem magischen Realismus, für den der Kontinent später bekannt wurde.

Die Magie von Arguedas' Romanwelt, der als erster Schriftsteller den Zyklus der Inkari-Legenden hörte und niederschrieb, war ein Teil seiner eigenen Realität. Die Volkssagen erzählten, wie Inkari bei der Gründung von Qosqo die Steine mit der Peitsche abrundete, den Wind einfing und die Sonne festband, um den Tag zu verlängern und sein Tagewerk zu erfüllen. Der Legendenzyklus war von einer starken messianischen Wiederkehrerwartung durchsetzt, die auf der traditionellen zyklischen Zeitauffassung basierte.

Den Sagen zufolge wächst dem Inkari nach seiner Enthauptung und Bestattung vom Kopf an ein neuer Leib. Ist dieser vollständig, wird der Inkari zurückkehren, um die Eroberung zu rächen. Er wird das *pachakut'i,* die Umkehr der Welten, einleiten und die beiden Hälften der Andenwelt, *hanan* (die obere) und *hurin* (die untere), die durch die Eroberung auseinandergebrochen sind, wieder zusammenfügen, um die komplementäre Einheit wiederherzustellen.

Dieser Spaltung hat Arguedas sein Leben gewidmet, hat sie erforscht, erlitten und um ihre Auflösung gerungen. Er versuchte, die europäische und die indigene Hälfte der Eroberung zusammenzubringen, indem er das indigene Denken des Hochlandes enträtselte und den intellektuellen *misti* an der Küste als literarischen Leckerbissen darbrachte. Er selbst verkörperte seine Zielvorstellung: ein zweisprachiges, bikulturelles Peru, das die Inka-Kultur achtet.

Doch die Vergeblichkeit seiner Bemühungen, die Hälften zu vereinen und den Leib zu vervollständigen, trieb ihn 1969 in den Selbstmord, tragischerweise genau in dem Jahr, als Quechua in Peru zur Landessprache wurde. Sein Tod steht als Metapher für sein ganzes Leben, und beides hat ein paar Grundfragen aufgeworfen.

War es überhaupt möglich, zwei Identitäten zu besitzen, ohne eine von beiden, oder den Leib, in dem sie um Vorherrschaft rangen, abzutöten? War die andine Dualität, selbst in abgewandelter Form, im nachkolumbischen Zeitalter überhaupt noch möglich? Einst fragte er in dem Gedicht *Huk Docturkunaman* (Vorsprache bei einigen Doktoren), das er nach einem öffentlichen Angriff durch die Intellektuellen seines Landes verfaßte, die ihn gern als romantischen Hinterwäldler verspotteten:

> Imamantam ruwasqa ñutquy? Imamantapunim
> ruwasqa sunquypa waqaq aychan, taytallay ducturkuna?
> Woraus besteht mein Gehirn?
> Woraus das Fleisch meines Herzens?

Pachakut'i:
Sie vergruben sich, um sich selbst wiederzuentdecken

Die indigenen Völker Amerikas reagierten auf den assimilatorischen Großangriff des frühen 20. Jahrhunderts so, wie ihre Vorfahren auf ähnliche Bedrohungen reagiert hatten. Sie paßten sich an und hielten die Köpfe gesenkt, eine Strategie, die eine be-

kannte Metapher der Andenliteratur und der mündlichen Überlieferung treffend als »Die Leute vergruben sich« bezeichnet.

Schließlich gehörten viele der einst unter der Herrschaft der
Inka, Azteken und Maya lebenden Völker zu anderen teils vollständig absorbierten ethno-linguistischen Gruppen. Und in
Nordamerika waren die Cherokee und Irokesen lockere, multikulturelle, pluralistische und multiethnische Völkerbünde. Diese Reiche oder Bünde faßten Völker ganz verschiedener kultureller Prägung und unterschiedlichen Lebensstils zusammen und
waren der Prototyp des multinationalen, pluralistischen, dezen-
tralisierten Staates, den die Indianerführer seit der ersten Kon-
taktaufnahme mit den Europäern im 16. Jahrhundert befürworteten.

Doch ebenso wie die Uramerikaner ihre Tempel und Götter
in den Fundamenten der neuen Gotteshäuser begruben, die sie
für die Spanier erbauten, lagen auch große Teile ihrer Identität in
den vergangenen 500 Jahren tief unter der Oberfläche verborgen.
»Wir versteckten unsere Götter unter den Purpurgewändern
ihrer Heiligen«, schrieb die nicaraguanische Dichterin Gioconda
Belli.

Ebenso wie jedes Erdbeben, jedes *pachakut'i* in Qosqo oder
Mexiko-City die spanische Architektur bröckeln läßt und die
darunter liegenden Fundamente der Inka oder Azteken Stück für
Stück freilegt, bringt jede Landbesetzung, jede indigene Schule,
jeder öffentliche Protest und jeder Wahlsieg das indigene Herz
Amerikas unter dem kolonialen Anstrich ein wenig mehr zum
Vorschein.

Bis heute ist dieses andere Gesicht Amerikas tatsächlich unsichtbar geblieben. Die Beziehungen zwischen den Uramerikanern und dem Staat werden auch in diesem Jahrhundert als un-
vermeidlicher Sieg des herrschenden Zentralstaats über seine
schwache, untergebene indigene Bevölkerung gesehen. Doch

diese Vorstellung ist, wie viele andere Aspekte der Beziehung zwischen Staat und Indianern, ein Mythos wie Eldorado.

Besonders in Lateinamerika sind viele Staaten schwach und besitzen kaum andere echte nationale Institutionen als die Armee und die Kirche. Kanada und die USA weisen als lose Bundesstaaten mit einer Vielzahl ethnischer Gruppen und einer großen landschaftlichen Vielfalt einige ähnliche Merkmale auf. Seit nunmehr 500 Jahren steht die Schwäche vieler lateinamerikanischer Staaten im auffälligen Kontrast zur Kraft und Vitalität der indigenen Nationen, die sie zu regieren beanspruchen.

Die schwächsten Staaten haben mitunter die größte indigene Bevölkerung (Bolivien, Peru, Guatemala). Das deutet auf eine andere begrabene Wahrheit hin: Die indigenen Völker sind nicht so sehr von diesen Staaten geformt worden, als daß sie vielmehr Entscheidendes dazu beigetragen haben, die zentralistischen Ansprüche der Staaten, die sie beherbergen, zu frustrieren und zu schwächen.

Die staatlichen Herrschaftsansprüche scheiterten zum Teil an den kulturellen Widersprüchen zwischen Siedlern und Indianern. Während Gemeinschaften, Gruppen und Nationen dem Staat im Kampf stets einzeln entgegentraten, behandelte der Staat die indigenen Völker immer als Einheit.

Die nachkolumbische Vorstellung eines allgemeinen »Indianertums«, die bis zum heutigen Tag in der Politik des Kontinents fortlebt, verstellt den Blick auf die Völkervielfalt Amerikas mit einer ähnlichen Spannbreite wie zwischen Türken und Japanern und verhindert eine passende Politik. An deren Stelle tritt der Selbstbetrug von Regierungsbeamten, die in dem Irrglauben leben, daß die indigene Bevölkerung durch Erziehung, Religion oder Arbeit zu assimilieren sei, ebenso wie ihre Vorgänger in dem Irrglauben lebten, sie erobert zu haben.

Obwohl die Regierungen die Kontrolle über die Uramerikaner als unerläßlich erachten, vereiteln sie sie selbst, indem sie mit entsprechenden politischen Maßnahmen Öl in das Feuer der indigenen Feindschaft gießen. Es ist kein Zufall, daß der indigene Widerstand weltweit proportional zur Vermehrung und Erstarkung der jeweiligen Nationalstaaten zugenommen hat. Während es vor 1945 weltweit nur 50 Nationalstaaten gab, waren es 1989 bereits 170; bis zum Jahr 2000 wird die Zahl auf über 200 steigen. Der indigene Widerstand ist in diesem Jahrhundert proportional dazu gewachsen.

Was sich während der Invasion und Eroberung des amerikanischen Kontinents als Schwäche erwies, nämlich die Unvereinbarkeit oder gar Verfeindung verschiedener ethnischer Gruppen, ist seither ihre Stärke. Die indigene Gesellschaft läßt sich mit keinem auch noch so meisterhaften Verfahren absorbieren, weil sie pluralistisch und lokal ist, weil sie aus Gemeinschaften besteht, die wenige Kilometer voneinander entfernt unterschiedliche Sprachen sprechen, unterschiedliche Bräuche haben und einen unterschiedlichen Lebensstil praktizieren. Und es ist ebenso unmöglich, die Indianer Dorf für Dorf, Volk für Volk und, nachdem eine kollektive Identität im 20. Jahrhundert weitgehend verlorenging, Individuum für Individuum zu assimilieren. Somit ist das Überleben der indigenen Völker Amerikas im fortschreitenden 20. Jahrhundert keineswegs schlechter, sondern immer besser gesichert.

Je umfassender die Uramerikaner im Verlauf der vergangenen 150 Jahre angegriffen wurden, desto größer mußte die Reichweite ihres Widerstands werden. Besonders durch den Großangriff auf ihre wirtschaftliche Basis und die Landflucht bildete sich eine neue Form des indigenen Widerstands heraus: die wirtschaftliche Diversifikation. In den Städten wurden indigene Migranten Handwerker, Fabrikarbeiter und Kleinunternehmer. Die westliche Erziehung brachte eine bikulturelle, zweisprachige Klasse hervor, die heute in die blühenden Staatsbürokratien drängt.

Die Uramerikaner sind immer häufiger gezwungen, sich selbst in den Begriffen einer größeren, gewöhnlich feindlichen Umgebung zu definieren, mit der sie unausweichlich in immer größerer Zahl in Kontakt kommen. Viele haben angefangen, eine neue, andere Art der multikulturellen Vielfalt zu praktizieren, indem sie zu verschiedenen Zeiten unterschiedliche Identitäten annehmen. Während sie in ihren Heimatdörfern ihre Trachten tragen und ihre eigenen Sprachen sprechen, schalten viele auf westliche Kleidung und Spanisch, Portugiesisch, Englisch oder Französisch um, wenn sie in die Stadt oder auf die Plantagen fahren, um sich als Lohnarbeiter zu verdingen oder ihre Erzeugnisse anzubieten.

Obwohl die meisten Uramerikaner dieses Verhalten, wie Rigoberta Menchú es ausdrückt, als »eine andere Art des Selbstausdrucks« erleben, wird es von anderen als Übergangsphase im Assimilationsprozeß angesehen. Teilweise trifft das sicherlich zu, denn die indigene Bevölkerung hat sich im 20. Jahrhundert im gleichen Maß wie die mestizische vergrößert.

Doch für viele Uramerikaner stellte diese Tarnung ein subtiles Mittel dar, sich gegen eine Identität zu wehren, die ihnen von anderen aufgezwungen wurde, ganz gleich, ob es sich dabei um Anthropologen, um linksorientierte, pro-indigene Mestizen oder um rechtsgerichtete Assimilationsbefürworter handelte. In der Wandlungsfähigkeit ihrer Identität spiegelt sich die kulturelle Vielfalt der ethnischen Gruppen und indigenen Gemeinschaften Amerikas wider, die es den Regierungen so schwer machen, sie zu assimilieren oder politisch zu kontrollieren.

Diese Mehrfach-Identität sorgt dafür, daß die Zielgruppe der staatlichen Assimilationsbemühungen ständig wechselt und letztlich so schwer faßbar bleibt wie die indigene Kultur selbst. »Während wir Anspruch erheben auf unsere Identität, schaffen wir uns eine neue. Denken Sie darüber nach, wer Sie sind, und

Sie werden einige interessante Entdeckungen machen«, rät Maya-
Archivar Alberto Esquit.

Schulen des Widerstands: »Wo sind unsere Bücher?«

Im Zentrum der Assimilationsbemühungen stand die Erziehung, die von den Regierungen häufig an die Kirchen delegiert
wurde. In Nordamerika folgten den unter den Verträgen gegründeten Reservationsschulen konfessionelle Heim- oder Internats-
schulen. Laut Aussagen von Sharon Venne, einer ehemaligen
Schülerin, die später Cree-Anwältin wurde, beschwerten sich die
Lehrer, daß »wir unsere alten Bräuche beibehielten, unsere Sprache sprachen und unsere Religion ausübten«.

Die integrative Erziehung war gleichbedeutend mit der ethnischen Entfremdung, weil »sie der Jugend den Indianer austrieb«,
wie ein Lehrer es ausdrückte. Die indigenen Kinder lernten die
Geschichte und die Lehrpläne des weißen Mannes in einer ihnen
fremden Sprache, in einer sie schikanierenden und diskriminie-
renden Umgebung: für die meisten die richtige Einführung in
die weiße Erwachsenenwelt jenseits des Klassenzimmers.

Die Schizophrenie dieses kulturellen Konflikts war für viele
unerträglich. Laurence Bouche war nur einer von ihnen. Als er
nach einer zwölfjährigen Internatszeit nach Hause zurückkehrte,
fühlte er sich völlig entfremdet: »Meine Eltern hatten Angst vor
mir, weil ich alles verkörperte, wovor sie sich fürchteten, und am
allermeisten fürchteten sie sich vor dem, was weiß war. Deshalb
lehnten sie mich ab. Ich hatte keine Identität, keine Sprache,
keine Eltern, keinen Gott mehr.«

Bouche wurde einer von denen, die von den Stoney Indians in
Kanada als *aintsikn ustombe* – verlorene Menschen – bezeichnet
werden, ein häufig auf zurückgekehrte Studenten verwandter Begriff. Im Februar 1992 wurde Laurence Bouche auf einer Straße in

Edmonton (Alberta) tot aufgefunden. Er hatte sich die Puls-adern aufgeschnitten.

In Lateinamerika war das Bildungsangebot für die Uramerika-ner, so begrenzt es auch sein mochte, vielseitiger. Das Ziel aller-dings – Assimilation und ethnische Entfremdung – war dasselbe. »Die Erziehung der Weißen soll uns von der Überlegenheit ihrer Kultur überzeugen, uns ein Unterlegenheitsgefühl anerziehen, uns abwerten und uns als Gruppe vernichten«, klagte Saúl Rojas Panduro 1978 im Namen der Shipibo- und Conibo-Gemein-schaften in Peru.

Schule war fast überall gleichbedeutend mit städtisch orien-tierten, eurozentrischen Lehrplänen und verlangte als Vorausset-zung ein brutal in die Kultur eingreifendes »Kastilisierungs-programm«, das den Kindern auf spanisch Lesen und Schreiben beibrachte. »Die Schule selbst wurde zur Quelle des Analphabe-tismus, ein Ort der kulturellen Konfrontation«, folgerte Mario Leyton, Bildungsberater der Vereinten Nationen, der für Guate-mala indigene Lehrpläne erstellt.

Die beschränkte Anzahl zweisprachiger Bildungspläne, die in den letzten 20 Jahren in Amerika eingeführt wurden, haben ange-sichts einer wachsenden indigenen Studentenschaft die Lage kaum verändert. Zweisprachige Lehrpläne werden von vielen so-gar als Mittel für eine effektivere Assimilation gewertet. »Sie set-zen jetzt indigene Sprachen im Spanischunterricht ein und schaf-fen den Unterricht in den Maya-Sprachen ab, sobald die Kinder Spanisch sprechen«, moniert Demetrio Cotjí, ein promovierter Soziologe der Maya. »Mit diesem Programm finanziert die Regie-rung den Ethnozid und die Zerstörung.«

Die Situation wurde durch die ständig wachsende Nachfrage nach Bildung noch erschwert, und dadurch, daß viele Indianer es vorziehen, wenn sie überhaupt die Wahl haben, Spanisch, Französisch, Englisch oder Portugiesisch schreiben und lesen zu lernen als ihre eigenen Sprachen. Eine Teilnehmerin des Sprachunterrichts in El Alto, der ausgedehnten indigenen Stadt oberhalb der bolivianischen Hauptstadt La Paz, faßte das Dilemma so zusammen: »Was nützt es uns, Aymara lesen und schreiben zu lernen. Es gibt nichts in Aymara zu lesen und zu schreiben. Es wird uns weder zum Arbeiten noch zum Geldverdienen nützen.«

An dem Wunsch der Indianer, die Sprache des Landes, in dem sie leben, lesen und schreiben zu können, zeigt sich der Zwiespalt der kulturellen Veränderung. Was für einige einen Schritt zur Akkulturation und die Übernahme einer neuen kulturellen Prägung bedeutet, ist für andere ein Werkzeug des Widerstands, denn die Landessprache ist schließlich die einzige Sprache, in der die indigenen Völker ihre kulturellen Rechte einfordern können. »Sie haben immer gesagt, arme Indianer können kein Spanisch sprechen, andere würden für sie sprechen. Deshalb habe ich beschlossen, Spanisch zu lernen«, erklärt Rigoberta Menchú.

Die neuen Generationen schufen sich dadurch, daß sie lesen und schreiben konnten und gebildet waren, die Möglichkeit zu wirtschaftlichen, sozialen und politischen Veränderungen. Diese schlugen sich schon bald im Erziehungssektor selbst nieder, als indigene Kinder in wachsender Zahl von indigenen Lehrern unterrichtet wurden und später selbst Lehrer wurden. Ironischerweise war es die Unfähigkeit der staatlichen Erziehung, der bestehenden Nachfrage nachzukommen, die indigene Gemeinschaften anregte, eigene Schulen zu gründen. Seit Anfang der siebziger Jahre des 20. Jahrhunderts entstanden Mohawk-, Maya-, Mapuche- und Makuxi-Schulen auf dem amerikanischen Kontinent.

Viele Gemeinschaften wurden allein dadurch radikalisiert, daß sie durch die Gründung solcher Schulen die Regierung herausforderten oder Opfer bringen mußten, um die Bezahlung der

Lehrer zu ermöglichen. So entstanden echte indigene Schulen, die einen indigenen Lehrplan in einer indigenen Sprache unterrichten. Der Aufbau solcher Schulen war für viele Dörfer, Reservationen oder Siedlungen ein ganz entscheidender Schritt.

»Der Kampf der Indianerkinder findet im Klassenzimmer statt, nicht auf Straßen oder Pferderücken. Die Schüler von heute sind unsere Krieger von morgen«, glaubt Eddie Box, ein Southern Ute. »Wer die Erziehung unserer Kinder bestimmt, bestimmt unsere Zukunft, die Zukunft des Volkes und der Nation der Cherokee«, sagt Wilma Mankiller, Oberhaupt der Cherokee-Nation in Oklahoma.

Viele indigene Nationen müssen sich für ihre Sprache auf ein Alphabet einigen, bevor sie von einer mündlichen in eine Schriftkultur übergehen können. In diesem Prozeß können sie die Macht von Anthropologen oder Missionaren schmälern, die zunächst das Monopol für die Übertragung indigener Sprachen in die Schriftsprache besaßen.

Diese Entwicklung führt verschiedene Nationen zusammen. Denn ein gemeinsames Alphabet ermöglicht den Austausch von Schriftstücken und die Festigung der Verbindungen. »Am Anfang hinterfragen die Leute oft den Nutzen des Sprachunterrichts. Doch nach einer Weile sagen sie: ›Wo sind unsere Bücher? Wo sind unsere Bibliotheken?‹« erzählt Andrés Cuz, Sprach- und Kulturdirektor der Akademie für Maya-Sprachen in Guatemala.

Die durch Bildung gewonnene Macht läßt sich sehr schön an einem Beispiel aus dem Amazonasgebiet von Ecuador beobachten. Morgens früh um 7.30 Uhr, wenn die Erwachsenen der kleinen Flußgemeinde im Südosten Ecuadors zur Arbeit auf die Felder und Wiesen aufbrechen, sind die barfüßigen Kinder auf dem Weg zu einer palmbedeckten Hütte in der Mitte des Dorfes. Nachdem sie auf den Schulbänken Platz genommen haben, beginnt der Unterricht. Der Lehrer ist ein leuchtend rotes, tragbares Radio. Neben dem Apparat steht ein *teleauxiliar,* ein Dorfbewohner, der die Grundschule und einen pädagogischen Grundlehrgang absolviert hat, und überwacht den Unterricht in Lesen, Schreiben, Rechnen und Geschichte. Der morgendliche Unterricht wurde inzwischen durch Abendkurse für Erwachsene ergänzt. Die »Radioschule« hat entscheidend dazu beigetragen, daß die Bevölkerung inzwischen zu 90 Prozent alphabetisiert ist. In über 400 Gemeinden, von denen manch eine nur 15 Einwohner hat und weiter als eine Flußtagesreise von der nächsten entfernt ist, nimmt jedes Kind täglich fünfeinhalb Stunden am Grundschulunterricht teil.

Der Fernunterricht wird vom Hauptsitz des Shuar-Achuar-Bundes in der Kleinstadt Sucúa ausgestrahlt. Aus mehreren Studios im ersten Stockwerk senden vier *telemaestros* (Radiolehrer) ihren Grund- und Oberschulunterricht auf bis zu vier Frequenzen gleichzeitig. Das 1972 gegründete Projekt ersetzte den Unterricht der Salesianer-Missionare, die Schulen in 13 über das ganze Shuar-Territorium verteilten Bildungsstätten unterhielten.

Durch die Unterstützung seitens des Erziehungsministeriums in Quito konnte sich das Projekt zur weltweit erfolgreichsten »Radioschule« entwickeln, die einen äußerst wichtigen Beitrag dazu geleistet hat, daß die Shuar heute in Amerika zu den wirksamsten Verteidigern indigener Territorien gehören. »Unsere größte Enttäuschung ist, daß andere es nicht geschafft haben, unserem Beispiel zu folgen«, sagt Manuel Vinza Chacucuy, Kommunikationsleiter des Bundes. »Es sind viele Kollegen gekommen, um sich zu informieren, aber das Projekt hat bisher keine Nachahmer gefunden.«

Das Dorf in der Stadt:
Ländliche Traditionen aufrechterhalten

Im 20. Jahrhundert war das Streben nach Bildung und anderen Möglichkeiten, die eigenen Kenntnisse zu vervollständigen, der Hauptbeweggrund für die Abwanderung in die anschwellenden Großstädte. In den vergangenen 75 Jahren verwandelten sich viele Länder des Kontinents von weitgehend ländlichen Agrargesellschaften in städtische Schmelztiegel. Dazu haben die Indianer durch ihre »Verstädterung«, wie es in den USA heißt, maßgeblich beigetragen.

Heute lebt vermutlich die Hälfte der schätzungsweise 40 Millionen Uramerikaner in Großstädten oder ausgedehnten Ballungsgebieten wie Lima, Quito, La Paz, Mexiko-City, Montreal oder Chicago. Dazu kam es vor allem durch die Vernachlässigung von ländlichen Gebieten, den Verlust von Gemeindeland, durch soziale Veränderungen, die viele aus der Schuldknechtschaft befreiten, durch Naturkatastrophen, Umsiedlungsprojekte der Regierung und Bürgerkriege in Ländern wie Peru und Guatemala.

Ganze Straßenzüge und neue Stadtviertel tragen inzwischen die Namen von Dörfern oder Reservationen, aus denen die neuen Einwohner kamen, und machen die Städte, oder vielmehr die Slums, in denen die Ureinwohner leben, zum Versuchsfeld der kulturellen Mischung. In einigen Fällen, wie der Migration von Zapoteken, Mixteken oder Chinanteken aus Mexiko nach Texas oder Kalifornien, nahm dieser Prozeß internationale Züge an, da die Uramerikaner auf der Suche nach Arbeit, als Flüchtlinge oder Handeltreibende Landesgrenzen überquerten.

Die Migration ist ebenso komplex wie die kulturelle Mischung selbst. Viele Migranten der ersten Generation ziehen nur »halb« in die Städte und erhalten die Verbindung zu ihrem Heimatdorf auf irgendeine Weise aufrecht. Fast Dreiviertel der Neuzugezogenen von La Paz (Bolivien) kehren mindestens einmal jährlich in ihr Dorf zurück. Viele behalten dort ein Stück Land; andere unterhalten Familien oder Verwandte durch gelegentliche Geldsendungen aus ihren Einkünften als Händler, Gelegenheitsarbeiter, Hausangestellte, meist jedoch als Straßenverkäufer – alle diese Tätigkeiten gehören zum sogenannten informellen Sektor.

In einigen Fällen vermochten Überweisungen aus den Hauptstädten oder aus Nordamerika zur Stärkung der in den Dörfern verbliebenen indigenen Gesellschaft beizutragen. Ein solcher Fall sind die Q'anjob'al, eine kleine ethnische Gruppe Guatemalas, die in der Nähe der mexikanischen Grenze angesiedelt ist. Die Finanzhilfe durch US-Dollar erlaubte es den dortigen Angehörigen von Migranten, Geschäfte und Land von Nicht-Indigenen zurückzukaufen, ein Trend, der inzwischen in einigen Hochlandgemeinden Amerikas ebenso Schule macht wie sein Gegenstück, nämlich die Ansiedlung von Außenseitern aus den Hochlandgemeinden in den Waldgebieten der Tieflandgemeinschaften.

Viele Migranten behalten in der Stadt ihre heimische Kultur bei oder besinnen sich sogar noch stärker auf diese, indem sie häufig vorher vernachlässigte indigene Feiertage zu neuen Ehren kommen lassen. Während solche Feiertage einerseits dazu beitragen, die kulturelle Identität der Gemeinschaften zu festigen, bestehen die indigenen Händler ihrerseits auf ihrer Einhaltung, weil sie ihnen Gelegenheit geben, Alkohol, spezielle Speisen oder bestimmte Artikel zu verkaufen, die an diesen Festtagen nicht fehlen dürfen.

Städtische Aktivisten behaupten, daß die vorgeschriebenen Opfergaben für die *Pacha Mama* bei Zeremonien zur Versenkung der vier Eckpfeiler oder -steine beim Hausbau in La Paz von Quechua- oder Aymara-Migranten strenger eingehalten würden als von ihren Brüdern und Schwestern auf dem Lande. »Damit bekennen sich Migrantengemeinden zu ihrer Identität, was sie mehr denn je benötigen«, stellt ein Akademiker der Aymara fest.

Der kulturelle Zusammenhalt wird am stärksten durch Selbsthilfeorganisationen oder -gruppen gefördert, die bei den Bewohnern von Bezirken, Dörfern oder Reservationen Sammlungen durchführen, um an wichtigen Feiertagen Feste zu organisieren oder um Initiativen zu gründen, die sich für fließendes Wasser, die Stromversorgung und die Ausstellung von Besitzurkunden für das Land, auf dem sie sich angesiedelt haben, einsetzen.

In Lima gibt es 6 000 solcher Bezirks-, Departements- oder Provinzverbände. Hinzu kommen Tausende von Vertretungen einzelner Städte, Dörfer oder Stadtviertel. Diese Organisationen sind eine moderne Fortentwicklung der traditionellen Sippenverbände, der *ayllus* der Anden oder *calpulli* Mesoamerikas. Sie wenden das Prinzip der *minga* oder *tequio* an, der kooperativen Gemeinschaftsarbeit, die in vorkolumbischen Zeiten die Basis solcher sozialen Verbände war.

Diese Organisationen verzeichneten besonders seit den frühen achtziger Jahren des 20. Jahrhunderts verstärkt Zulauf, als die Regierungen mit ihrer neoliberalen Wirtschaftspolitik tiefe Einschnitte in die Sozialleistungen vornahmen und staatliche Beihilfen zur Deckung eines Grundbedarfs an Lebensmitteln und Transportkosten gestrichen wurden. Während das Tempo der Migration weiter zunimmt, schießen *comedores populares* (Garküchen) und Milchversorgungskomitees für Kinder wie Pilze aus dem Boden.

Einige Migranten behalten ihre Doppelidentität bei, wogegen sich andere eine neue Identität schaffen und einen eigenen indigenen Lebensstil entwickeln, der auch einen neuen Namen erhält, wie zum Beispiel die *chincha*-Kultur in Peru. Mischkulturen dieser Art bestehen aus einer synkretistischen Sprache, beispielsweise Spanisch mit den grammatischen Strukturen des Maya, Nahuatl oder Quechua; einer synkretistischen Religion mit indigener Spiritualität innerhalb der christlichen Kirche; einer synkretistischen Medizin, indem Aspirin und Antibiotika auf demselben Marktstand angeboten werden wie traditionelle Heilkräuter, Rinden oder Samen; einer synkretistischen Musik, welche die Ohrwürmer des andinen *huayno* mit den lebhaften Rhythmen der kolumbianischen *cumbia* vereint.

Aber viele sind mit dieser Entwicklung auch überfordert. Ohne Rückhalt in einer Familie oder die stützenden Strukturen einer traditionellen indigenen Gemeinschaft stürzen viele nach dem Umzug in die Städte in den kulturellen Abgrund. Der Verlust von Selbstachtung, Lebenssinn und Zugehörigkeitsgefühl äußert sich im Drogen- oder Alkoholmißbrauch und in der Selbstaufgabe. Er bestätigt das Klischee des betrunkenen, gescheiterten Indianers, der im Zentrum so vieler Großstädte des Kontinents anzutreffen ist.

Um zu überleben, sind viele in die Kriminalität oder die Prostitution abgerutscht, und die Selbstmordraten sind erschreckend hoch. »Es gibt zwei Welten, manchmal fühlt man sich keiner zugehörig«, bekennt Alice, die in der weißen Welt von Montreal eine sich prostituierende Inuit ist und in ihrer entlegenen Gemeinschaft im Norden des Landes eine indigene Mutter.

Frauen vorneweg: Die Spitze des Widerstands

Frauen waren sowohl die ersten, die in die Städte zogen, als auch die ersten, die sich in den städtischen Slums gesellschaftlich zu organisieren begannen. Zunächst kamen sie als junge Hausangestellte oder Marktfrauen in die Klein- und Großstädte. In jüngerer Vergangenheit zogen sie mit ihren Familien in die Städte, migrierten als Witwen oder, in Ländern wie Peru und Guatemala, als Opfer von Bürgerkriegen und militärischer Unterdrükkung.

Viele arbeiten heute in Fertigungsbetrieben der Konsumgüterindustrie, die sich in den Ballungsgebieten niedergelassen haben; andere sind fliegende Händlerinnen, Standverkäuferinnen oder Ladeninhaberinnen – ein kleiner Teil davon ist relativ wohlhabend. Einige konnten sich weiterbilden und fanden eine Anstellung in den Verwaltungen, im Gesundheitswesen, in Schulen oder Privatfirmen; andere leben als Bettlerinnen.

In Dörfern, Wäldern und Reservationen haben Frauen die traditionelle indigene Kultur stets konsequenter aufrechterhalten als Männer. Grundsätzlich sind es eher die Frauen, die nur eine Sprache, nämlich die indigene, sprechen, die die traditionelle Tracht tragen und der überlieferten Religion und Medizin treu bleiben. Als Mütter spielen sie eine Schlüsselrolle bei der Weitergabe ihrer Geschichte, ihrer Bräuche und Trachten an die nachfolgenden Generationen.

Weil der indigene Widerstand mehr kultureller und weniger physischer Art ist, weil sich die Indianer eher subtil wehren, als die offene Konfrontation zu suchen, waren Frauen für die vorderste Front geradezu prädestiniert und wurden zu »Hüterinnen der Kultur«, wie die kanadische Aktivistin Mary Ellen Tempel es nannte. Ein Sprichwort der Cheyenne drückt das so aus:

> Eine Nation ist erst besiegt
> Wenn die Herzen ihrer Frauen
> Am Boden liegen.
> Dann ist es vollbracht, ganz gleich
> Wie tapfer ihre Krieger sind
> Und wie stark ihre Waffen.

Bevor im 20. Jahrhundert die massenhafte Landflucht einsetzte, kamen Frauen sicher deshalb in die Rolle der »Hüterinnen der

Kultur«, weil sie von den einschneidendsten assimilatorischen Kräften – der Arbeit in Städten und auf Plantagen oder der Wehrpflicht – nicht betroffen waren.

Doch wenn man den größten Platz in Guatemala-City an einem Sonntagnachmittag aufsucht oder einen Blick auf die Straßenmärkte von Quito und La Paz wirft, wird man feststellen, daß es auch hier eher die indigenen Frauen als die Männer sind, die ihre traditionellen Trachten tragen und ihre Muttersprache sprechen. Die eigene Kultur wurde für die indigenen Frauen auch zum Schutz gegen eine doppelt feindliche städtische Welt, in der Rassismus und Sexismus die Norm sind.

Die indigene Tracht kann als Abwehrmechanismus dienen, um Mestizen oder weißen Männern zu signalisieren, daß die Trägerin nicht für sie zu haben ist. »Wenn eine Maya-Frau ihre indigene Tracht trägt, zeigt sie, wohin und zu wem sie gehört«, sagt Angela Pérez, Mitarbeiterin einer Basisorganisation der K'iche' mit Sitz in Guatemala-City. Viele empfinden das Tragen der traditionellen Kleidung auf fast mystische Weise als Stärkung ihrer kollektiven Identität, was sie schwer in Worte fassen können, vor allem in einer fremden Sprache, die keinen Bezug zu ihrer Kultur hat.

Aus den unterschiedlichsten Gründen bildeten Frauen die Vorhut der städtischen Basisorganisationen. Einerseits hob die Migration die traditionelle Rollenverteilung zwischen den Geschlechtern auf, bei der die Männer die Feldarbeit leisteten oder einer Lohnarbeit nachgingen, während die Frauen den Gemüsegarten bestellten und das Kleinvieh, zum Beispiel die Hühner, versorgten.

Andererseits hat die »Schattenwirtschaft« in den Städten, die den Frauen die Möglichkeit zum Geldverdienen bietet, die Geschlechterbeziehungen verändert. Dadurch sind Frauen oft zu Mitverdienern oder Ernährern der Familien geworden. Außerdem sorgten Notstände dafür, daß vor allem Frauen begannen, Initiativen zu gründen, um ihren Forderungen nach besserer Lebensmittelversorgung, Unterbringung, sanitären Einrichtungen, Gesundheit und Erziehung Nachdruck zu verleihen.

Viele Frauen kommen ohne Ehemänner oder männliche Verwandte in die Städte und sind gezwungen, eine neue Rolle zu übernehmen und sich neue Möglichkeiten zu erschließen. Besonders in Peru, Chile und Guatemala haben systematische Vergewaltigungen, die Ermordung oder das Verschwinden von Ehemännern, Söhnen und Brüdern sowie die Zerstörung von Dörfern durch das Militär die Frauen radikalisiert, so daß die Opfer langsam zu Vorkämpferinnen wurden.

»Wir Frauen dachten über unsere Schicksale nach, brachten sie in Verbindung miteinander und erkannten, daß wir selbst die Fähigkeit besitzen, für eine Veränderung zu kämpfen«, sagt Carmen Beatriz Ruiz, eine Aymara und Mitarbeiterin im Gregoria-Apaza-Zentrum für die Förderung von Frauen in La Paz. Das aus der geteilten Erfahrung entstandene politische Bewußtsein führte zur Beteiligung von Selbsthilfegruppen an politischen Kampagnen, die Auskunft über den Verbleib von Angehörigen verlangen.

Nicht nur das Fehlen der Männer zwang die Frauen in Führungspositionen, vielmehr hat ihr Zeugnis über die Erfahrungen der Urbevölkerung ein ganz anderes Gewicht und findet, vor allem in einer inzwischen für die indigene Problematik sensibilisierten Welt, mehr Gehör. »Die Öffentlichkeit ist bereit, denen zuzuhören, die die Wahrheit sprechen. Frauen sprechen aus dem Herzen und nicht aus dem Kopf«, sagt Katie Rich, eine Innu und die erste Bürgermeisterin von Utshimassits (Davis Inlet).

Die enge Beziehung zu ihren Dörfern begünstigte die Gründung von Graswurzelgruppen auf dem Land, denen städtische Aktivistinnen ihre Ressourcen, Erfahrungen und politischen

Fachkenntnisse zur Verfügung stellten. 1994 hatte CONAVI-GUA (Nationaler Koordinationsausschuß guatemaltekischer Witwen) als reine Frauenorganisation mit einer demokratischen Organisationsstruktur stolze 14 000 Mitglieder und war mit seinen Gruppen sowohl in Dörfern, Stadtvierteln und Bezirken als auch auf nationaler Ebene vertreten. »Wir Witwen fangen an dazuzulernen«, erzählte die K'iche'-Maya Doña Flora einem Anthropologen. »Wenn wir früher als Ehefrauen in die Stadt fuhren, wäre es uns nicht im Traum eingefallen, die Rathaustreppe zu betreten. Heute betreten wir nicht nur die Treppe, sondern sprechen auch mit dem Bürgermeister!«

Solche Aussagen zeigen, welche Befreiung die indigenen Frauen erfuhren, als sie sich ihr Geburtsrecht, nämlich die in Altamerika von zahlreichen indigenen Gesellschaften praktizierte Gleichberechtigung zwischen Mann und Frau, zurückeroberten. Einige Gruppen, wie die Micaela-Bastidas-Frauenorganisation in Bolivien, betonen dies, indem sie sich nach Vorbildern wie Micaela Bastidas, der Frau Tupaq Amarus und seiner wichtigsten politischen Beraterin, benennen.

Viele Frauen bestätigen, daß sie sich durch ihr politisches Handeln ebenso stark »innerlich geheilt« wie auch politisch erwacht fühlen und sich »spirituell wiedergefunden« haben. »Wir heilen uns selbst von Vorurteilen, Minderwertigkeitsgefühlen und Rückzugstendenzen«, sagt Tarcila Rivera Zea. »Wir müssen unsere Identität neu entdecken. Ohne diese können wir nichts für uns erreichen, geschweige denn für andere.«

Der Entwicklungskrieg: »Wir wollen euren Staudamm nicht!«

Städtische Migration und der Kampf indigener Frauen: Hier geht es um eine grundsätzliche Auseinandersetzung über das

Recht, die eigene Entwicklung selbst zu bestimmen. Diese läßt sich nicht vom Kampf um wirtschaftliche, politische, soziale und rechtliche Selbstbestimmung trennen. Das Recht, bei der wirtschaftlichen Entwicklung einen eigenen Weg einzuschlagen, ist der Prüfstein für das Recht auf Selbstbestimmung einer Gemeinschaft oder ethnischen Gruppe, wobei deren Einigung auf eine wirtschaftliche Entwicklungsstrategie die beste Gewähr für die Realisierung dieser Selbstbestimmung darstellt.

»Eine Organisation, die produktive Ziele hat und den Geldbeutel der Familie füllt, wird überleben und wachsen«, argumentiert Patricio Camacho, Volkswirt bei der Basisorganisation *Maquita Cushunchij* in Ecuador. »Wenn wir unsere wirtschaftliche Position ausbauen, können wir unseren Organisationen mehr politisches Gehör verschaffen«, sagt Ampam Karakras, ein Vertreter der *Confederación de nacionalidades indígenas del Ecuador* (CONAIE – Konföderation der indigenen Nationalitäten von Ecuador).

Die Schlacht um die wirtschaftliche Entwicklung war der Kern der kulturellen Konfrontation nach der Eroberung. Da standen Gemeinschaftsbedürfnisse gegen die Habgier des einzelnen, eine umwelterhaltende Entwicklung gegen den zerstörerischen Raubbau des Mächtigeren, der Anbau für den Eigenbedarf gegen die kapitalistische Profitsucht. »Der Indianer jagt einem Traum nach, der Weiße dem Dollar«, sagte John Lame Deer, ein Rosebud-Lakota 1972.

Dieser Krieg wütete am heftigsten auf indigenem Boden: Der brasilianische Regenwald wurde abgebrannt und abgeholzt, in Ecuador, Kolumbien, Peru und Mexiko nach Öl gesucht und gebohrt, in den Vereinigten Staaten und Kanada wurden Exporternten angebaut und zwischen Quebec im Norden und Paraguay im Süden die größten Staudämme der Welt errichtet.

»Entwicklungen« dieser Art sind das Kernstück der bis heute anhaltenden Eroberung. Die erwähnten Projekte wurden den indigenen Gesellschaften fast ausschließlich aufgezwungen, ohne mit ihnen Rücksprache zu halten. Indigene Völker konnten schon von Glück sprechen, wenn ihre Existenz in den für diese Unternehmungen ausersehenen Gebieten überhaupt anerkannt wurde – eine Fortsetzung der *terra nullus*-Vorstellung (der Vorstellung eines leeren Landes) der allerersten Eindringlinge.

Häufig sorgte der indigene Widerstand jedoch für ein böses Erwachen von Regierungen und nationalen oder multinationalen Unternehmen, wenn diese plötzlich im Mittelpunkt der internationalen Aufmerksamkeit standen und damit ungewollt der kulturellen Wiederbelebung Auftrieb gaben. Einer der dramatischsten Fälle ereignete sich im Februar 1989 in Altamira (Brasilien) im Herzen des Kayapó-Territoriums.

Nachdem sie sich ein Jahr lang intensiv gegen den Bau der Staudämme Barbaquara und Kararao auf dem Fluß Xingu zur Wehr gesetzt hatten und ihr Protest sie bis nach Brasilia und Washington geführt hatte, beriefen die Kayapó eine internationale Versammlung in Altamira ein. Vertreter des brasilianischen Energiekonzerns Eletronorte teilten das Podium mit Kayapó-Häuptlingen im Federschmuck und mit Kriegsbemalung vor einem Publikum von 650 indigenen Delegierten aus 40 unterschiedlichen Nationen und 400 ausländischen Journalisten.

Die Heftigkeit dieser Begegnung spiegelt sich in ihren beiden Höhepunkten. Als eine alte Indianerin zum Podium ging und einen Ingenieur der Eletronorte mit der flachen Klinge ihrer Machete auf die Wange schlug, wurde es mucksmäuschenstill im Saal. Als später eine Kayapó-Frau zu ihrer Rede ansetzte und ausrief: »Wir brauchen euren Strom nicht. Er wird uns nichts zu essen geben... Wir brauchen unsere Wälder, um darin zu jagen und zu sammeln. Wir wollen euren Staudamm nicht«, klang es wie das Echo des alten Amuit-Indianers, der zum weißen Mann in Nordamerika sagte: »Erst wenn der letzte Baum gefällt, der letzte Fisch gefangen und der letzte Fluß verschmutzt ist, werdet ihr einsehen, daß man Geld nicht essen kann.«

In diesen kurzen Augenblicken, die das Fernsehen rund um die Welt sendete, sprachen die Kayapó für die indigenen Völker der ganzen Welt und appellierten an die nicht-indigene Welt auf dem ganzen Globus. Im darauffolgenden Monat kündigte die Weltbank dem Bauprojekt der Staudämme die Weiterfinanzierung. Damit war nur einer von vielen Kriegen gewonnen. Das Ausmaß der Bedrohung spiegelte sich in Brasiliens Plänen zum Ausbau der Energiewirtschaft wider: 136 Staudämme, davon 68 auf Indianerland, mit der Überflutung von 250 000 Quadratkilometern und der Verdrängung von 500 000 Menschen. Der Kampf der Kayapó wiederholt sich heute an zahllosen Orten des Kontinents, vom Land der Cree in Kanada bis zum Territorium der Mapuche in Chile.

Die Uramerikaner haben grundsätzlich nichts gegen wirtschaftliche Entwicklung, die Modernität oder das, was immer noch allzuoft als »Fortschritt« bezeichnet wird, einzuwenden. »Gegen die Entwicklung als solche haben wir nichts«, sagte Ailton Krenak, Koodinator der Union der indigenen Nationen Brasiliens. »Wir sind gegen das bis heute angewandte Entwicklungsmodell – es war zerstörerisch, rücksichtslos, kurzsichtig und hatte verheerende Folgen. Wir sind gegen die Monokultur, gegen Weiden und Rinder. Was die Urbevölkerung will, ist eine Anpassung der neuen Technologien an die traditionellen Praktiken der Indianer.«

Genau das verwirklichten indigene Kameramänner, als sie die Vorgänge in Altamira für ihre Geschwister zu Hause in den entlegenen Waldgemeinden filmten. Der Einsatz von moderner Technik zur Stärkung und zum Schutz der indigenen Kultur ist in ganz Amerika zu beobachten, wo inzwischen Faxgeräte, Funkgeräte und Funktelefone zur Grundausstattung Hunderter Indianerorganisationen gehören. Wenige Stunden nach der Besetzung von vier Städten am 1.Januar 1994 in Chiapas (Mexiko) flimmerten die Nachrichten über den Aufstand bereits auf den Monitoren der ganzen Welt, als die Rebellen per E-Mail ihre Kommuniqués on-line durch das Netz schickten.

Die Frage ist nämlich, ob die Modernisierung von »innen« geschieht, indem die Betroffenen selbst freiwillig, einvernehmlich, ohne das bestehende System zu zerstören, Veränderungen vornehmen oder ob die Modernisierung von »außen« kommt und Veränderungen erzwingt, die von einer fremden Kultur und fremden Menschen bestimmt werden. Im ersten Fall erhält und stärkt die Modernisierung die indigene Kultur, während sie im zweiten zu ihrer Unterdrückung führt.

Nirgends wurden die Folgen einer zerstörerischen Entwicklungspolitik und die durch sie verursachte kulturelle Vernichtung offensichtlicher als beim Ölboom der frühen siebziger Jahre des 20.Jahrhunderts, der im Amazonasgebiet von Ecuador eine Spur der Verwüstung hinterließ. Während einer 20jährigen Vertragsdauer mit der Regierung ließ Texaco, als führendes Unternehmen der ecuadorianischen Ölindustrie, schätzungsweise 63,5 Millionen Liter Mineralöl aus den Pipelines ins Erdreich sikkern, hinterließ 1 000 unbedeckte Auffangbecken für Ölabfälle und schüttete 75 Milliarden Liter Giftmüll in die Landschaft.

Der Bau eines Straßennetzes mit einer Gesamtlänge von 500 Kilometern erschloß die Region einer weiträumigen Besiedlung und führte zur unmittelbaren Rodung von 800 000 Hektar Regenwald. Die Völker Huaroni, Siona und Secoya gehörten zu den Opfern. Ihre Verdrängung durch die Infrastruktur der Ölkonzerne und die neuen Siedler, ihre Vergiftung durch die Umweltverschmutzung und ihre »Errettung« durch die nachrückenden evangelischen Missionare sind dafür verantwortlich, daß ihre Bevölkerungszahlen von je 20 000 in den späten sechziger Jahren bis heute auf 700 bis 1 200 sanken.

Anderen erging es noch schlechter. Die Cofanes, eine einst 3000 Mitglieder starke Gruppe, in deren Territorium Texaco seine Hauptölraffinerie baute, wurden auf nunmehr 300 dezimiert. Lago Agrio, der Sitz der ersten Ölquelle, war ein Dorf der Tetete-Indianer. Sie sind inzwischen vollkommen vernichtet. Texaco kann zwar auf dem Rechtsweg dazu gezwungen werden, die angerichtete »Schweinerei« wieder aufzuräumen, doch für die Indianer kommt jede Hilfe zu spät. Die Zusage von Texacos Vizepräsident Yorick Foncesca, »jeden nachgewiesenen Schaden wiedergutzumachen«, nützt ihnen gar nichts mehr.

Außerdem droht die in Ecuadors nördlichem Amazonasgebiet angerichtete Verwüstung nun auch den Südprovinzen Sucumbillos, Napo und Pastaza. Die Regierung in Quito erwägt die Verdoppelung ihrer Ölproduktion im Jahr 1996 und veröffentlichte 1993 Ausschreibungen für Bohrungen auf einem insgesamt 800 000 Hektar großen Areal in diesen »unterentwickelten Regionen«, die hauptsächlich Indianerland sind.

Die Regierung wird ihre Pläne jedoch nicht unbehelligt durchsetzen können. Denn die Verwüstung des ecuadorianischen Regenwaldes hat zur Entstehung einer der erfolgreichsten indigenen Bewegungen der Welt beigetragen. Die lokale *Organización de pueblos indígenas de Pastaza* (OPIP – Organisation der indigenen Völker von Pastaza) hat bezüglich des Ausbaus der Mineralölindustrie bei der Regierung bereits wichtige Zugeständnisse erreicht. Andere wollen mehr durchsetzen. Die nationale Indianerkonföderation CONAIE fordert ein 15jähriges Moratorium für die Weiterentwicklung des Mineralölwirtschaft. »Rechtsverletzungen an unseren Völkern werden zu kriegerischen Handlungen erklärt. Wir werden dem Umweltterrorismus Einhalt gebieten, und wir wissen, wie wir uns verteidigen können«, verspricht Luis Macas, Vorsitzender der CONAIE.

Der Überfall der Mineralölindustrie beschränkte sich keineswegs nur auf Ecuador, sondern wiederholte sich im westlichen

und nördlichen Amazonasbecken auf kolumbianischem, perua-
nischem und venezolanischem Boden. Peru erteilte 23 Bohrlizen-
zen in indigenen Territorien. In Kolumbien fordert eine ohne
Rücksicht auf die örtliche Bevölkerung vorangetriebene industrielle Entwicklung bereits ihren Preis. »Putumayo wirft jährlich
fünf Milliarden Pesos ab, während die Einwohner Not leiden«,
stellt der kolumbianische Senator Gabriel Muyuy fest und erwähnt damit nur eine Amazonasregion. »Nur 20 Prozent der
staatlichen Lizenzgebühren werden in die Region zurückinve-
stiert.«

Ethno-Entwicklung: Die siebte Generation bedenken

Diese Konflikte haben ihren Ursprung in der Arroganz der
allerersten europäischen Ankömmlinge, die sämtliche indigenen
Völker als eine primitive Variante ihrer eigenen Gesellschaft an-
sahen. »Entwicklung« bedeutete auf dem amerikanischen Kontinent stets die komplette Übernahme des europäischen Wegs,
ungeachtet der Unterschiede im Klima, in der Umwelt, im Gesellschaftssystem – ganz zu schweigen von den kulturellen Unterschieden.

Die Regierungen und die nicht-indigenen Völker Amerikas
betrachteten die wirtschaftlichen, politischen und sozialen Institutionen Europas jahrhundertelang als einen unumstößlichen
Maßstab für Erfolg und »Modernität«. Das hatte zwangsläufig
zweierlei zur Folge: Erstens wurde alles Indigene an den Rand
gedrängt und stigmatisiert. Zweitens waren die neuen Gesellschaften zur Armut verurteilt, weil sie sich von den europäischen
(später nordamerikanischen) Ressourcen und Absatzmärkten
abhängig machten.

Da stellt sich zu Recht die Frage, wer »Entwicklung« definiert
und darüber entscheidet. Große wirtschaftliche »Fortschritte«

wurden den indigenen Gemeinschaften bislang ausnahmslos von außen auferlegt und dienten als Legitimation für die Ausbeutung und den Raub der indigenen Ressourcen, wie Bodenschätze, Erdöl, Holz, Wasser, Fische oder Land, welche die politische Macht des Zentralstaats über die indigene Bevölkerung und deren Territorien noch vergrößerten.

Inzwischen fordern die indigenen Völker einhellig eine Ethno- oder Selbstentwicklung, also das Recht, für sich selbst zu entscheiden. Sie fordern darüber hinaus eine umweltfreundliche Entwicklung, die von jeher zu ihrer zweiten Natur gehört und erst in jüngerer Zeit bei westlichen Nationen an Ansehen gewinnt, jedoch nur selten praktiziert wird.

Das beste Beispiel für diesen Ansatz ist der nordamerikanische *Seventh Generation Fund* (SGF). Mit einem Budget von mehreren Millionen Dollar und Niederlassungen in den ganzen USA unterstützt der SGF Projekte, die die Selbständigkeit und die Lebensweise der indigenen Völker fördern, die dem Schutz oder der Durchsetzung ihrer Rechtsansprüche auf Land, Ressourcen und Souveränität dienen, und indigene Frauenprojekte.

Der SGF entstand 1977 aus der Erkenntnis, daß Reden allein nicht genügte, sondern konkrete Schritte unternommen werden mußten, um die Infrastruktur der indigenen Gemeinschaften neu aufzubauen. Sein Name wurde in Erinnerung an einen alten Irokesenbrauch gewählt, demzufolge bei jeder größeren Entscheidung die Folgen bis zur siebten Generation mitbedacht wurden.

Wie ausländische Hilfsorganisationen immer wieder feststellen konnten, sind wirtschaftliche Entwicklungsprojekte wesentlich erfolgreicher, wenn sie von den Gemeinschaften oder ethnischen Gruppen selbst ausgehen, und das nicht nur in ökonomischer Hinsicht. Lokale Kulturen und Gemeinschaften können durch eigene Projekte wiederbelebt und gestärkt werden, weil der Druck der Landflucht abnimmt. Außerdem gibt das Ergebnis einer gezielten kollektiven Bemühung den Gemeinschaften auch Auftrieb in ihrem Streben nach Selbstbestimmung.

Für die Ethno-Entwicklung in Amerika war die Besinnung auf Technologien und Methoden aus der Vergangenheit oder deren Wiederentdeckung von großer Bedeutung. In Nordbolivien begannen Aymara kürzlich, Kartoffelernten von 70 Tonnen pro Hektar zu erwirtschaften, während es Mitte der achtziger Jahre noch 2,5 Tonnen waren. Solche Erträge werden von Agrarexperten als Weltrekorde gewertet. Die Steigerung ist nicht auf Kunstdünger, Landmaschinen oder westliches Saatgut zurückzuführen, sondern auf die Wiedereinführung der *suka kollus,* der erhöhten Terrassenfelder, aus den Zeiten der Inka.

Wo indigene Völker sich das Recht über ihr Land und ihre Ressourcen sichern konnten, ließen sich teilweise erstaunliche Entwicklungen beobachten. In Nordkanada erhielten die Inuvialuit von der kanadischen Regierung 1984 die Verfügungsgewalt über ein mineralreiches Territorium von 89 600 Quadratkilometern und gründeten ihre eigene Ölfirma, die *Inuvialuit Petroleum Corporation* (IPC). Das Unternehmen fördert täglich 6 000 Tonnen Erdöl und zusätzlich 800 000 Kubikmeter Erdgas. »Unser Volk befürwortet die Entwicklung, weil es darauf vertraut, daß sie unter den richtigen Bedingungen stattfindet, umweltfreundlich ist und nicht die traditionellen Wirtschaftszweige zerstört«, sagt der Vorsitzende der IPC Russel Newmark.

In Brasilien tun sich dagegen die Fallgruben einer indigenen Entwicklung westlicher Prägung auf, wie sie von manchen beurteilt wird. 1991 erkämpften sich die Kayapó die Verfügungsgewalt über 43 500 Quadratkilometer Regenwald. Kurz darauf mußten sie sich den Vorwurf gefallen lassen, ihre Gold- und Holzvorräte ebenso rasch und umweltschädigend auszubeuten wie die Baumfäller und Goldgräber, für deren Vertreibung sie einst auf die Barrikaden gegangen waren und die heute ihre Handelspartner sind.

Die Kayapó erwidern darauf, sie würden durch die Krankheiten und Umweltprobleme, die die Fremden einschleppten, bevor sie selbst über ihr Territorium verfügen durften, zu dieser Vorgehensweise gezwungen. »Wofür brauchen wir Flugzeuge? Um die Kranken aus den Dörfern zu holen. Wofür brauchen wir Straßen und Autos? Um Ärzte in die Dörfer zu bringen. Wofür müssen wir Mahagoni verkaufen? Um die Medizin, das Benzin und die Krankenhäuser zu bezahlen«, sagt Kube-I, ein junger Kayapó-Führer.

Früher waren die Kayapó das Paradebeispiel für eine elementare Form der Ethno-Entwicklung. Zwischen 1981 und 1985, als sich die *garimpeiros* (illegalen Goldsucher) auch nicht mit Gewalt von ihrem Land vertreiben ließen, beschlossen die Kayapó, ein Regulativ einzuführen. Ab sofort erhoben sie auf die Goldproduktion eine Steuer von ein bis fünf Prozent und kontrollierten selbst die Bergwerksgebiete. 1985 schlossen sie die María-Bonita-Mine, als ein Vertrag auslief, der sie nur mit einem Prozent beteiligte. Das brasilianische Militär hat ihnen geholfen, über 5 000 Goldgräber von dort zu vertreiben. Für die Wiedereröffnung der Mine stellten die Kayapó die Bedingung, daß die brasilianische Indianerschutzbehörde FUNAI einwilligte, die Demarkation ihres Territoriums vorzunehmen. Im Mai desselben Jahres unterzeichneten sie eine Vereinbarung mit dem Staat über eine drei Millionen Hektar große Reservation. Daraufhin wurde die Mine mit einer Umsatzbeteiligung von fünf Prozent wieder geöffnet.

Das erfolgreiche Vorgehen der Kayapó, die sich die staatliche Anerkennung ihrer Gebiete gegen den Zugang zu ihren Bodenschätzen erhandelten, beweist, daß eine Ethno-Entwicklung, trotz aller Schwierigkeiten, möglich ist. Nur wenige Völker waren so erfolgreich wie die Kayapó, doch konnten viele wenigstens den Schaden eingrenzen und sich sogar westliche Entwicklungen zunutze machen. Der Anthropologe Andrew Gray erwähnt in diesem Zusammenhang die Amarakaeri (Arakmbut) der Madre-de-Dios-Region von Peru, die seit den siebziger Jahren selbst als Bergleute unter und über Tage arbeiten. Für sie, so der Anthropologe, sei die Goldwirtschaft »eine Veränderung, aber keine Bedrohung«.

Viele indigene Gruppen machen ihr Recht auf eine eigene Entwicklung geltend, indem sie sich in die Tourismusbranche einschalten, die sich zunehmend für die indigenen Völker, ihre Dörfer, Reservationen und ihren Lebensstil interessiert. Manche begnügen sich damit, den Besuchern ihr Kunsthandwerk oder ihre Feldfrüchte zu verkaufen, während andere, wie die Kuna in Panama und die Miccosukee in Florida, Firmen gründeten, die sich auf Kulturerziehung und Ökotourismus spezialisiert haben. Beide wollen damit die von außen bestimmte Entwicklung ihres Landes unter die eigene Kontrolle bringen und deren Kräfte für die eigenen Ziele nutzen. Das tun sie, indem sie weiße Besucher erziehen, den Tourismus in ihren Territorien einschränken und sich dem wachsenden wirtschaftlichen Imperativ des Gelderwerbs stellen.

Steve Tiger ist Miccosukee und rief die *American Indian Experience* für Floridas Touristen in den Everglades ins Leben. »Wir betreiben Ausverkauf, oder wir kaufen uns ein, das kann man sehen, wie man will«, entgegnet er den Kritikern aus den eigenen Reihen, die »Berufsindianern« wie ihm vorwerfen, die Indianerkultur zu entwürdigen. Er ist davon überzeugt, daß »Anpassung das beste Mittel gegen die Assimilation ist«.

Genreichtum:
»Der letzte große Sturm auf die Ressourcen«

Als die indigenen Territorien im sogenannten »letzten großen Sturm auf die Ressourcen« – bei der Jagd nach genetischem und biologischem Material und dem dazugehörigen Wissen der Indianer, das dessen Wert auf Zigmilliarden Dollar erhöht – geradezu überrannt wurden, wurde die Ethno-Entwicklung wichtiger denn je.

Seit die Pflanzenmedizin der Indianer der Welt im 17. Jahrhundert zur Bekämpfung von Malaria Chinin gab, bereicherten sich Pharma- und Agrokonzerne ungehemmt am indigenen Wissen über das Keimplasma ihrer Umwelt. Eine einzige wildwachsende Tomatenart, die 1962 der peruanischen Flora entnommen wurde, erhöhte die Erträge der US-Tomatenverarbeitungsindustrie jährlich um acht Millionen Dollar. Ein Auszug aus der Tikiuba-Pflanze der Uru-Eu-Uau-Uau-Indianer in Brasilien wird die Umsätze des US-Chemiekonzerns Merck, Sharpe and Domeh, der ihn als neues gerinnungshemmendes Mittel zu vermarkten plant, voraussichtlich um zweistellige Millionenbeträge steigern. D-tubocurarine heißt ein aus der Liane Amazoniens gewonnenes Präparat zur Muskelentspannung. Das Steroid Diosgenin stammt von einer mexikanischen Yamswurzel und wird heute zur Herstellung empfängnisverhütender Pillen verwendet... Die Liste ist endlos.

Neu ist daran die Höhe der Gewinne, um die es hier geht. Die Pharmaindustrie erzielte 1992 weltweit fast die Hälfte ihres Jahresumsatzes in Höhe von 100 Milliarden Dollar mit mehr als 9 000 pflanzlichen Mitteln. Weil sie der Entwicklung der Gen- und Biotechnologie dienen, den Verbrauch steigern und Forschungskosten sparen helfen, sind pflanzliche Mittel so begehrt.

Für die Vermarktung der heute erhältlichen 121 verschrei-bungspflichtigen Präparate auf pflanzlicher Basis wurden etwa 35 000 Arten durchforscht, aber, laut Jack Kloppenburg, Land-wirtschaftssoziologe und Autor von *First the Seed: The Political Eco-nomy of Plant Biotechnology,* nur etwa 5 000 Arten erschöpfend ana-lysiert. Es gibt auf der ganzen Welt schätzungsweise 300 000 bis 750 000 Pflanzenarten; die meisten davon stammen aus den Ge-bieten mit der größten Artenvielfalt, besonders dem tropischen Regenwald.

Den indigenen Völkern geht es hier um das gleiche wie in anderen Bereichen: Absprachen, Rechte und Gewinne. Geistige Eigentumsrechte lassen sich bekanntlich schwer geltend ma-chen, aber in den Industrieländern ist es allgemein üblich, ein Privatunternehmen, das sein durch Forschung und Entwicklung erworbenes Wissen vermarktet, über ein Patent zu einem be-stimmten Prozentsatz am Gewinn zu beteiligen. Die Indigenen fordern immer lauter dasselbe Recht.

Das *Indigenous Peoples Biodiversity Network* (IPNB – Netzwerk für die biologische Vielfalt indigener Völker), ein globaler Zusammenschluß indigener Völker zum Schutz biokultureller Ressourcen und zur Verhinderung eines vielseits gefürchteten »Bio-Imperialismus«, setzt sich für die Rechte der indigenen Völ-ker ein, die in der Konvention über Biologische Vielfalt festge-schrieben sind, welche 1992 auf dem UN-Erdgipfel in Rio de Janeiro beschlossen wurde. »Damit haben wir zum ersten Mal die Chance, unsere Rechte über die biokulturellen Ressourcen aus den Bestimmungen der Konvention über Biologische Viel-falt erfolgreich zu schützen«, sagt Alejandro Argumedo, ein Que-chua aus Peru, der *Cultural Survival* in Kanada leitet.

Die Kuna in Panama wiesen 1988 den Weg, als sie in der 26sei-tigen Broschüre *Research Program: Scientific Monitoring and Coopera-tion* die Regeln für die Forscher und Wissenschaftler aufstellten, die in ihrem Land tätig wurden. Diese Regeln wurden allein deshalb weitestgehend befolgt, weil die Kuna es verstanden, ihr Territorium und damit auch seine Besucher auf effektive Weise zu kontrollieren. Die Kuna waren zudem insofern innovativ, als sie von den ausländischen Wissenschaftlern Forschungsberichte verlangten und forderten, daß ihre eigenen Leute als Assistenten, Führer und Informanten eingestellt wurden, um ihnen »für die Ausbildung von Kuna-Wissenschaftlern ihr Wissen und ihre Technologien« zu transferieren. »Wir haben eine Kontrolle über unsere Territorien aufgebaut. Als nächsten Schritt werden wir eine Kontrolle über unser biotechnisches Wissen aufbauen«, kündigt Kuna-Häuptling Leonidas Valdez an.

1988 zeigte sich eine weitere potentielle wissenschaftliche Bedrohung: Das *Human Genome Diversity Project* plant für das Jahr 2005 die kartographische Erfassung sämtlicher bisher gefundener 100 000 menschlicher Gene. Das Projekt ist besonders erpicht darauf, bei »bedrohten« indigenen Völkern oder »Sonderlingen von historischem Interesse«, wie ein Wissenschaftler sich ausdrückte, Blut- und Haarproben zu entnehmen. Von der Analyse der Genzusammensetzung bei unterschiedlichen ethnischen Gruppen erhoffen sich die Wissenschaftler eine Erklärung für die unterschiedliche geographische Verteilung von Krankheiten. Solche Erkenntnisse, so meinen sie, könnten für die Bekämpfung tödlicher Krankheiten entscheidende Anhaltspunkte bieten.

Die Angelegenheit spitzte sich 1993 zu, als das US-Handelsministerium auf die DNS in den weißen Blutkörperchen einer 26jährigen Guaymí-Frau aus den Wäldern von Ostpanama einen Patentanspruch anmelden wollte. Diese DNS stand nämlich im Verdacht, die Immunisierung gegen den Leukämie-Verursacher HTLV zu ermöglichen, was die Zellen der Guaymí zu einer potentiellen Goldgrube machte.

Die in der *American Type Culture Collection* (ATCC) gelagerten Zellen waren der Guaymí-Frau unter umstrittenen Umständen entnommen worden. Forderungen nach ihrer Rückgabe wurden zwar abgelehnt, das Handelsministerium gab aber aufgrund der weltweiten Proteste indigener Völker und ihrer Unterstützerorganisationen sein Vorhaben auf, die Zellen patentieren zu lassen. Doch die Suche ging weiter. Im November 1995 stellte das US-Gesundheitsministerium sich selbst ein Patent über die DNS eines Angehörigen der Hagahai aus Papua Neuguinea aus. Diese hatte nämlich ein ähnliches Profil wie die der Guaymí-Frau.

Viele indigene Völker Amerikas empfinden die Plünderung ihrer genetischen Ressourcen als wahren Hohn. Was sie schon immer als echten Reichtum verteidigten – die Natur –, erweist sich nun auch in den Begriffen des weißen Mannes als solcher. Ihre Natur und ihre Umwelt konnten nur deshalb immer begehrter werden, weil es ihnen gelungen ist, sie, allen Widrigkeiten zum Trotz, generationenlang gegen die Übergriffe weißer Siedler zu verteidigen, die sie längst zerstört hätten. »Plötzlich spricht die weiße Welt von Ökologie, doch in Wirklichkeit ist sie nur am Gewinn interessiert«, klagt Adrián Esquina Lisco vom Nationalen Verband Indigener Völker in El Salvador. »Plötzlich sucht die weiße Welt die eingeborenen Kulturen zu verstehen, aber nur, um ein Wissen aus ihnen zu beziehen, das ihre eigene Macht vergrößert.«

Neoliberalismus:
Der heimliche Würgegriff des Marktes

Die von der Ethno-Entwicklung aufgegriffenen wirtschaftlichen Mißstände gehen fast ausschließlich auf das Konto des Großangriffs auf die indigenen Ressourcen und Länder im 20. Jahrhundert. Bergbau, Agrar- und Forstwirtschaft, der Bau von Staudämmen und Straßen forderten bereits das ihre, aber seit in den frühen achtziger Jahren die Schuldenkrise einsetzte, hat der Neoliberalismus, als bösartige Form der freien Marktwirtschaft, die schädlichen Auswirkungen des Kapitalismus vervielfacht.

Die Marktregeln des Neoliberalismus wurden durch internationale Banken und multilaterale Kreditinstitute, wie den Internationalen Währungsfonds (IWF) und die Weltbank, auf dem Kontinent eingeführt. Das geschah durch sogenannte rezessionsinduzierte »Stabilisierungsprogramme«, denen die »Strukturanpassung« der Wirtschaft folgte. Konkret hieß das: staatliche Mittelkürzungen, Deregulierung des Arbeitsmarktes, Liberalisierung von Handel und Investitionen und Privatisierung staatlicher Industriezweige.

Duncan Green, Autor von *Silent Revolution: The Rise of Market Economics in Latin America,* glaubt, daß »die (neoliberale) Revolution, deren Stützpfeiler der Individualismus und der freie Markt sind, den indigenen Traditionen diametral entgegengesetzt ist, weil hier die Gemeinschaft, die Subsistenzwirtschaft und die gegenseitige Hilfe im Mittelpunkt stehen.« Im Zuge dieser Entwicklung verloren die Indianer ihre Stellen in den Fabriken und Bergwerken, wurden auf den Plantagen unterbezahlt und mußten erhebliche Mehrkosten für Beförderung, Erziehung und ärztliche Versorgung in Kauf nehmen. Auf den herkömmlichen Absatzmärkten für ihre Feldprodukte wurden sie von Billigimporten verdrängt und mußten infolge des allgemeinen Drucks, mehr Bodenschätze, Erdöl, Holz und größere Ernten zu exportieren, weitere Übergriffe auf ihr Land dulden.

Die indigenen Völker sind nach den geltenden wirtschaftlichen Maßstäben nach wie vor die Ärmsten und als solche die Hauptleidtragenden dieser Marktmechanismen. Die Regierungen von Bolivien, Peru und Mexiko, alles Länder mit einer großen indigenen Bevölkerung, gehörten zu den eifrigsten Verfechtern einer strukturellen Anpassung ihrer Wirtschaft. Eine Untersuchung nach der anderen bestätigte, daß auf dem ganzen Kontinent seit den achtziger Jahren – heute überall das »verlorene Jahrzehnt« genannt – Ungleichheit und Armut deutlich zugenommen haben.

Eine ganze Generation, vor allem von Indianerkindern, wird ein Leben lang an den Folgen dieser Dekade zu tragen haben. »Wir möchten, daß sie etwas lernen, aber sie sind so unterernährt... Sie machen ihre Hausaufgaben nicht und bleiben am Ende des Jahres sitzen... Wir haben nichts, wirklich nichts«, klagt eine Mutter, die gezwungen ist, die Zinnschlackehalden von Potosí abzutragen, wie Duncan Green berichtete.

Die Statistiken spiegeln das Ausmaß dieser menschlichen Tragödie wider. 1991 lebten 80 Prozent der bolivianischen Haushalte unter der Armutsgrenze und waren nicht in der Lage, ihre Grundbedürfnisse an Nahrung, Kleidung, Erziehung und Gesundheit zu befriedigen. 50 Prozent waren noch schlimmer dran, denn sie waren nicht einmal imstande, sich ausreichend zu ernähren. In ganz Lateinamerika stieg die Zahl der Armen in den achtziger Jahren um 60 Millionen auf heutige 200 Millionen, also auf 46 Prozent der Gesamtbevölkerung. Fast die Hälfte davon war nicht in der Lage, ihren Bedarf an Grundnahrungsmitteln zu decken.

In den Vereinigten Staaten hatten die »Reaganomics« ähnliche Auswirkungen. Im Jahr 1983 wurde das Budget zur Unterstützung der Indianer von 3,5 Milliarden Dollar um mehr als ein Drittel, auf zwei Milliarden, gekürzt. Davon waren sämtliche Reservationen betroffen: In Oklahoma wurden 200 Poncas über Nacht arbeitslos; die Entzugsanstalt für alkoholkranke Indianer in Montana büßte die Hälfte ihrer Pflegekräfte und fast alle Betten ein; große Rückgänge des Pro-Kopf-Einkommens wurden die Regel.

Wie die Volkszählung von 1980 beweist, lebten schon vor diesen Streichungen 28 Prozent der 17,5 Millionen Indianer, Inuit und Aleuten des Landes unter der Armutsgrenze. »Von dieser tröpfelnden Wirtschaftsbeihilfe fühlen wir uns regelrecht angepinkelt«, klagt ein Indianervertreter. Viele Indianer kränkte die hinter solchen Mittelkürzungen stehende Gleichgültigkeit. 1989 empörten sich Indianerführer, als Präsident Reagan gegenüber Moskauer Studenten äußerte: »Vielleicht war es ein Fehler, die indianischen Kulturen erhalten zu wollen. Vielleicht hätten wir nicht dulden dürfen, daß sie diesen primitiven Lebensstil beibehalten wollten.«

Genauso ungehobelt hört sich der Kommentar eines Beamten der Agrarreformkommission Bolivens an: »Bestimmte Gruppen von *campesinos* werden ihr Land einbüßen müssen. Das ist nun mal eine unvermeidliche, obgleich schmerzhafte Folge der Entwicklung.« Antonio Aramayo, Direktor des bolivianischen Zentrums zur ländlichen Entwicklung Qhana, drückte es so aus: »Sie wollen uns das Land ein für allemal wegnehmen und damit die Verleugnung der indigenen Besitzrechte, die mit der Eroberung anfing, perfekt machen.«

Durch den Neoliberalismus wird den Indianern die weiße Wirtschaft, die vielen ohnehin rätselhaft ist, nur noch unverständlicher. »Wie kommt es, daß der weiße Mann das Land umsonst bekommen hat und jetzt bei uns Schulden dafür eintreibt?« fragte ein nordamerikanischer Indianerführer. »Das ist mir ein Rätsel«, kommentierte sein südamerikanischer Kollege den Tausch »Schulden gegen Natur«, der zur Beschönigung der Auslandsschuldenkrise in Mode kam. »Es ist zwar unsere Natur, aber es sind nicht unsere Schulden.«

Viele betrachten den Neoliberalismus nur als weitere Stufe ihrer Verarmung: erst das Land, dann die natürlichen Ressourcen, jetzt die Fürsorge und die minimalen Sozialleistungen –

alles weg. »Manchmal wünsche ich mir, die Weißen hätten nicht das Geld bei uns eingeführt. Wir hatten in der Natur alles. Jetzt werfen sie uns vor, wir wären faul, und geben uns Sozialhilfe. Wer hat denn das Geld bei uns eingeführt, frage ich da. Es waren die Weißen«, sagt Margret Siwallace, eine Nuxalk.

Andere versuchen, in den Begriffen der Weißen zu argumentieren. »Betrachtet die natürlichen Ressourcen dieser Welt als Kapital und nicht als Einkommen«, schlägt der Lakota Russel Means vor. »Unser Öl, unser Uran, unsere Kohle, unser Holz, alle diese natürlichen Ressourcen sind Kapital. Wenn ihr sie als Kapital seht, werdet ihr vielleicht an die Zukunft denken.«

Der Neoliberalismus hat die indigenen Aktivisten zweifellos dazu gezwungen, sich auf das praktische Handeln zu konzentrieren. »Wir haben uns früher viel mehr mit organisatorischen Fragen beschäftigt«, sagt Antonio Aramayo von Qhana in La Paz. »Jetzt geht es darum zu handeln. Wirtschaftliche Unternehmungen können den Gemeinschaften mehr Sicherheit geben und sie befähigen, mit dem neoliberalen Modell in Verhandlung zu treten.«

Beobachter sind sich darüber einig, daß eine wachsende wirtschaftliche Unabhängigkeit und die Anwendung der indigenen Wertesysteme die Grundlage des indianischen Widerstands gegen das neoliberale Modell sein könnten. »Die Indianer bestehen darauf, den Reichtum in der Gesellschaft zu verteilen, und widersprechen mit diesem Ansatz dem herrschenden System der Akkumulation«, sagt Zulema Lehm vom regionalen Entwicklungszentrum des Departements Beni in Bolivien. »Grundsätzlich treten sie für eine Neuordnung der Gesellschaft ein. Allein damit wird das Modell politisch herausgefordert.«

In den neunziger Jahren wurde deutlich, daß die wirtschaftlichen Entwicklungskonzepte der Indianer die schlagkräftigste Waffe im Kampf gegen ihre Assimilation und kulturelle Absorption werden können. Der Wiederaufbau ihrer Wirtschaft, ob durch Touristenangebote in Floridas Everglades oder durch die Wiedereinführung von traditionellen Anbautechniken der Kartoffel in den Anden, bietet den indigenen Völkern eine Chance, auf einer gleichberechtigteren Ebene mit der Außenwelt in Kontakt zu treten. Deshalb lassen die Zukunftsaussichten der heutigen Indianer im Vergleich zu denen ihrer Vorfahren vor sieben Generationen wirklich hoffen.

Quellen

Indigenous Self-development in the Americas, International Work Group for Indigenous Affairs (IWGIA), Document No. 63, Copenhagen 1989

John Beauclerk and Jeremy Nerby with Janet Townsend, Indigenous Peoples, a Fieldguide for Development, Oxfam, Oxford 1988

Intellectual Property Rights – The Politics of Ownership, Cultural Survival Quarterly, Cambridge, Mass., Summer 1991, Vol. 15, No. 3

Vandana Shiva, Biodiversity, Biotechnology and Profit: The Need for a Peoples' Plan to Protect Biologica Diversity, The Ecologist, Newton, Vol. 20, No. 2, March/April 1990

Daniela Spiwak, Gene Genie and Science's Thirst for Information with Indigenous Blood, Abya Yala News, Oakland, Calif., Col. 7, No. 3 & 4, Fall-Winter 1993

Manuela Carneiro da Conha, Native Realpolitik, in: NACLA Report on the Americas, New York, Vol. XXIII, No. 1 (May 1989)

Glenn Switkes, The People vs. Texaco, in: NACLA Report on the Americas, New York, Vol. XXVIII, No. 2 (September/October 1994)

José María Arguedas, Katatay, Editorial Horizonte, Lima 1984

Ana María Condori, Nayan Uñatatawi – Mi Despertar, Hisbol, La Paz 1988

Carolina Carlessi, The Reconquest, in: NACLA Report on the Americas, New York, Vol. XXIII, No. 4, (November/December 1989)

Florencia E. Mallon, Indian Communities, Political Cultures and the State in Latin America 1780–1990, Journal of Latin American Studies, Vol. 24; 1992 Quincentenary Supplement, Cambridge University Press, Cambridge

And After the Gold Rush? Human Rights and Self-Development among the Amarakaeri of Southeastern Peru, Document 55, IWGIA, Copenhagen 1986

Indianischer Widerstand heute

Ein Schauer ging durch die Menge im Nationalstadion. Alle Augen richteten sich auf die beiden Gestalten vor dem prasselnden Feuer. Es wurde von drei *amautas* (Priestern) in der typischen Kleidung der bolivianischen Hochlandvölker, Wollmütze und Sandalen aus Autoreifen, bewacht.

Das Paar bot einen ungleichen Anblick: Sie hochhackig und im letzten europäischen Chic, er mit wehendem Umhang über dem westlichen Anzug und eben vom Häuptling einer Tieflandnation mit Federschmuck gekrönt. Offenbar zögerten sie, sich einem anderen Paar anzuschließen, das rechts von ihnen bereits auf der Erde kniete, als die *amautas* den Gesang zur heiligen Opferverbrennung für die Erdgöttin *Pacha Mama* anstimmten.

Schließlich raffte der gerade zum neuen Präsidenten Boliviens gewählte, amerikanisch erzogene Bergbaumagnat Gonzalo Sánchez de Lozada das ungewohnte Gewand und sank auf die Knie. Er streckte eine Hand nach seiner Frau aus, die es ihm nachtat, und warf seinem Nachbarn und zukünftigen Vizepräsidenten, dem Aymara Víctor Hugo Cárdenas, ein nervöses Lächeln zu.

Das Publikum aus indigenen Frauen mit schwarzem *bombin* (Melonenhüten) und Männern in *ponchos* mit *pututus* (Zeremonienhörnern) brach in einen Beifallssturm aus, schwenkte die mitgebrachten *wiphalas,* die regenbogenfarbigen Inka-Flaggen, und selbstgemalte Plakate mit den Namen ihrer Gemeinschaften.

Die Feier im Nationalstadion im August 1993 war von den Ureinwohnern des Landes als formelle Bevollmächtigung der neuen Exekutive angekündigt worden. Unter den Blicken der zum Teil weit angereisten indigenen Delegierten aus Ländern wie Chile und Kanada, Seite an Seite mit Rigoberta Menchú, die ihre goldene Friedensnobelpreismedaille trug, nahmen Cárdenas und Sánchez de Lozada ganze Arme voller Insignien von indigenen Führern in Empfang.

Zwei Tage später wurde Víctor Hugo Cárdenas, der immer noch eins seiner Geschenke trug, nämlich einen *vicuña*-Schal, der erste Indianer Amerikas, der nach Benito Juárez in Mexiko vor über 130 Jahren wieder in ein höheres Exekutivamt eingeführt wurde. Umrahmt von den streng blickenden Größen der bolivianischen Politik, die mißbilligend von ihren Ölportraits auf ihn herabsahen, bestand Cárdenas darauf, der erste indigene Politiker zu werden, der seine Antrittsrede vor dem Kongreß in den drei indigenen Hauptsprachen, Quechua, Aymara und Guaraní, hielt.

Er griff seine Wahlkampfthemen auf, nannte Bolivien »eine Nation aus vielen Nationen« und gelobte, ein »multikulturelles, multiethnisches und pluralistisches Land« aufzubauen – Ziele die noch vier Jahre zuvor undenkbar gewesen wären. Doch er ging noch weiter, indem er erklärte: »Nachdem wir unter der Kolonialherrschaft 500 Jahre geschwiegen haben und 168 Jahre aus der Republik ausgeschlossen waren, ist es für uns Zeit, vorzutreten und unsere Wahrheit zu verkünden. Unsere Geschichte war ein fortwährender Kampf um Freiheit und Gerechtigkeit, um eine multikulturelle und multiethnische Demokratie. Heute stehen wir an der Schwelle zu einem neuen *pachakut'i,* dem Zeitalter eines grundlegenden Wandels. Wir Bolivianer fangen jetzt an, gemeinsam etwas an unserem Ausschluß und unserer Marginalisierung dieser 500 Jahre zu ändern.«

Víctor Hugo Cárdenas' Leben und sozialer Hintergrund sind bezeichnend für Tausende von Uramerikanern in den ersten Reihen der kulturellen Renaissance. 1952, im Jahr der Bolivianischen Revolution, die die *haciendas* abschaffte und die Bodenreform einführte, wurde er geboren und gehörte zu der anschließend in die Schulen und Universitäten des Landes drängenden indigenen Bevölkerung. Nachdem er die Grundschule im Aymara-Gebiet am Titicaca-See absolviert hatte, mußte er für den höheren Schulbesuch nach La Paz umziehen, wo er sich später mit einem Job als Minibus-Fahrer sein Studium verdiente.

Cárdenas hat seine Wurzeln nie vergessen. In dem verzweifelten Versuch, seinen Kindern die erlittene Diskriminierung zu ersparen, nannte sein Vater sich von Choquehuanca in Cárdenas um. Seine Frau Lidia Katari verlor ihre Anstellung als Lehrerin, weil sie sich weigerte, ihre *manta* (Tuch), *pollera* (Bluse) und *chollos* (Zöpfe) gegen die von den Aymaras als *vestido* bezeichnete westliche Kleidung einzutauschen. Cárdenas kennt noch Angehörige einer Generation, die sich durch Bildung strafbar machten. »Ich habe Verwandte, denen die Finger abgeschnitten wurden, als die Großgrundbesitzer merkten, daß sie mit ihrem Namen unterschreiben konnten«, erzählte er im September 1993 einem Zeitungsverleger.

Die Indianerorganisation, aus der Cárdenas hervorging, formierte sich in den späten sechziger Jahren an den Gymnasien und Universitäten des Landes. Ihre Mitglieder nannten sich *Kataristas* nach Tupaq Katari, dem nach einem Aufstand gegen die Spanier im Jahr 1780 als Rädelsführer hingerichteten Aymara-Häuptling. Sie gehörte zu einer Welle neuer indigener Organisationen, die überall in Amerika entstanden.

Als erstes Zeichen eines neuen Bewußtseins veröffentlichten die *Kataristas* gemeinsam mit drei weiteren indigenen Organisationen im Juli 1973 in La Paz das zukunftweisende Manifest von Taiwanaku. Es begann mit einem Zitat von Inka Yupanki, der einst zu den Spaniern sagte: »Ein Volk, das ein anderes unterdrückt, kann niemals frei sein.« Die Verfasser bekannten sich zu ihrer Identität als Indianer und machten deutlich, daß Bauern

Indianer waren und das wirtschaftliche Potential der »Nation« darstellten. Sie erklärten, daß sie den Linksparteien etwas zu verdanken hatten, meldeten jedoch Zweifel an, ob es deren Führung immer um die Interessen der Indianer ging. Sie bestätigten die Bedeutung der modernen Technologie, Medizin und Erziehung für die indigenen Gemeinschaften und forderten die Kontrolle über die eigenen kulturellen Einrichtungen. Sie schlossen mit den Worten: »Es bleibt also alles zu tun. Wir wollen nicht, daß jemand anders es für uns tut. Wir wollen nur die Erlaubnis, es selbst zu tun.«

Dem Manifest von Tiawanaku folgte eine ganze Flut weiterer Erklärungen indigener Nationen auf dem ganzen Kontinent. Besondere Erwähnung verdient davon die Erklärung der Dene aus dem Jahr 1974, die mit den Worten begann: »Die Regierung von Kanada ist nicht die Regierung der Dene.« Die Erklärung der Haudenosaunee, des Irokesenbundes der *Sechs Nationen*, folgte 1979 und nannte den Bund »eine der ältesten ohne Unterbrechung amtierenden Regierungen der Welt«.

Dieser politische Aufbruch fand auch auf internationaler Ebene seinen Niederschlag. 1971 veranstaltete der Weltkirchenrat eine Konferenz zur »Befreiung der Indianer« in Barbados. Zwar setzten sich die Teilnehmer vornehmlich aus Anthropologen und Befürwortern zusammen, dennoch vermochte diese Tagung die Führungsrolle der Indianer in ihrem eigenen Kampf zu stärken. Die nachfolgende Deklaration von Barbados äußerte sich entsprechend dazu: »Es ist notwendig, klarzustellen, daß die Befreiung der indianischen Völker durch diese selbst erfolgt; es wäre sonst keine Befreiung.«

Die Rückkehr der Indianer:
Die Entstehung größerer Organisationen

Die neuen Organisationen, die seit Anfang der siebziger Jahre ins Leben gerufen wurden, hatten eine Reihe gemeinsamer Charakteristika.

Erstens wurden sie in unterschiedlichen Bereichen durch ein ganzes Netz von Organisationen und Programmen, die sich teilweise deckten, deren Verbindung aber häufig nicht unmittelbar ersichtlich war, auf kultureller, wirtschaftlicher, politischer und intellektueller Ebene aktiv.

Zweitens wurden zahlreiche Aktivisten, zumindest anfangs, in bereits bestehenden Gruppen tätig und versuchten, ihre Anliegen in den Programmen von Gewerkschaften, politischen Parteien, Kirchen und Basisgruppen einzubringen.

Drittens wurden diese Gruppen immer »indianischer«, so daß ihre übrigen Anliegen in den Hintergrund traten, oder es entwickelten sich eigene Organisationen mit speziellen indigenen Programmen aus ihnen, als das Selbstvertrauen der Uramerikaner wuchs. »Indianismo« nannte sich der neue Nationalismus ethnischer Prägung, ein radikaler Aufbruch der Indianer unter der eigenen Führung und mit einem eigenen Forderungskatalog. Es war die Antwort auf die paternalistischen Assimilationsversuche des *indigenismo* in den zwanziger Jahren dieses Jahrhunderts.

Viertens bauten sich diese Organisationen von unten nach oben auf. Zunächst entstanden Gruppen in Dörfern, *barrios* oder Schulen, die sich dann zu regionalen, später nationalen und in den achtziger Jahren zu internationalen Verbänden zusammenschlossen. Daraus ergab sich ein stetig wachsender panindianischer Nationalismus, ein Zusammenschluß von traditionellen und modernen, gebildeten und ungebildeten, städtischen und ländlichen Hoch- und Tieflandindianern, die allmählich anfingen, zusammen zu arbeiten und zu kämpfen.

Sämtliche Initiativen dieser Art entstanden aufgrund von örtlichen Repressionen wie Rassismus, Diskriminierung, Landnahmen, Minen- und agrarwirtschaftlichen Entwicklungen oder auch aufgrund einer allgemeinen Verschlechterung der wirtschaftlichen Lage der indigenen Völker in einer Zeit steigernder Anforderungen. Häufig spielten auch alle diese Faktoren eine Rolle, vor allem bei den Tieflandvölkern, die in vieler Hinsicht zu den Opfern der Massenbesiedlung ihrer Gebiete durch landlose Mestizen oder Goldsucher in den sechziger und siebziger Jahren dieses Jahrhunderts wurden.

Die erfolgreichsten Organisationen hatten alle eines gemeinsam: Sie arbeiteten zunächst politisch verdeckt. Während sie praktisch tätig wurden, bauten sie sich eine breite Basis auf, um ihren politischen Forderungen allmählich mehr Nachdruck zu verleihen und einer größeren Öffentlichkeit den Zusammenhang zwischen Kultur und Politik nahezubringen.

Zu den ersten, die ihre Notlage publik machten, gehörten die Nationen der Shuar und der Achuar am westlichen Rand der Amazonaswälder im Südosten Ecuadors. Sie schlossen 1964 einen Bund und stehen heute immer noch an der Spitze der amerikanischen Indianerbewegung. Von ihrem Hauptquartier in Sucúa aus, einem beeindruckenden Betonbau, der das von Kolonisten 1969 niedergebrannte Gemeinschaftszentrum ersetzt, betreiben die Shuar-Achuar mehrere Marketingorganisationen, eine revolutionäre Radioschule (siehe vorangegangenes Kapitel), eine Rechtsberatung, einen Wagenpark und zwei Leichtflugzeuge für den Personen- und Gütertransport.

Die 60 000 Mitglieder des Bundes verteilen sich auf 30 Vereinigungen, in denen 400 Ortschaften oder Gemeinschaften vertreten sind. Ihr Zusammengehörigkeitsgefühl prangt unübersehbar an den Wänden des Hauptquartiers, wo auf Plakaten der Wahlspruch zu lesen ist: »Shuar iruntramuka AMEKETME, tuma asamatai YAIMKIATNIUITME« – »Der Shuar-Achuar-Bund, das bist du, sonst niemand. Mach mit!«

Solche Organisationen riefen natürlich bald die Repression auf den Plan. Eine andere erfolgreiche indigene Organisation im Südwesten Kolumbiens bekam sie auf besonders gewalttätige Weise zu spüren. Der *Consejo Regional Indígena del Cauca* (CRIC – Indigener Regionalrat von Cauca) wurde 1971 von 2000 Páez, Coconucos und Guambianos gegründet. Das Hauptanliegen von CRIC war die Durchsetzung von Rechtstiteln auf Land, insbesondere auf Reservationen (resguardos), die ihnen von den Spaniern zugeteilt und 1890 per Gesetz bestätigt wurden.

Die Organisation plante die Stärkung der indigenen Gemeinderäte (cabildos), die theoretisch in den Reservationen die politische und administrative Amtsgewalt inne hatten, jedoch entweder gescheitert oder bei der Auflösung der Reservationen unter die Kontrolle von Landbesitzern und Politikern geraten waren. CRIC verfolgte darüber hinaus kulturelle Ziele wie die Verteidigung der indianischen Geschichte, Kultur und Sprache sowie die Ausbildung zweisprachiger Lehrer.

CRIC war außergewöhnlich erfolgreich. Bereits Ende 1993 hatten 102 *cabildos* als rein indigene Institutionen ihre Tätigkeit wieder aufgenommen; außerdem konnte die Organisation schätzungsweise 40000 Hektar Land zurückgewinnen und das Konzept des kommunalen Landbesitzes wieder einführen. Zudem waren 120 landwirtschaftliche Gemeinschaftsbetriebe, 90 Verkaufskooperativen und 50 zweisprachige Schulen entstanden.

Mit seinen zusätzlichen Gesundheitsprojekten, Kreditprogrammen und einer eigenen Zeitung ist CRIC, wie der Shuar-Achuar-Bund, inzwischen ein Staat im Staate, der sicher tragfähiger und verantwortungsbewußter als der Nationalstaat selbst ist. Das kam die Organisation teuer zu stehen. »Während unseres 22jährigen Bestehens wurden 382 Aktivisten vom Militär, von der Polizei, von *pájaros* (bezahlten Killern) und der Guerrilla umgebracht«, erzählt der Vorsitzende von CRIC, Marco Aníbal Anivama, im Hauptquartier der Organisation in Popayán, während er gelassen einen Zeitungsausschnitt über einen weiteren Mord über den Tisch schiebt.

Als eine der ersten neuen Indianerorganisationen bekam CRIC die Probleme, die später überall auftauchten, zu spüren, wie zum Beispiel die mit der politischen Linken. Die CRIC-Führung mußte sich in den siebziger Jahren energisch gegen die Versuche revolutionärer Gruppen zur Wehr setzen, die Organisation für ihre eigenen Zwecke zu funktionalisieren, und noch heute verüben die *Fuerzas Armadas Revolucionarias de Colombia* (FARC – Bewaffnete Revolutionäre Streitkräfte Kolumbiens) Guerrillaangriffe auf Mitglieder der CRIC.

Des weiteren entzweite sich CRIC mit der nationalen Bauernvereinigung, einer von der Regierung finanzierten Organisation, weil diese es ablehnte, die Indianerproblematik zu einem ihrer Hauptanliegen zu machen. »Es ist ganz einfach, sie wollen, daß wir ihre Ziele unterstützen, aber wir müssen unsere eigenen Ziele verfolgen«, sagt Marco Aníbal Anivama. Obwohl sich die Probleme überall wiederholten, gab es unterschiedliche Lösungen. 1984 wurde das bewaffnete Kommando Quintín Lame zur Verteidigung der Besitzungen und Entwicklungsprojekte der Ureinwohner gegründet. Quintín Lame blieb die einzige rein indigene bewaffnete Kampftruppe Amerikas der jüngeren Vergangenheit. Als sie 1989 aufgelöst wurde, gehörten ihr 200 Kämpfer an.

CRIC und der Shuar-Achuar-Bund waren nur zwei von zahlreichen Indianerorganisationen, die sich bald eine Taktik zurechtlegen mußten. In den Vereinigten Staaten ging das *American Indian Movement* (AIM) im Jahr 1969 aus Gefängnissen und dem Indianerghetto von Minneapolis hervor als Ausdruck der allgemeinen Entfremdung einer Indianergeneration, deren Eltern in den fünfziger Jahren in die Städte umgesiedelt waren. Die Taktik von AIM war von einer Militanz geprägt, die durch die Zwangs-umsiedlung, die Unzufriedenheit über die Untätigkeit der Regierung angesichts der indigenen Verelendung und die wachsende Gewalt in den Städten der USA provoziert wurde. »Die Mitglieder hatten zunächst das Bedürfnis, sich selbst zu definieren. Eine ihrer ersten Fragen lautete: Was ist ein Indianer?« AIM-Begründer Vernon Bellecourt erinnert sich an den Besuch beim Medizinmann Leonard Crow Dog in South Dakota und erzählt: »Wir ließen einen riesigen Aufkleber drucken: AIM für Souveränität. Die meisten unserer Leute wußten nicht einmal, was Souveränität bedeutete. Jetzt wissen sie es.«

Mit einer Serie spektakulärer Protestaktionen stellte sich AIM der Öffentlichkeit vor. Im November 1969 besetzten 14 »Indianer aller Stämme« die Insel Alcatraz, deren berüchtigtes Gefängnis fünf Jahre zuvor geschlossen worden war. Sie forderten ihr »Entdeckerrecht« an der Insel, wobei sie sich auf einen Sioux-Vertrag aus dem Jahr 1868 beriefen, der sämtlichen verlassenen staatlichen Grundbesitz an die Indianer übertrug.

Im August 1970 schleppte AIM-Führer Dennis Banks ein riesiges Kreuz vor das Podium einer evangelisch-lutherischen Kirchenkonferenz, um zu symbolisieren, daß die indigenen Völker überall gekreuzigt werden. Die anwesenden Kirchenvertreter sagten ihm umgehend eine Unterstützung in Höhe von 250 000 Dollar zu. Zwei Jahre später organisierte AIM mit weiteren Gruppierungen einen landesweiten Protestmarsch in Autokonvois nach Washington und nannte ihn *Trail of Broken Treaties*. In der Regierungshauptstadt angekommen, übergaben sie dem *Bureau of Indian Affairs* (BIA) ein 20-Punkte-Programm, in dem sie ihre indianische Souveränität zurückforderten. Da sich das Regierungsbüro weigerte, eine Delegation der Indianer zu empfangen, besetzten sie das Gebäude.

Drei Monate später, im Februar 1973, besetzten AIM-Mitglieder das Dorf Wounded Knee, den Schauplatz des niederträchtigen Massakers im Jahr 1890. Bewaffnete AIM-Mitglieder stellten sich herausfordernd in Pose, als internationale Journalisten scharenweise anreisten, um über die Besetzung zu berichten, die schließlich 71 Tage dauerte. Zwei AIM-Aktivisten starben bei Feuergefechten, bevor ein Waffenstillstand vereinbart wurde. Als die Belagerung vorüber war, war es den Indianern immerhin gelungen, eine breite nordamerikanische Öffentlichkeit darauf aufmerksam zu machen, daß es sie noch gab.

Der FBI setzte AIM umgehend auf die Liste der Bürgerrechts-, Black-Power- und Anti-Vietnamkrieg-Organisationen und schleuste seine Spitzel ein. Zahlreiche AIM-Mitglieder starben unter ungeklärten Umständen, bevor eine Schießerei im Pine-Ridge-Reservat im Juni 1975 mit dem Tod von zwei FBI-Agenten und einem Indianer endete. Die Verurteilung des von vielen als unschuldig erachteten AIM-Mitglieds Leonard Peltier im Jahr 1977 zu einer zweimal lebenslänglichen Haftstrafe sorgte in den achtziger Jahren für weitere Indianerunruhen.

Pyramiden bauen:
lokal, regional, national, international

In den siebziger und achtziger Jahren wurde an den »Pyramiden« der indigenen Organisationen weitergebaut. CRIC, eine aus Dutzenden örtlicher *cabildos* bestehende Organisation, schloß sich der Nationalen Indianerorganisation Kolumbiens ONIC an, die wiederum der Koordination Indigener Organisationen des Amazonasbeckens COICA beitrat, der seit 1984 größten Indianerorganisation Amerikas.

Der Shuar-Achuar-Bund wurde Gründungsmitglied der *Confederación de Nacionalidades Indígenas de la Amazonía Ecuatoriana* (CONFENAIE – Konföderation indigener Nationalitäten des ecuadorianischen Amazonasgebiets), die ihrerseits in der *Confederación de Nacionalidades Indígenas del Ecuador* (CONAIE – Konföderation indigener Nationalitäten Ecuadors) vertreten und ein weiteres Hauptmitglied der COICA ist.

Mit jeder neuen Organisationsebene erschloß sich die Bewegung eine neue und bessere Verhandlungsbasis und schuf sich eine immer verläßlichere Führung, wie ein Mitglied der *Asociacón Interétnica para el Desarollo de la Selva Peruana* (AIDESEP – Interethnischer Verband für die Entwicklung des peruanischen Regenwaldes) erläutert: »Als Sprecher einer Dorf- oder Flußgemeinde durften wir mit dem Bürgermeister oder einem kleineren Ortsvertreter verhandeln. Als Vertreter einer regionalen Organisation haben wir die Chance, beim Gouverneur vorzusprechen. Als Sprecher einer nationalen Organisation konnten wir bei Ministern und sogar Präsidenten vorsprechen, und als Vertreter einer internationalen Organisation sitzen wir mit dem Präsidenten der Weltbank und führenden Vertretern der UNO am Verhandlungstisch.«

In zahlreichen Gruppierungen übernahmen die Tieflandvölker die Führungsspitze. Durchsetzungsfähige junge Führer wie Valerio Grefa aus Ecuador, Evaristo Nugkuag aus Peru und Ernesto Noé aus Bolivien, sind aus den Missionsschulen Amazoniens hervorgegangen und von den Stukturen, die ihre Kameraden aus dem Hochland zumindest teilweise in die jeweiligen Nationalstaaten integriert haben, weitgehend verschont geblieben. Obwohl sie weniger als die Hochlandvölker von Bodenreformen betroffen waren und in den Einflußbereich von Bauernverbänden gerieten, die ihnen eine neue »nationale« Identität aufnötigen wollten, waren die Tieflandvölker viel unmittelbarer bedroht als die Hochlandvölker.

Seit Anfang der sechziger Jahre setzte im Amazonasbecken, im zentralamerikanischen Regenwald und in der kanadischen

Arktis durch Siedler, Baumfäller, Viehzüchter und Goldsucher im wahrsten Sinne des Wortes eine zweite Eroberung ein, indem die bis dahin fast unberührten Gebiete des Kontinents durch Straßen, Flugplätze, Motorschlitten und Motorboote erschlossen wurden. Als die Yanomami unter der Führung von Davi Yanomami in den achtziger Jahren von den neuen Siedlern erfuhren, bezeichneten sie diese sogar als *Os Portugueses,* die Portugiesen. »Selbst die spanische Eroberung war nicht so direkt wie das hier«, klagte Rafael Pandam, ein Führer von Ecuadors CONAIE.

Nirgendwo war diese Bewegung aktiver und notwendiger als in Brasilien. Zwischen 1982 und 1990 wurden 48 indigene Organisationen gegründet, darunter 31 in den verwundbarsten Amazonasstaaten Roraima und Acre. Anthropologen, Menschenrechtler und Rechtsanwälte gaben die Führung der Bewegung immer mehr an die Indianer ab, da sie selbst teilweise gar keinen oder nur wenig Kontakt zu den betreffenden Völkern hatten, die nun ihre Sache selbst in die Hand nahmen.

Als sich der Goldrausch ausbreitete und das Calha-Norte-Projekt zur Erschließung des Amazonasgebiets immer konkretere Formen annahm, war das Ausmaß der Bedrohung erschreckend. Allein im Jahr 1987 erhielten rund 560 Firmen Schürfgenehmigungen in indigenen Gebieten, während *garimpeiros,* einzelne Goldsucher, und landhungrige Siedler zu Zehntausenden auf eigene Faust über die schmutzigen Straßen und Landepisten, die den Amazonaswald kreuz und quer durchzogen, ins Indianerterritorium einfielen.

1987 war die lebensbedrohliche Lage der Uramerikaner und die Gefährdung ihrer Territorien eines der Hauptthemen bei der Diskussion der neuen Verfassung in Brasiliens verfassungsgebender Versammlung. Der 1988 verabschiedete Text enthielt schließlich ein ganzes Kapitel über die indigenen Völker, was – zumindest theoretisch – ein riesiger Schritt vorwärts war. In der neuen Verfassung wurden die Indianer erstmals »Indianer« genannt. Die indianischen Bodenrechte wurden als Erstrechte anerkannt, die schon vor der Gesetzgebung des brasilianischen Staates bestanden hatten, und die Größe des indigenen Landes wurde so festgelegt, daß es nicht nur zum Leben ausreichte, sondern auch für den Feldbau, die Erhaltung der Umwelt und die physische und kulturelle Reproduktion.

Die Verfassung erkannte auch die Kollektivrechte der Indianer an, ihre Gesellschaftsordnungen, Religionen, Sprachen und Glaubenspraktiken. Sie gab indigenen Gemeinschaften ein Mitspracherecht bei der Ausbeutung der natürlichen Ressourcen und öffnete ihnen die Gerichte des Landes. Die Ausbeutung von Bodenschätzen wurde ab sofort von der Befürwortung durch den Kongreß abhängig gemacht, die Vertreibung der Urbevölkerung wurde verboten.

Doch vor allem legte die Verfassung eine fünfjährige Frist bis Oktober 1993 für die »Demarkation« der offiziell anerkannten indigenen Territorien fest. Aber Ende 1993 waren erst knapp die Hälfte der über 500 Territorien demarkiert. Abgesehen von einer kleinen Unterbrechung im Jahr 1991/92, als Präsident Collor de Mello dem Druck der internationalen Öffentlichkeit nachgab und insgesamt 14,5 Millionen Hektar Indianerland offiziell auswies und konkrete Schritte gegen die Invasoren des Yanomami-Gebiets einleitete, nahm unter der neuen Verfassung das Eindringen Fremder ungehindert seinen Lauf. Um 1994 setzte sogar ein allgemeiner Rückfall in die alten Verhältnisse ein.

Obwohl die Verfassung zu häufigen Vertragsbrüchen Anlaß gab, lieferte sie den brasilianischen Indianern und ihren Unterstützergruppen auf der ganzen Welt das Material für ihre Kampagnen. Bei seiner ersten Generalversammlung in Luziana im Bundesstaat Goia machte der gemeinsame *Conselho de Articulaçâo do Povos e Organizaçôes Indígenas do Brasil* (CAPOIB – Rat der indigenen Völker und Organisationen Brasiliens) im April 1995 deutlich, daß er nur eins verlangte: einen Zeitplan für die Demarkationen und ausreichend Mittel, um diese durchzuführen.

Die Hochlandvölker Amerikas waren unterdessen auch nicht untätig. Seit den sechziger Jahren begann eine lautlose Revolution in den Bergen von Mexiko, Guatemala, Peru, Bolivien und Ecuador in ähnlicher Weise die Kräfte der indigenen Völker zu mobilisieren. Nur waren diese weniger darin geübt, die nationalen und internationalen Medien für ihre Kampagnen zu nutzen als die Tieflandvölker, die in der wachsenden Umweltlobby der westlichen Welt wichtige Bündnispartner fanden.

Die Ziele der Hochlandvölker waren vor allem praktischer Natur: Sie planten die Gründung von landwirtschaftlichen oder Handwerkskooperativen sowie den Aufbau von Basiseinrichtungen im Erziehungs- und Gesundheitswesen. Die entsprechenden Selbsthilfegruppen, die von Schweinezucht-Genossenschaften bis zum Freiluftunterricht in Lesen und Schreiben reichten, halfen der rasch wachsenden Bevölkerung, besser mit den sozioökonomischen Problemen zurechtzukommen, verursacht durch ein rasches Bevölkerungswachstum, die schrumpfende Landbasis und, zumindest in den achtziger Jahren, eine extrem hohe Inflation, einschneidende staatliche Mittelkürzungen und den jähen Preissturz ihrer landwirtschaftlichen Erzeugnisse.

Indianismus: »Die Vergangenheit dient als Werkzeug, um die Gegenwart zu verstehen«

Zwar gab es Unterschiede in der Herangehensweise von Hoch- und Tieflandkulturen bei der Bewältigung der in der jüngeren Vergangenheit lauernden neuen Bedrohungen, doch wurden sie von den Gemeinsamkeiten überwogen. Das trifft vor allem für Länder wie Kolumbien und Ecuador zu, in denen sich die indigenen Organisationen als Einheit zusammenschlossen, um die politische Arbeit der Hoch- und Tieflandnationen zu koordinieren.

Was beide Gruppen verbindet, wird heute als Indianismus bezeichnet, eine Philosophie, die hervorhebt, daß die indigenen Völker den Kampf um die Anerkennung ihrer Kultur, ihrer Bedürfnisse und Rechte selbst anführen müssen. Der Indianismus erlebte in den verschiedenen Ländern zu den verschiedenen Zeiten unterschiedliche Ausprägungen. Ganz allgemein läßt sich von drei verschiedenen Schulen des Denkens sprechen.

Die erste in den siebziger und achtziger Jahren des 20. Jahrhunderts verbreitete Strömung sieht eine Übereinstimmung zwischen der linken Ideologie und ihren Zielen und den indigenen Wertvorstellungen. Ihre Verfechter arbeiten vielfach in linken Parteien, Gewerkschaften und Guerrillaorganisationen mit.

Die zweite Richtung macht sich sowohl von links als auch von rechts unabhängig mit der Begründung, daß nur die indigenen Völker selbst das ganze Ausmaß der politischen Ohnmacht und der im Laufe der vergangenen 500 Jahre erlittenen kulturellen Mißachtung wirklich nachvollziehen können. Zahlreiche führende Aktivisten schlossen sich dieser Richtung an, nachdem sie in linken Organisationen Diskriminierungen ausgesetzt waren und einen unverminderten Rassismus erfuhren. Diese Schule verfolgt die kulturelle Reinheit und tritt für die Rückkehr zum traditionellen Denken und zur überlieferten Ordnung ein, wie zum Beispiel zum *Tawantinsuyu,* dem gesellschaftlich- kosmologischen Weltbild, auf das der Inka-Staat aufbaute.

Den größten Zuspruch findet heute der dritte Denkansatz des Indianismus. Er befürwortet einen Mittelweg. Indianer sollten bei ihrem politischen Kampf eigene Organisationsstrukturen aufbauen, aber bei Bedarf mit anderen nicht-indigenen Organisationen paktieren. Mit anderen Worten: Politische Aktionen und Organisationen sollten die multikulturelle, pluralistische Gesellschaft, in der indigene Völker leben, widerspiegeln.

Es lohnt sich, die Beziehung der Uramerikaner zu ihren linken Bundesgenossen ein wenig genauer zu betrachten, weil sie die Haltung zahlreicher prominenter Indianerführer der heutigen Zeit deutlich geprägt hat. In den frühen Tagen des neuen Indianerbewußtseins schien eine Zusammenarbeit oder ein Bündnis mit linken Gewerkschaften, Parteien, Basisgruppen oder sogar Guerrillaorganisationen logisch und vernünftig. Denn erstens hatten die indigenen Völker keine Erfahrungen darin, sich zu organisieren und der Regierung Forderungen zu stellen, und zweitens deckten sich die konkreten Forderungen beider Gruppierungen, wie Besitzrechte, Gesundheit, Erziehung, Mindestlöhne, Wohnraum und sanitäre Einrichtungen, weitgehend. Außerdem war es in Gegenden, die einer starken Repression ausgesetzt waren – vor allem wenn diese noch von der rassistischen Angst vor Indianeraufständen geschürt wurde –, sinnvoll, die Rückendeckung einer größeren Organisation zu suchen und sich zur eigenen Verteidigung sogar zu bewaffnen.

Zahlreiche Gewerkschaften, Linksparteien und Guerrillagruppen setzten in den siebziger und achtziger Jahren auf die Mobilisierung der indigenen Bevölkerung. Wie Che Guevara, der 1966 in Bolivien zur Revolution aufrief, nahmen sie an, daß die Uramerikaner als ärmste und am stärksten marginalisierte und unterdrückte Bevölkerungsgruppe die bereitwilligsten Rekruten für die revolutionäre Sache abgeben würden.

Für die lateinamerikanische Linke stellte die Urbevölkerung in erster Linie eine ausgebeutete Klasse dar und nur in zweiter Linie »Indianer«, während die meisten politisch denkenden Indianer sich zuallererst als Indigene und erst dann als Ausgebeutete verstanden. Die häufig städtische und mestizische Führungsspitze der lateinamerikanischen Linken ging davon aus, daß bei einer Massenrekrutierung der Indianer die kulturellen Unterschiede in den Hintergrund treten würden und das Klassenbewußtsein die Stelle ihres ethnischen Bewußtseins einnehmen würde.

Tatsächlich diente vielen Indianern der gemeinsame Kampf mit den mestizischen Genossen – um eine Barackensiedlung in Lima mit fließendem Wasser zu versorgen oder die Angriffe der Armee im ländlichen Guatemala abzuwehren – der Schärfung ihres ethnischen Bewußtseins. Viele ihrer ideologischen Bundesgenossen erwiesen sich in kultureller Hinsicht als ebenso unsensibel und verfolgten die gleichen assimilatorischen Ziele wie der Feind im rechten Lager. Die Kontroverse über Klassen- oder ethnische Zugehörigkeit begann von neuem die Gemüter zu erhitzen, als die Indianer verstärkt anfingen, Gewerkschaften, Parteien und Basisorganisationen zu »ethnisieren«.

Das Abtreten der Linken infolge einer Serie von Wahlniederlagen, die rückläufige Guerrillabewegung und der Zerfall der Sowjetunion schufen in Lateinamerika ein politisches Vakuum, das zuweilen mit ethnischem Nationalismus gefüllt worden ist. Der Niedergang der Linken war dort am spürbarsten, wo Gewerkschaften, Parteien und Bewegungen des bewaffneten Kampfes die ethnische Dimension nicht ernst genug genommen hatten. Was einige linke Führer als ethnisch-nationalen Widerspruch bezeichneten, war für die Urbevölkerung keineswegs ein Widerspruch, denn ihre Ethnizität war immer national und im Sinne ihrer eigenen Nationen auch immer ethnisch.

Diese Klassen- und Ethnizitätsdiskussion prägte die Strategie und die Taktik zahlreicher neuer Organisationen. Sie schließen sich mit nicht-indigenen Organisationen zusammen, wenn es um konkrete gemeinsame Anliegen wie Lohnforderungen, Sozialleistungen oder Menschenrechte geht. Bündnisse dieser Art sind auch dem Kampf um Besitzrechte in ethnisch gemischten

Gemeinschaften dienlich. Geht es jedoch um das Einfordern kultureller Rechte – die sich auch aus den konkreten Forderungen ergeben können –, sind die Indianer bestrebt, eigene Gruppen zu gründen.

Allein die politische *concientización* oder Bewußtseinsbildung und das Formulieren von hauptsächlich politischen Forderungen schärft das kulturelle Bewußtsein, zumal sich politische und kulturelle Forderungen im konkreten Fall häufig decken. »Es geht nicht erst um das eine und dann um das andere. Es ist dasselbe«, erklärt ein Aktivist. »Kultur kann man nicht essen, wohl aber die Kartoffelernte, die sich aus der kulturellen Wiederbelebung alter Anbautechniken ergibt.«

Für viele indigene Organisationen gehört die Wiederentdeckung einer traditionellen Kartoffel- oder Maisart, eines Bewässerungssystems der Inka oder der Kräutermedizin ihrer Großeltern genauso zu ihrem Fortbestehen wie die bewußte Suche nach einer kulturellen Erneuerung. Praxis und Spiritualität gehen Hand in Hand und geben der politischen Organisation der Indianer doppelte Kraft.

An der Spiritualität wird die Erneuerung besonders deutlich. Für die jüngeren Generationen gehört zur Neufindung auch der Sinn für die allgegenwärtige Religion, für Magie und das Übernatürliche. Bräuche, Mythen und Geschichten, in denen Tiere sprechen, Pflanzen fühlen, überall Geister existieren, Hacken von selbst arbeiten und Seelen tagelang den Körper verlassen, sind wieder in aller Munde. Infolgedessen hat auch das Interesse an der mündlichen Überlieferung der Indianer, ihrer Medizin, ihren traditionellen Kalendern und religiösen Praktiken stark zugenommen.

Die mündlich überlieferte Geschichte und die von den älteren Mitgliedern der ethnischen Gruppen bewahrte Folklore wird inzwischen in Workshops einem größeren Publikum zugänglich gemacht; Tausende junger Männer und Frauen haben sich für die Ausbildung zum Schamanen beworben; kleine Drukkereien sind entstanden, um die wachsende Nachfrage nach Handbüchern, Texten und der häufig in indigenen Sprachen abgefaßten Folklore zu befriedigen. Wer nicht lesen kann, läßt sich von seinen Kindern vorlesen oder liefert selbst den Stoff, um andere in die geheimnisumwobene spirituelle Welt einzuführen, die jahrhundertelang den Kern des fast unsichtbaren indigenen Widerstands bildete.

Für einige ist die Aufwertung der Kultur und Spiritualität an sich schon ein Akt des politischen Widerstands. Da dieser unpolitisch zu sein scheint, gibt er weniger Anlaß zu Repressionen, birgt jedoch letztlich ein ebenso großes Potential. »Wir sprechen über die Zeiten unserer Vorfahren und lassen die Leute ihre eigenen Schlüsse ziehen«, erklärt Herminio Pérez, ein Rundfunksprecher der Mam im Hochland Guatemalas, wo die Repression besonders stark war. »Die Vergangenheit dient uns als Werkzeug, um die Gegenwart zu verstehen und die Zukunft zu planen.«

In einigen Fällen haben Regierungen diese kulturelle Erneuerung sogar unterstützt. »Manche Regierungen machen kleine Zugeständnisse an die ethnischen Forderungen, um die allgemeine gesellschaftliche Unzufriedenheit zu kanalisieren. Ein ethnisches Bewußtsein erscheint ihnen wesentlich ungefährlicher als eine linke Ideologie, deshalb fördern sie es als das kleinere Übel«, bemerkt ein Anthropologe.

Der Weg über die Politik:
Das System benutzen und verändern

In den achtziger Jahren bot die lateinamerikanische Öffnung zur Demokratie der politischen Arbeit indigener Organisationen neue Betätigungsfelder in der nationalen und lokalen Politik.

1980 wurden Julio Tumiri und Constantino Lima von der MITKA-Partei der *Kataristas* ins bolivianische Parlament gewählt. Drei Jahre später wurde der Xavánte Mario Juruna das erste indigene Mitglied im brasilianischen Kongreß. Seitdem sind in ganz Amerika immer wieder Indianer in politische Ämter gewählt worden. An der Spitze dieses Trends steht Kolumbien, wo derzeit vier verschiedene indigene Parteien drei Senatoren, mehrere Kongreßmitglieder und zahlreiche Bürgermeister und Stadträte stellen.

»Der Weg über die Politik gab uns völlig neue Einflußmöglichkeiten und beweist, was wir in kürzester Zeit erreicht haben«, stellt der Páez-Führer Jesús Pinakul fest, der 1994 für den kolumbianischen Kongreß kandidiert hat. Die bisher größte Errungenschaft war die kolumbianische Verfassung von 1991, die der indigenen Bevölkerung so umfassende Rechte einräumt wie keine andere in Amerika.

In seiner Verfassung wird Kolumbien als pluralistisches und multiethnisches Land anerkannt; sämtliche indigenen Gebiete erhalten den Rechtsstatus von »territorialen Einheiten«, und die indigenen Sprachen werden innerhalb der Indianerterritorien zur offiziellen Sprache erklärt. Des weiteren erhalten die an den Landesgrenzen angesiedelten Mitglieder ethnischer Gruppen die doppelte Staatsbürgerschaft. Die indigenen Gesetze und Gerichte werden anerkannt, ebenso die Reservationen und *cabildos*. Die Ausbeutung natürlicher Ressourcen in indigenen Gebieten darf deren »kulturelle, soziale und wirtschaftliche Integrität nicht beeinträchtigen« und muß die »Beteiligung der indigenen Gemeinschaften vorsehen«.

Wie immer weisen jedoch auch diese Bestimmungen genügend Schlupflöcher auf, und ihre Wirksamkeit läßt sich nur anhand ihrer Umsetzung beurteilen. Um die Verfassungsartikel zur Anwendung zu bringen, müssen ihnen entsprechende Gesetze folgen, aber einige der im Zuge des allgemeinen Rückschritts im kolumbianischen Kongreß diskutierten Gesetzesvorlagen stehen im direkten Widerspruch zur neuen Verfassung. Das für die Durchführung der Demarkationen erforderliche Gesetz war besonders strittig, so daß sich die Regierung von den indigenen Organisationen vorwerfen lassen mußte, sie würde die Verfassungsrichtlinien verletzen, indem sie den Vorschlägen von indigener Seite kein Gehör schenkte.

Diese Schwierigkeiten verdeutlichen, daß solche Verfassungs- oder Gesetzesänderungen häufig nur durch Druck zustande kommen, ihnen aber kein echter Sinneswandel im Hinblick auf die indigenen Territorien im Amazonasbecken vorausgeht. Infolgedessen mußte die von der Regierung zugesagte Demarkation der indigenen Territorien, der die Ausstellung offizieller Besitztitel folgen sollte, Meter für Meter erkämpft werden. »Die Politik wird genauso fortgesetzt, als hätte es nie eine Verfassungsänderung gegeben«, klagt der ehemalige CRIC-Vorsitzende Jesús Avirama.

Die Urbevölkerung konnte sich politisch am besten auf lokaler Ebene durchsetzen, indem sie sich die seit der ersten Hälfte des Jahrhunderts ausschließlich von Mestizen besetzten Ämter in den Rathäusern zurückeroberte. Einige Indianer schafften den Sprung ins Rathaus über die Parteilisten, während viele mit ihrer Kandidatur zum Bürgermeister auch als Parteilose oder Vertreter örtlicher Bürgerinitiativen Erfolg hatten.

Die Ergebnisse im guatemaltekischen Hochland, wo die Maya die Bevölkerungsmehrheit bilden, sind nur ein Beispiel für diese Entwicklung. 1985 wurden in den Kommunalwahlen 59 Maya und 111 Mestizen zum Bürgermeister gewählt. 1988 brachten die Wähler 68 Maya-Bürgermeister und 80 Mestizen in die Rathäuser, und 1993 trugen 92 Maya-Bürgermeister gegenüber 56 Mestizen den Wahlsieg davon.

Ein weitaus größerer Fortschritt war die Entscheidung einiger Regierungen, die traditionellen indigenen Autoritäten als legale Gemeindevertretungen anzuerkennen und sie zu kommunalen Regierungen zu erklären. Eine solche Anerkennung, die bereits unter dem System der Stammesgewalt in den Vereinigten Staaten und Kanada üblich ist, wurde kürzlich auf Kolumbien, Nicaragua und 1993 auch durch eine Verfassungsänderung von Artikel 4 auf Mexiko ausgeweitet. Außerdem gingen Mexiko, Venezuela und Kolumbien auf die Forderungen nach einer festen Anzahl von Sitzen im Kongreß für Indigene ein.

In manchen Ländern ist die Anerkennung der indigenen Autoritäten Teil eines größeren Dezentralisierungsprozesses. Im April 1994 verabschiedete die bolivianische Regierung ein Gesetz der »Volksbeteiligung«, das die Kommunen dazu ermächtigt, ihre Behörden, Schulen und Gesundheitseinrichtungen selbst zu verwalten. In Guatemala müssen inzwischen acht Prozent der Mehrwertsteuereinnahmen an die Kommunen abgeführt werden, was eine spürbare Machtverschiebung von der vornehmlich mestizisch beherrschten Hauptstadt zu den indigenen Provinzen hin bedeutet. Diese Dezentralisierung war ausschlaggebend für das wachsende Interesse an indigenen Bürgermeistern in den Rathäusern des Landes.

In einigen Fällen hatte die Stimme eines indigenen Vertreters in lokalen oder nationalen Gremien spektakuläres Gewicht. Im Juni 1990 fegte der Cree-Ojibwa Elijah Harper in Kanada mit einem nachdrücklichen Kopfschütteln und dem Wehen seiner Adlerfeder einen Verfassungsentwurf (Meech Lake Accord) vom Tisch, der Quebec als Teil Kanadas bestätigen sollte, denn die gesetzlichen Bestimmungen von Manitoba forderten die einstimmige Annahme des Entwurfs vor Ablauf der Frist.

Harper (der erste Indianer, der je in der Versammlung vertreten war) wurde durch sein historisches Votum zum Helden der kanadischen Ureinwohner, die sich darüber empörten, daß die Vereinbarung sie überging, indem sie Kanada ein Land mit »zwei Gründungsvölkern« nannte. Harpers Ablehnung wurde zum Wendepunkt der kanadischen Politik. Innerhalb von zwei Jahren hatten die weißen Politiker des Landes eingesehen, daß die neue Verfassung den indigenen Völkern das »unveräußerliche Recht zur Selbstverwaltung« einräumen muß.

Wie diese Einsicht letztlich umgesetzt wird, muß sich noch zeigen, denn auch ein zweiter in Charlottetown ausgearbeiteter Verfassungsentwurf der kanadischen Regierung scheiterte im Oktober 1992 an einem Referendum. Viele Indianer lehnten die Vorschläge von Charlottetown ab, weil sie meinten, diese würden ihnen den Weg zur vollständigen Anerkennung als Nation verbauen. Der Verfassungsentwurf sah zumindest die Anerkennung des indigenen Selbstverwaltungsrechts vor.

Auch in einem anderen Bereich waren die kanadischen Indianer die Vorreiter eines zunehmend panamerikanischen *pachakut'i*. Im Mai 1992 stimmten 27 390 Kanadier, darunter 85 Prozent Inuit, für ein 1 970 000 Quadratkilometer großes selbstverwaltetes Territorium (etwa ein Fünftel der kanadischen Landmasse) in der östlichen Hälfte des als Northwest Territories bekannten Gebiets. Das Land, das sich vom nördlichen Zipfel der Ellesmere Island bis zum Beaufortsee im Westen und südlich am Hudsonbai entlang bis zur Grenze zu Manitoba erstreckt, wurde Nunavut, auf Inuit »Unser Land«, getauft.

Im darauffolgenden November sprachen sich 8 000 Inuit in 27 weitverstreuten Siedlungen dafür aus, an 348 000 Quadratkilometern das volle Besitzrecht zu erwerben. Nunavut wird im Jahr 1999 aus der Taufe gehoben und mit einer Zahlung von 17 Milliarden kanadischen Dollar den indigenen Völkern für den Verzicht auf ein noch größeres Gebiet von der Regierung überlassen. »Durch die Gründung dieses Heimatlandes sind wir die größten

privaten Landeigentümer der Welt geworden«, freut sich Jack
Kupeuna, Vizepräsident des Tungavik-Bundes von Nunavut in
seiner Gemeinschaft auf der Insel Baffin von Iqaluit. »Das ist ein
historischer Augenblick für das Volk der Inuit.«

Nicaragua ist das dritte und letzte Land Amerikas, das ähnliche Vorstöße gewagt hat wie Kolumbien und Kanada, um seine
multikulturelle und multiethnische Gesellschaft zu legalisieren
und das Bedürfnis der indigenen Völker nach Selbstbestimmung
gesetzlich zu verankern. Mitten in dem mit Rückendeckung der
USA geführten Krieg der *Contras* gegen die sandinistische Regierung wurde Nicaragua 1987 das erste Land des Kontinents, das
sich durch die einstimmige Annahme des Autonomiegesetzes in
der Nationalversammlung zu seiner multiethnischen Natur bekannte.

Das Autonomiegesetz schützte die von den Sumos, Ramas
und Miskitos an der Atlantikküste geforderten kulturellen,
sprachlichen und religiösen Rechte. Es ging noch einen Schritt
weiter, indem es anerkannte, daß diese Rechte nur voll ausgeübt
werden konnten, wenn die betreffenden Minderheiten über aus-
reichende wirtschaftliche Ressourcen verfügten, um nicht nur
ihr Überleben, sondern auch ihr Wachstum und ihre Entwicklung zu sichern. Die gesetzlich festgelegten Landzuteilungen
wurden zwar von vielen als unzureichend kritisiert, das Gesetz
sah jedoch die Gründung von zwei Entwicklungsfonds und die
Bildung von zwei demokratisch gewählten Regionalräten zur
Vertretung der neuen autonomen Gebiete am Nord- und Südat-
lantik vor.

Aber die Realität zeigte, wie schwer sich selbst die besten Ab-
sichten gegen ein mehrere hundert Jahre altes Mißtrauen durchsetzen können. Ein Regierungswechsel im Jahr 1990 und die Tatsache, daß Autonomie stets mit der integrativen, repressiven
Politik der Sandinisten in Verbindung gebracht wurde, unter der

die Küstenbevölkerung bis zu einem politischen Umschwung Mitte der achtziger Jahre zu leiden hatte, erwiesen sich als enorme Hindernisse für den Fortschritt.

Die nicaraguanische Erfahrung hat bewiesen, daß eine echte multikulturelle Gesellschaft mehr erfordert als Gesetze und einen guten Willen. Das bewußte Zugeständnis an die indigenen Völker, multikulturelle Individuen zu sein und mehrere Identitäten zu besitzen, ist unabdingbar. »Wir haben den Leuten nicht erlaubt, beides zu sein, Miskitos und Sandinisten; wir wollten, daß sie sich für eins entscheiden«, bereut ein Vertreter der Miskito.

500 Jahre und kein Ende: Auftrieb für den Widerstand

Im Vorfeld der 500-Jahr-Feiern von Columbus' Ankunft in Amerika kam es zur verstärkten Organisation, kulturellen Erneuerung und politischen Einmischung der indigenen Völker. Auf die von internationaler Seite zu diesem Anlaß geplanten Feierlichkeiten reagierten sie mit Protesten. Sie wehrten sich gegen eine 500jährige Geschichtsschreibung, die Columbus zum Helden und die indigenen Völker zu Wilden stempelt. Der größte Erfolg der Protestaktionen, die sich schnell zu einer panamerikanischen Kampagne ausweiteten, bestand darin, daß sie die internationale Aufmerksamkeit von Columbus ablenken konnten, um aktuellere Themen in den Vordergrund zu stellen. »Wir sind nicht böse auf Kolumbus – er ist tot«, bemerkte Gitksan-Führer Wii Seeks. »Wir sind böse auf die Regierungen, weil sie die von Columbus angefangene Kolonialpolitik fortsetzen.«

Unzählige kommunale, regionale und nationale Indianerorganisationen schlossen sich in einer »Kontinentalen Kampagne des 500jährigen indianischen, schwarzen und Volkswiderstands« zusammen, die erstmals 1990 in Quito (Ecuador) tagte. In ganz

Europa bemühten sich Solidaritätsgruppen darum, ein größeres Bewußtsein für die Situation der indigenen Völker zu schaffen.

In den Jahren vor 1992 regte sich in vielen Ländern ein vielversprechender Protest, durch den deutlich wurde, wie das Selbstvertrauen und die Organisationsstrukturen der indigenen Nationen des Kontinents inzwischen gewachsen waren. Im Mai 1990 besetzten 160 Mitglieder der *Confederación de Nacionalidades Indígenas del Ecuador* (CONAIE – Konföderation Indigener Nationalitäten von Ecuador), des Dachverbandes von Hoch- und Tieflandvölkern, die Kathedrale von Santo Domingo mitten in der Altstadt Quitos. Mit der Forderung nach der Beilegung der Landstreitigkeiten in sechs Hochlandprovinzen löste die Aktion landesweite Proteste aus.

Es wurden Straßenblockaden aus Felsblöcken und Baumstämmen errichtet, Polizisten und lokale Regierungsvertreter als Geiseln genommen und Teilprovinzen besetzt, deren Namen allein – Chimborazo, Cotopaxi, Tungurahua und Imbabura – ein Hinweis auf ihre ursprünglichen Eigentümer sind. Als das Land regelrecht lahmgelegt war und die Städte durch Straßenblockaden vom Umland abgeschnitten waren, so daß eine Lebensmittelknappheit drohte, waren die Minister endlich bereit, über die 16 Forderungen der CONAIE nach kulturellen Rechten zu verhandeln.

»Wir sind es satt, Angebote und Versprechungen zu bekommen ... Wir haben unsere eigenen Vorstellungen und unsere eigenen Kriterien«, gab CONAIE-Führer Cristóbal Tapuy ihnen zu verstehen. Eine konservative Tageszeitung in Quito nannte es den »sechsten Indianeraufstand«, worauf CONAIE mit einer Liste von 145 indigenen Erhebungen in Ecuador zwischen 1533 und 1972 antwortete. Einig war man sich allerdings darüber, daß es diesmal anders war. Als landesweiter, koordinierter Protest mit klar umrissenen Zielen markierte dieser Aufstand den Wendepunkt von der Defensive zur Offensive.

In Bolivien füllte ein ähnlich symbolträchtiges Ereignis wochenlang die Titelseiten der Zeitungen. Im Oktober 1990 brachen 800 Moxeños, Yuracares, Chimanes und Guaranís von der Stadt Trinidad (auf 237 Meter Höhe) im Amazonasbecken zu einem 530 Kilometer langen Fußmarsch in die bolivianische Hauptstadt La Paz (in 3 636 Metern Höhe) im Hochland auf. Mit diesem Protestmarsch demonstrierten sie dagegen, daß die Regierung der rücksichtslosen Ausbeutung der Mahagoni-Bestände in einem 160 000 Hektar langen Waldstreifen der Chimanes tatenlos zusah; sie trugen ein Transparent mit der Aufschrift »Marsch für Boden und Würde«.

Als sie die Bergpässe erklommen, die das bolivianische Hochland mit dem Tiefland verbinden, kamen ihnen Tausende Quechua und Aymara entgegen, um sie anzuspornen oder mitzumarschieren. Unterstützer brachten ihnen Lebensmittel, Wollkleidung und Cocatee, das traditionelle Mittel gegen die Höhenkrankheit. Der bolivianische Präsident Jaime Paz Zamora war klug genug, den Teilnehmern des Marsches mit dem größten Teil seines Kabinetts ein Stück entgegenzugehen, bevor er nach ihrer Ankunft in der Hauptstadt La Paz sechs Tage lang intensiv mit ihnen verhandelte.

Die Regierung erklärte sich bereit, die Holzfäller bis zum Ende des Jahres zum Rückzug aufzufordern und den Protestteilnehmern Besitztitel für 1,6 Millionen Hektar Land in drei unterschiedlichen Gebieten des Amazonaswaldes auszustellen. Landwirtschaftsminister Mauro Bertero versprach ein neues Gesetz zum Schutz der indigenen Bevölkerung, die, wie er bemerkte, im geltenden Forstrecht denselben Rechtsstatus genoß wie die Flora und Fauna des Waldes.

Der 33tägige Marsch machte deutlich, wie ein lokales indigenes Thema in der angespannten Atmosphäre vor dem Gedenkjahr 1992 fast über Nacht eine landesweite Bewegung auslösen konnte. Diese neue öffentliche Stimmung provozierte unzählige Proteste auf dem ganzen Kontinent, die von den Regierungen auf eigene Gefahr ignoriert wurden.

Viele Menschen außerhalb der indianischen Dörfer, Wälder und Slums schlossen sich den indigenen Forderungen nach Umweltschutz, Bodenrechten und besseren Sozialleistungen an. »Wir sind marschiert, damit in Bolivien und in der ganzen Welt jeder sehen kann, daß es uns gibt und daß wir Rechte haben«, erklärte Marcial Fabricano, ein Leiter des Protestmarsches.

An anderen Orten zeigte sich der Unmut auch durch konkrete Protestaktionen. Diese verliefen jedoch nicht immer so friedlich wie in Bolivien. Weniger als drei Wochen, nachdem in Kanada der Verfassungsentwurf *Meech Lake Accord* abgeschmettert worden war, stürmte die Provinzpolizei von Quebec in der Stadt Oka eine Barrikade der Kanesatake Mohawk. Mit der symbolischen Barriere protestierten die Mohawk gegen die Pläne des Stadtrats, einen Golfplatz in ein Pinienwäldchen auszuweiten, das eine ihrer heiligen Grabstätten umgab. Es kam zu einer Schießerei, und nachdem sich der Nebel von Rauchbomben und Tränengas verzogen hatte, lag ein Polizist der *Sureté du Québec* tot am Boden.

Der Angriff löste in Kanada eine Serie von Unruhen aus, eine Art Mini-Intifada der Solidarität derer, die darum kämpften, das schrumpfende Indianerland vor der wirtschaftlichen Erschließung zu schützen. Hunderte über einen Kurzwellensender mobilisierte Mohawk blockierten die Mercier-Brücke, eine Hauptverkehrsstraße Montreals, die mitten durch das Gebiet der Kahnawake-Gemeinschaft führt. Plötzlich wurden Tausende von lautstark protestierenden Pendlern wieder an das Thema der Passiererlaubnis von indigenen Territorien erinnert. »Sie beschweren sich darüber, ein paar Wochen behindert worden zu sein, wir sind jahrhundertelang behindert worden«, lautete eine Stellungnahme der Mohawk.

In British Columbia blockierten indigene Gruppen mehrere Hauptstraßen, in Süd-Ontario kappten sie Starkstromleitungen. In Süd-Alberta gruben Mitglieder der *Peigan Lonefighters Society* in ihrer Reservation einen eineinhalb Kilometer langen Graben um ein Bewässerungswehr, das Teil eines Staudammprojekts am Oldman River war und ohne vorheriges Gutachten der staatlichen Umweltbehörde gebaut wurde.

Immer wieder wurden Straßen in den Innenstädten von Vancouver und Calgary mit Barrikaden blockiert; in verschiedenen Provinzen wurden indianische Friedenscamps veranstaltet. Ebenso wie in Lateinamerika schlossen sich zahlreiche andere Gruppierungen dem von den Indianern angeführten Kampf um eine umweltverträgliche Entwicklung, um bürgerliche Freiheiten, Erziehung und Gesundheit an.

Am Vorabend zur 500-Jahr-Feier von Columbus' Ankunft in Amerika wurde deutlich, daß es den Nachkommen der Eroberungsopfer gelungen war, den Gedenktag für ihre Ziele umzufunktionieren. In den letzten Jahren vor dem 12. Oktober 1992 hatten die Indianer begonnen, der Öffentlichkeit ihre Version der Geschichte zu präsentieren, und sich in spürbarer Form in Erinnerung gebracht. Die durch den Druck der indigenen Bevölkerung sensibilisierten Regierungen versuchten, den Tag als »Begegnung« von zwei Welten und zwei Kulturen zu deklarieren. Aber letztlich wurden zahlreiche offizielle Feierlichkeiten auf dem ganzen Kontinent abgesagt, und Bob Hope mußte schweren Herzens eine Live-Sondersendung zu Columbus im US-Fernsehen abblasen.

Kein lateinamerikanisches Staatsoberhaupt riskierte die Teilnahme am ehrgeizigsten Jubiläumsereignis überhaupt: der Einweihung eines gewaltigen kreuzförmigen Monuments zur Entdeckung und Evangelisation Amerikas in der Dominikanischen Republik – einem Land, in dem nicht ein einziger Ureinwohner die Ankunft der Europäer überlebt hat.

Das Denkmal, ein Lieblingsobjekt von Präsident Joaquín Balaguer – vermutlich der letzte echte *caudillo* des Kontinents –, sollte von riesigen Scheinwerfern angestrahlt werden, so daß die Kreuzform am nächtlichen Himmel sichtbar wurde. In der Vorbereitungsphase zum Jubiläum riefen die auf 400 Millionen US-Dollar geschätzten Kosten für den Leuchtturm und die von ihm verursachten Stromausfälle zahlreiche Demonstrationen in den umliegenden Elendsvierteln auf den Plan.

Der Tag selbst verlief nicht viel anders. Papst Johannes Paul II., einer der wenigen angereisten Würdenträger, empfing eine aus mehreren Indianerführern bestehende Delegation der Jubiläumsgegner und gestand eine Teilschuld der Kirche an der Vernichtung ihrer Vorfahren ein. 2 000 Quechua und Aymara bestiegen den Cerro Rico in Potosí, um ihr historisches Besitzrecht daran zu demonstrieren. Denkmäler von Columbus und den spanischen Monarchen wurden mit roter Farbe beschmiert sowie Scheinprozesse gegen Christoph Columbus veranstaltet.

Indigener Internationalismus: »Wir sind nicht länger bereit, zu schweigen«

Das 500jährige Jubiläum motivierte und stärkte die Organisation der indigenen Völker, deren Proteste bis heute unvermindert anhalten. Wenige Tage nach dem Gedenktag bekam die indigene Bewegung, die inzwischen transkontinental geworden war, von anderer Seite Auftrieb. Im Morgengrauen des 16. Oktober 1992 erhielt Rigoberta Menchú Tum in ihrem Büro der *Coordinadora Nacional de Viudas de Guatemala* (CONAVIGUA – Nationale Guatemaltekische Witwenvereinigung) in San Marcos einen Anruf des norwegischen Botschafters in Mexiko. Er beglückwünschte sie kurz zu ihrer Ernennung zur Friedensnobelpreisträgerin des Jahres 1992.

»Der Preis ist eine Anerkennung für die indigenen Frauen Guatemalas und birgt eine enorme Verantwortung, die eigentlich die ganze Welt betrifft«, erklärte sie den Journalisten vor ihrem Büro. »Ich wünschte nur, meine Eltern könnten dabei sein.« Sie verlor ihre Mutter, ihren Vater und ihren jüngeren Bruder in der Heimat bei unterschiedlichen Gewaltakten der Armee in den achtziger Jahren – und das waren nur drei von Zehntausenden Maya, die zu den Opfern einer der brutalsten Episoden der fortdauernden Eroberung wurden.

Die Jury in Oslo hätte wohl kaum eine typischere Vertreterin der indigenen Völker finden können. Rigoberta Menchús Leben, das sie in ihrer Autobiographie *Leben in Guatemala* ergreifend schildert, ist die Erfahrung von Millionen Menschen. Das bestätigt sie in den ersten Buchzeilen, indem sie schreibt: »Meine persönliche Erfahrung ist die Wirklichkeit eines ganzen Volkes.«

Als unermüdliche Aktivistin und international anerkannte Vertreterin der indigenen Völker ist sie ein Kind der Gegenwart und einer neuen Generation, »die nicht länger bereit ist, zu schweigen«. Als Flüchtling im mexikanischen Exil – ihr Heimatdorf Chimayel und ihre Familie wurden zerstört – teilte sie das zeitlose Schicksal zahlloser Indianer der vergangenen 500 Jahre und steht für sie alle.

Als ungebildete Frau vom Land, die buchstäblich aus der Sklaverei als Kaffeepflückerin und Hausmädchen zur jüngsten Nobelpreisträgerin der Geschichte aufstieg, ist Rigoberta Menchú die Hoffnungsträgerin eines ganzen Kontinents. »Es ist ein europäisches Schuldbekenntnis gegenüber den Ureinwohnern Amerikas; es ist ein Appell an das Gewissen der Menschheit; es ist ein Schrei nach Leben, Frieden, Gerechtigkeit, Gleichheit und Brüderlichkeit zwischen den Menschen«, erklärte sie anläßlich der Preisverleihung im Rathaus von Oslo am 10. Dezember 1992.

Rigoberta Menchú erhielt den Friedensnobelpreis im mexikanischen Exil wie der Prophet, der nichts gilt im eigenen Land. Sie konnte nur im Exil überleben, um für ihr Volk einzutreten, und das entging keinem ihrer Zuhörer, als sie zur Umkehr aufrief nach 500 Jahren Raub und Verzweiflung. Diese durch den Friedensnobelpreis gewürdigte internationale Unterstützung des Kampfes um Gerechtigkeit gehörte zu den wichtigsten Faktoren der indigenen Erneuerung in den vergangenen 25 Jahren.

Mit der Entwicklung der indigenen Organisationen ging in verschiedenen Bereichen die eines »indigenen Internationalismus« einher, wie ein Flüchtling es nannte. Das geschah durch Indianer, die aus politischen oder wirtschaftlichen Gründen ins Ausland flohen: durch die Migration von Mixteken und Zapoteken aus dem mexikanischen Oaxaca nach Kalifornien, um im Central Valley als Landarbeiter zu arbeiten; durch über 100 000 Maya aus Guatemala, die in die angrenzenden mexikanischen Bundesstaaten und noch weiter flohen in dem verzweifelten Versuch, den Massakern der guatemaltekischen Armee zu entkommen; durch die Migration von arbeitssuchenden Schafhirten der Quechua nach Argentinien und in die westlichen Bundesstaaten der USA Utah und Nevada.

Auf einer mehr formellen Ebene verstärkte sich der Austausch zwischen indigenen Vertretern und internationalen Einrichtungen, seien es Nicht-Regierungsorganisationen, wie zum Beispiel Entwicklungs- oder Umweltorganisationen, multilaterale Kreditinstitute, wie die Weltbank oder der Internationale Währungsfonds, oder regierungsübergreifende Instanzen, wie die Organisation Amerikanischer Staaten (OAS) oder die Vereinten Nationen.

Die Beziehung zu letzteren wurde durch die Gründung der *UN-Arbeitsgruppe Indigene Bevölkerungen* formalisiert, einem Hilfsorgan der *UN-Unterkommission zur Verhütung von Rassendiskriminierung und zum Schutz von Minderheiten*. Die Arbeitsgruppe hat sich seit 1992 einmal im Jahr getroffen und wachsende Bedeutung durch die stetig steigende Zahl indigener Vertreter erhalten, die als Zeugen persönlich nach Genf reisen, um Bericht zu erstatten und im Rahmen des offenen Forums Vorschläge zu machen.

Die Arbeitsgruppe fertigte kritische Studien an, berief Konferenzen von Sachverständigen ein und führte verschiedene praktische Aktionen durch. 1993 vollendete sie ihre Hauptaufgabe und legte der Unterkommission den Entwurf zu einer universellen Erklärung der Rechte indigener Völker vor. Das war der erste Schritt zur Verabschiedung einer UN-Erklärung oder sogar Konvention, welche die Generalversammlung der Vereinten Nationen im Laufe des von ihr ausgerufenen UN-Jahrzehnts der Indigenen Völker von 1995 bis 2004 plant.

Dadurch soll das einzige existierende internationale Abkommen zu dem Thema, die Konvention zu Indigenen und Stammesvölkern der Internationalen Arbeitsorganisation (Konvention 169), verbessert werden. Die rechtlichen Bemühungen auf internationaler Ebene stellen die Fortsetzung der von den indigenen Organisationen in ihren Heimatländern verfolgten Strategie dar. Nachdem sie Gesetzes- oder Verfassungsänderungen erreicht haben, benutzen sie diese als Druckmittel bei ihren Regierungen, um politische Veränderungen durchzusetzen.

Die politische Arbeit auf internationaler Ebene hat dazu geführt, daß die Ureinwohner Amerikas in verschiedenen Foren auf ganz neue Weise zusammenkamen. Sie haben rasch gemerkt, daß aus einer geteilten Geschichte, einer geteilten Erfahrung und einer geteilten Weltanschauung gemeinsame Probleme entstehen. Internationale Versammlungen fördern ihre Solidarität und bieten denen, die oft in gefährliche Einzelkämpfe verstrickt sind, manchmal die Rückendeckung einer größeren Gruppe. »Es ist sehr motivierend und mutmachend, andere zu treffen, die denselben Kampf führen. Wir haben eine Menge Gemeinsamkeiten und können eine Menge voneinander lernen«, bemerkte Rigoberta Menchú auf einer Nordamerika-Reise 1990.

Dieser Erfahrung liegt ein wechselseitiger Prozeß zugrunde, denn als die Uramerikaner anfingen, in die Welt hinauszugehen, öffnete sich auch die Außenwelt in ungeahnter Weise ihren Anliegen. Sie wurden von Rundfunkreportern, ausländischen Entwicklungshelfern, Missionaren und sogar heimkehrenden Söhnen und Töchtern der eigenen Völker aufgesucht, während sie selbst quer durch Amerika reisten. Ein enges Weltbild weitete sich rasch, und viele fühlen sich inzwischen etwas Größerem, einer kontinentalen »panindianischen Bewegung« zugehörig. Das stärkte ihr Selbstbewußtsein und half ihnen, ihre Identität neu zu definieren.

Nayrapacha: Vergangenheit, die Zukunft ist

Wohin die derzeitige kulturelle Erneuerung führen wird, läßt sich nicht vorhersagen. Denn Autonomie und das Recht auf Selbstbestimmung sind für die verschiedenen indigenen Nationen etwas Unterschiedliches. Letztlich werden die kollektive ethnische Entscheidung und die vorherrschenden politischen, wirtschaftlichen und sozialen Bedingungen ausschlaggebend sein. Eins jedoch ist sicher: Der heutige Kampf der indigenen Nationen schafft die Voraussetzungen, um eine solche Entscheidung treffen zu können.

Fest steht außerdem, daß es nicht um die Kultur als solche geht, sondern daß diese vielmehr das Mittel zum Zweck ist. »Wir kämpfen nicht für unsere Kultur, die haben wir längst. Wir wollen unsere Rechte: das Recht auf Frieden, das Recht, unseren eigenen Entwicklungsweg zu gehen, das Recht, unsere Kinder zu erziehen, das Recht, uns selbst zu vertreten«, stellt ein Maya fest.

Für einige Gruppen in Nordamerika wären diese Rechte bereits gesichert, wenn gewährleistet würde, daß die existierenden

Vereinbarungen eingehalten werden. Andere Gruppen, in Ländern wie Bolivien, Peru, Ecuador und Guatemala, suchen ebenso den Ausstieg wie den Einstieg in ein System, das ihnen so lange die demokratischen Grundrechte und die volle Beteiligung am nationalen Leben verweigert hat.

Für eine weitere Gruppe von Völkern, die bisher wenig Kontakt zu den auf ihr Land übergreifenden europäischen Gesellschaften hatten, geht es darum, irgendeinen *modus vivendi* mit den eindringenden Kräften zu finden, bevor es zu spät ist. »Wir sind gefordert, in einem einzigen Jahrzehnt Tausende von Jahren zurückzulegen«, sagt ein Ältester der Inuit. »Gebt uns Zeit, mit diesen Veränderungen auf unsere eigene Weise fertigzuwerden.«

Überall in Amerika versuchen indigene Völker mit allen Mitteln, mit diesen Veränderungen zurechtzukommen. In der Regel widersetzen sie sich zunächst den Neuerungen, um sich ihnen im eigenen Rhythmus und zu ihrem eigenen Nutzen anzupassen oder mit ihnen zu arrangieren. Ihr Widerstand reicht von der internationalen Agitation bis zur Simulation und dem »Dienst nach Vorschrift«. Indem sie Widerstand leisten und protestieren, erinnern sie uns daran, daß es sie noch gibt und daß ihre Geschichte nicht zu Ende ist.

So schaffen sie sich ihre eigene Zeit im Sinne der pendelnden, sich erneuernden Form von Zeit in der traditionellen andinen Vorstellung des *nayrapacha*. »*Nayrapacha* ist Vergangenheit, die auch Zukunft sein kann. Das heißt, daß diese Welt verändert werden kann«, sagt Aymara-Aktivist Carlos Mamani. »Wörtlich bedeutet es, ›die alte Zeit‹, aber nicht im Sinne einer toten unveränderlichen Vergangenheit.«

»Zurück in die Zukunft« könnte das indigene Motto lauten, um die Vorstellung einer zukunftsweisenden und die Zukunft erfüllenden Vergangenheit zu erfassen, die auf dem amerikanischen Kontinent in der aktuellen ethnischen Erneuerung Ausdruck findet. Indem sich die Indianer ihre eigene Zeit zurückerobern und darin leben, erobern sie ihre Geschichte zurück. Das rechtfertigt im nachhinein das Festhalten von Millionen Vorfahren an den alten Bräuchen und Traditionen, was zu ihren Lebzeiten als reines Wunschdenken gedeutet wurde.

Überall auf dem amerikanischen Doppelkontinent wurden Plätze nach oder von Völkern benannt, die inzwischen ausgerottet sind. Dieser Holocaust setzt sich bis heute fort. Jährlich wird in Amerika mindestens eine ethnische Gruppe vernichtet, werden Böden und Bodenschätze und, wo diese nicht mehr zu haben sind, neuentdeckte Ressourcen, wie die indigene Biotechnologie und sogar Gene, ausgebeutet. »Wenn ihr uns alle umbringt, müßt ihr auch alle Fotos von uns vernichten, weil zukünftige Generationen euch fragen werden, warum ihr das zugelassen habt«, sagt ein Regenwaldbewohner.

Es wäre sicherlich falsch, das Ausmaß der derzeitigen Reaktion auf diese Vorgänge zu unterschätzen. Sie ist so international, tragfähig und in einer breiten Öffentlichkeit verankert wie keine indigene Erneuerung zuvor. Viele indigene Völker Amerikas sehen darin die Erfüllung der Prophezeiung von der messianischen Wiederkehr einer Zeit, die dem Glauben der alten Tage an ein Gleichgewicht zwischen den Kräften, an Aktion und Reaktion, an Ursache und eine ebenbürtige entgegengesetzte Wirkung Recht gibt.

Solche Überzeugungen wurden immer wieder durch die auf den Ethnozid folgende Ethnogenese bestätigt, wenn nämlich die Bedrohtesten selbst ihre Kulturen am wirksamsten zu verteidigen und zu erneuern verstanden. Es fällt schwer, die heutige Erneuerung nicht in den indigenen Begriffen als Anbruch des inkaischen *pachakut'i* zu sehen, einer Umkehr der Welten, einer Zeitenwende, die in einem kosmischen Umsturz und universellen Umbruch Ausdruck findet.

Das aus dem Reich der Mythen und Sehnsüchte stammende Wort *pachakut'i* ist heute in den beiden andinen Hauptsprachen Quechua und Aymara zu einem alltäglichen Begriff geworden. Doch wird die Indianerrevolution nicht, wie in einigen Legenden vorausgesagt, von den Bergen, aus den Wäldern oder der Tundra mit einer Wucht und Gewalt über den Kontinent hereinbrechen wie seinerzeit die europäische Eroberung von der Küste. Vielmehr ist es ein evolutionärer Prozeß, der sich in den nächsten 20 Jahren voraussichtlich auf die gleiche Weise vollziehen wird wie die Organisation der indigenen Völker in den letzten 20 Jahren. Er wird sich in der Indigenisierung der bestehenden – vielleicht sogar staatlichen und gesellschaftlichen – Strukturen zeigen.

Den Ureinwohnern Amerikas bietet sich heute eine historische Gelegenheit. Noch nie war die Welt empfänglicher für ihre Vision einer multikulturellen, demokratischen, umweltbewußten Gesellschaft. Während sich der militaristische Nationalstaat langsam verändert und im Zeitalter nach dem Kalten Krieg sogar verschwindet, können indigene Organisationen auf ein weites Spektrum von Bündnispartnern im eigenen Land und in Übersee rechnen.

Die Vorstellung einer Indigenisierung des mestizisch oder europäisch geprägten Staates durch die Umkehrung der den indigenen Völkern Amerikas so oft widerfahrenen Akkulturation oder Assimilation klingt heute noch unwahrscheinlich. Doch vor 400, 100, ja sogar 50 Jahren schien das blanke Überleben der indigenen Völker des Kontinents ebenso unwahrscheinlich.

Echte Demokratie, die jeden zu Wort kommen läßt und jede Meinung berücksichtigt, ist die Grundlage der indigenen Entscheidungsfindung im Clan oder Dorf; echtes Umweltbewußtsein ist die indigene Lebensgrundlage; echte Multi-Ethnizität, bei der die gegenseitige Achtung das Miteinander bestimmt, ist die Grundlage des indigenen Glaubens. Manuel Colop, der Anführer einer Maya-Gemeinschaft, faßte es so zusammen: »Wir handeln so, wie unsere Regierungen handeln sollten. Wir haben sämtliches Wissen und alle Eigenschaften, die sie dringend brauchen.«

Wenn die Vergangenheit vielleicht auch nicht geändert werden kann, so kann sie doch verstanden und eine Schuld an ihr erkannt werden. Die größte Herausforderung bleibt für die Regierungen Amerikas die Überwindung ihres eigenen Mythos der indigenen Völker des Kontinents, ihres eigenen Mythos der Entdeckung und Eroberung, ihres eigenen Mythos darüber, was die Ureinwohner heute wollen. Diese Mythen und die Ansichten, die sich aus ihnen ergeben, sorgen mehr als alles andere dafür, daß der Weiße ein Kolonist und der Indigene ein Eingeborener bleibt in einem Land, das beide teilen müssen.

»Der weiße Mann versteht den Indianer nicht, weil er Amerika nicht versteht. Er ist zu weit weg von dessen Entstehungsprozessen. Die Wurzeln seines Lebensbaumes haben Stein und Boden noch nicht erfaßt ... Der Mann aus Europa ist immer noch ein Ausländer und Fremder.« Das bemerkte Luther Standing Bear, ein Lakota, im Jahr 1933. Jene, die schon vor der Ankunft der Weißen in Amerika waren, könnten kaum stärker verwurzelt sein im Boden, Wald, Schnee und in den Bergen ihres Kontinents. Der Cree Robbie Niquanicappo, dessen Land immer noch von Hydro-Quebec bedroht wird, spricht für alle indigenen Völker Amerikas, als er aus dem Fenster auf die schneebedeckten immergrünen Pflanzen sieht, während er dem Schreien seines Babys lauscht: »Ich möchte, daß mein Sohn das Land, auf dem seine Großväter spazierengingen und in dem sie ruhen, sieht und sich daran erfreut. Das da draußen ist mein Leben. Das da draußen ist unsere ganze Geschichte.«

Quellen

The First Nations, 1492–1992, NACLA Report on the Americas, New York, Vol. XXV, No. 3 (December 1991)

Ronald Wright, Stolen Continents – The Indian Story, Pimlico Books, London 1992

Donna Lee Van Cott (ed), Indigenous Peoples and Democracy in Latin America, Macmillan Press, Basingstoke 1994

Brazil – A Mask Called Progress – An Oxfam Report, Oxfam, Oxford 1991

Javer Albó, El Retorno del Indio, Revista Andina, Centro de Estudios Rurales Andinos Bartolomé de las Casas, Cuzco, Año 9, No. 2, diciembre 1991

Steve Stern, Paradigms of Conquest: History, Historiography and Politics, Journal of Latin American Studies, Vol. 24: 1992 Quincentenary Supplement, Cambridge University Press, Cambridge

John Durston, Indigenous peoples and modernity, CEPAL Review No. 51, Santiago, December 1993

Juliana Ströbele-Gregor, From Indio to Mestizo ... to Indio, New Indianist Movements in Bolivia, Latin American Perspectives, Sage Publications, Thousand Oaks, CA, Issue 81, Vol. 21, No.2, Spring 1994

Yves Materne (ed), The Indian Awakening in Latin America, Friendship Press, New York 1980

Zeittafel

Zusammengestellt von Emma Pearce
Aus dem Englischen von Ariadne Sondermann

7000–2000 v.Chr. Präkeramisches Zeitalter. Der Beginn von Landwirtschaft mit Geräten wie dem Grabstock, den nomadisierende Gruppen verwenden. Getreideanbau, Töpferei und Metallverarbeitung entwickeln sich. Intensive Landwirtschaft führt zur Entstehung städtischer Zivilisationen, insbesondere in Mexiko und den Zentralanden.

ca. 5000 v.Chr. In Monte Albán (Mexiko) wird hieroglyphenartige Schrift verwendet.

2000 v.Chr.–Chr. Geb. Präklassisches Zeitalter. Entwicklung seßhafter Landwirtschaft basierend auf in Dörfern lebenden Verwandtschaftsgruppen.

200 v.Chr.–200 Die Hopewell-Kultur entwickelt sich in den Tälern von Illinois und Ohio. Handelsverbindungen erstrecken sich bis zum Golf von Mexiko.

Chr. Geb.–900 n.Chr. Klassisches Zeitalter. Entstehung größerer Städte und steinerner Zeremonialzentren sowie die Entwicklung eines mächtigen, von einem König und einer Priesterkaste regierten Staates. Beispiele dafür finden sich bei den Maya in Mesoamerika, den Huari- und Tiahuanaco-Kulturen der Anden und den Moche und Nazca an der Küste von Peru.

ca. 990 n.Chr. Das Inka-Reich beginnt sich auszudehnen. Im 15. Jahrhundert umfaßt es das heutige Peru, Ecuador und Bolivien sowie Teile Argentiniens und Chiles.

ca. 1000–1200 Die Tolteken gründen ein großes Reich in Zentral- und Südmexiko.

1006 Einer norwegischen Sage zufolge nimmt Thorwald, ein Bruder Leif Erikssons, während seiner Forschungsreise an der nordamerikanischen Küste acht Indianer gefangen und tötet sie. Er bezeichnet sie als »skraelinger«, »kleine, schmutzige, in Tierfelle gekleidete Gesellen« – die älteste bekannte Darstellung einer Begegnung zwischen Uramerikanern und Europäern.

1325 Die Azteken gründen Tenochtitlán, das zur Hauptstadt (heute Mexiko) eines kämpferischen Kriegerreichs wird.

Oktober 1492 Columbus erreicht die heutigen Bahamas.

1494 Der Vertrag von Tordesillas teilt die neuentdeckten Gebiete zwischen Spanien und Portugal auf.

1495 Die Spanier beginnen während der Gebietsverwaltung durch Columbus und dessen Brüder Bartolomé und Diego mit der Versklavung des Arawak-Volkes aus Hispaniola (Haiti). Tausende sterben. Es überleben so wenige, daß die Spanier um 1502 beginnen, schwarze Sklaven aus Afrika einzuführen.

1497 Der genuesische Entdecker John Cabot erreicht Neufundland.

1519–40 Hauptperiode spanischer Eroberung von Kulturen der Maya, Inka und Azteken. Sie wird durch die Pockenkrankheit, an der nahezu die Hälfte der Azteken und Inka sterben, erleichtert.

1533 Der Spanier Francisco Pizarro tötet den letzten Inka-Herrscher Atahualpa.

1536 Manku Inka, ursprünglich als Marionettenkönig von Pizarro unterstützt, belagert die Stadt Qosqo (Cusco) vier Monate lang. Er zieht sich nach Vilcabamba zurück, von wo er fortfährt, die Spanier zu attackieren.

1542 Spanien versucht durch gesetzliche Maßnahmen, die schlimmsten Auswüchse der Grausamkeit gegen die Indianer zu beenden – weitgehend erfolglos.

1560 Bartolomé de las Casas schätzt, daß seit dem ersten Kontakt mit den Spaniern bis zu 40 Millionen Indianer zu Tode gekommen sind.

1562 Autodafé (Glaubensakt) in Yucatán. Tausende von Kunstgegenständen und Schriften der Maya werden verbrannt. 4500 Maya werden gefoltert, 158 bei Verhören getötet.

1569–1581 Die Reformen von Viceroy Toledo gestalten den Kolonialstaat neu und schaffen für die folgenden 200 Jahre ein System, welches die Tributpflicht (Pro-Kopf-Steuer, die jeder dazu Befähigte zahlen muß), die sogenannte *mit'a* (Zwangsarbeit in den Minen) sowie die Zwangsumsiedlung der andinen Bauern in *reducciones* umfaßt.

1560–1580 *Takiy onkoy* (Tanzkrankheit) – religiöse Bewegung der Indianer in den südlichen Anden. Sie predigt die Ablehnung spanischer Bräuche und ruft zur Rückkehr zum vor-inkaischen Kult der Ahnenverehrung *Wak'as* auf.

1500–1680 *Extirpación de Idolatrías* – offizielle Kampagne in den Anden gegen indigene Glaubensvorstellungen. Ab 1540: Erste indigene Riten und Zeremonien werden ausgemerzt. 1551: Der erste Konziliare Rat von Lima erklärt, daß alle Nicht-Christen unter den Indianern dazu verdammt seien, in der Hölle zu enden. Zu Beginn des 17.Jahrhunderts erzielt die Kampagne nur begrenzte Erfolge, andine durch christliche Glaubensvorstellungen zu ersetzen. Frühes 17. Jahrhundert: Der Erzbischof von Lima plant, jegliche Überreste der andinen religiösen Vorstellungen und Praktiken aufzuspüren und zu beseitigen. Die Kampagne verliert an Nachdruck, was zum Teil auf eine veränderte Sichtweise in Europa zurückgeführt werden kann.

1600 Mindestens 15 große Epidemien haben die uramerikanische Bevölkerung bis zu diesem Zeitpunkt auf ein Zehntel der Größe reduziert, die sie noch vor 1492 besaß.

1607 Die erste feste englische Siedlung Nordamerikas Jamestown (Virginia) wird gegründet, in einem Gebiet, das von den Powhatan beherrscht wird. Sporadische Zusammenstöße sind an der Tagesordnung. In einem Fall verursacht der Gouverneur Thomas Dale einen Krieg mit den Indianern, indem er Pocahontas, die Tochter des Powhatan-Häuptlings, entführen läßt.

1609 Holländische Siedler gründen die Kolonie Nieuw Amsterdam. Einige Zeit später tauschen die Manhattan, ein Mitglieds des indianischen Stammesbundes der Wappinger, die Insel Manhattan gegen Waren ein, die Berichten zufolge nur einen Wert von 24 Dollar besaßen.

1620 Die Pilgerväter gehen am Cape Cod an Land und gründen ihre Siedlung Plymouth in einem Gebiet, das kurz zuvor von seinen Indianern entvölkert wurde, als diese an einer von europäischen Händlern eingeschleppten Seuche starben.

1637 Britische Kolonisten töten nahezu den gesamten Stamm der Pequot in Connecticut.

1645 Die Holländer stellen vermutlich die erste europäische Macht dar, die formellen Handel mit Indianern, nämlich den Mohawk, betreibt.

1675/76 Metacom, ein Häuptling der Algonquin, führt den blutigsten Kampf der Indianer gegen europäische Siedler an, den es bisher in der Geschichte Neuenglands gegeben hat.

1695 Das Gold, das in Minas Gerais (Brasilien) entdeckt wird, lockt Zehntausende von Goldschürfern an und zerstört so das Stammesleben der dort ansässigen Indianer.

1697 Die Spanier nehmen den Maya-Staat Tayasal im Petén-Dschungel für sich ein.

1744 Der Irokesenbund dient in seiner Struktur als Vorbild für die entstehenden Kolonisten-Staaten, aus denen sich schließlich die Vereinigten Staaten entwickeln.

1740–1760 Juan Santos Atawallpa, ein Mestize, der die Abstammung von den Maya für sich beansprucht, setzt einen militärischen Feldzug in Bewegung, der die Kolonialherren aus einem Gebiet des zentralen andinen Hochlandes vertreibt. Kein endgültiger Sieg; die Kolonialherren errichten infolgedessen ein militärisches Festungssystem, um eine weitere Verbreitung von Aufständen zu verhindern.

1751 Die Kayapó-Indianer greifen die brasilianische Stadt Goias an.

1761 In Cisteil nahe bei Chichén Itzá (Mexiko) Rebellion der Maya gegen die Spanier.

1763 Der indianische Widerstand gegen britische Siedlungen in Neuengland zwingt die englische Krone dazu, eine offizielle Erklärung abzugeben, die die koloniale Besiedlung in den »für Indianer vorbehaltenen Gebieten« verbietet – eine rechtliche Grundlage für die Urbevölkerung, Land und Ressourcen sowie ihre Rechte in den USA und in Kanada einzuklagen.

1776 Unabhängigkeit der Vereinigten Staaten.

1780 Im südlichen Hochland der Anden kommt es zu Bürgerkriegen. In Chayanta (heute Bolivien) bricht eine scheinbar spontane Revolte aus, um den indianischen *cacique* (Anführer) Tomás Katari zu befreien, der nach einem Streit mit lokalen Autoritäten ins Gefängnis kam.

November 1780 Tupaq Amaru II. führt eine gutorganisierte Rebellion bei Qosqo (Cuzco) an.

1781 Tupaq Katari, ein Indianer aus Sikasika (Bolivien), belagert La Paz von März bis Oktober; während dieser Zeit stirbt ein Viertel der Stadtbevölkerung. Tupaq Katari wird später von Kolonialbehörden hingerichtet.

1780–1800 Die Bourbon-Reformen treten in Kraft. Die spanische Krone und Limas Führungselite wollen angesichts des wachsenden Schuldendrucks und der Handelsstagnation die Effizienz der marktorientierten Ausbeutung vergrößern. Die Reformen schaffen sogenannte *corregidores*, Provinzverwalter, die sich in der Praxis als skrupellose Ausbeuter von Land und Arbeit der Indianer beim *repartimiento de mercancías* (Verteilung von Gütern, die die Indianer erzwungenermaßen kaufen müssen) herausstellen.

1801 Indianer-Rebellion in Nayarit (Mexiko).

1808–1828 Die Kreolen (in Amerika geborene Menschen spanischer Abstammung) bilden in ganz Lateinamerika Unabhängigkeitsbewegungen. Die neuen Republikaner betrachten Indianer generell als Hindernisse auf dem Weg zur Modernisierung und versuchen, die Gewalt über ihr Land zu gewinnen.

1820–1840 Unabhängigkeit der meisten lateinamerikanischen Länder von der spanischen Krone.

1821 Nach zwölf Jahren Arbeit stellt Sequoyah, ein Cherokee-Handwerker ohne Schulbildung, mit dem englischen Namen George Guess, sein Cherokee-Alphabet von 86 Schriftzeichen fertig, das bald danach für Zeitungen, Bücher und offizielle Schreiben verwendet wird.

1830 Durch den *Indian Removal Act* werden innerhalb der folgenden zehn Jahre 100 000 Indianer, besonders die Cherokee und Seminolen, von ihrem Land vertrieben.

1838 *Trail of Tears* – 16 000 Cherokee marschieren von Georgia nach Oklahoma. Fast ein Viertel von ihnen erfriert oder verhungert.

1847/48 Maya-Indianer rebellieren gegen Siedlungsbesitzer in Yucatán (Mexiko).

1850 *Kastenkrieg* – Abschaffung des gemeinschaftlichen Landbesitzes in Kolumbien.

1851 In Nordamerika wird der erste Schritt für ein Reservationssystem eingeleitet. Den Stämmen der nördlichen Prärie werden pro Jahr 50 000 Dollar einschließlich Waffen dafür geboten, daß sie sich von den Gebieten der Einwanderer fernhalten und sich nur noch in den für sie bestimmten Gebieten aufhalten.

1854 35 Jahre des unerbittlichen Krieges zwischen US-Armee und Lakota nehmen ihren Anfang.

1861 Benito Juárez, ein zapotekischer Rechtsanwalt, der bis zu seinem zwölften Lebensjahr kein Spanisch sprach, wird Mexikos erster ordentlich gewählter ziviler Präsident.

1862 Großer Aufstand der Sioux in Minnesota (USA). Santee-Krieger töten Hunderte von weißen Siedlern.

1864 Massaker am Sand Creek. 28 Männer und 105 Frauen der Cheyenne und Arapaho werden von US-Soldaten getötet.

1868 Der Sioux-Vertrag überschreibt den indigenen Völkern alle ungenutzten Ländereien der US-Bundesstaaten.

1871 Der *US Indian Appropriation Act* erklärt folgendes: »Indianische Völker und Stämme werden innerhalb des Gebietes der Vereinigten Staaten weder als unabhängige Nation oder Macht noch als eigenständiger Stamm anerkannt, mit dem man auf vertraglicher Basis verhandeln könnte.«

1874 Mit einem Enteignungsgesetz wird in Bolivien die Abschaffung der *ayllu* beschlossen, der Grundeinheit andiner Gesellschaften, die auch gemeinschaftlichen Landbesitz umfaßt. Sie wird durch das System des individuellen und privaten Eigentums ersetzt. Der große Widerstand gegen die Reformen führt dazu, daß das Gesetz 1902 widerrufen wird.

1876 Schlacht am Little Big Horn – Die US-Armee von General Custer wird von den Indianertruppen unter der Führung von Sitting Bull und Crazy Horse vernichtend geschlagen.

1880 Der *Canadian Indian Act* beraubt die Indianer ihrer meisten Ländereien und isoliert sie von der weißen Gesellschaft. Er unterteilt sie außerdem in Inuit, Status-Indianer und Nicht-Status-Indianer.

1884 Die Mapuche-Indianer werden nach dem Sieg der chilenischen Armee zusammengetrieben und in einem Gebiet angesiedelt, das nur fünf Prozent der Fläche ihres ursprünglichen Stammeslandes umfaßt.

1887 Der *Dawes Act* oder auch *General Allotment Act* zerstört in den USA das für das gesellschaftliche Überleben der Indianer so wichtige System des Gemeinschaftsbesitzes. Das Land der Indianer wird in einzelne Parzellen von ungefähr 65 Hektar aufgeteilt; der »Überschuß« an Land wird von der Regierung in Form eines Ausverkaufs an Weiße verteilt.

1889 Die *Ghost Dance*-Bewegung verbreitet sich schnell über die Indianerreservationen der gesamten USA. Die Indianer glauben, daß der heilige Tanz die Ankunft der Neuen Welt beschleunigt, in der es keine Weißen mehr gibt, die verstorbenen Ahnen zu neuem Leben erwachen und die Büffel in die Prärien zurückkehren.

1890 Massaker von Wounded Knee in South Dakota – Mehr als 200 Sioux werden umzingelt und von einer Einheit der US-Kavallerie getötet.

1894 In Südamerika beginnt der Kautschuk-Boom einzusetzen, der für die Dschungelvölker in Brasilien, Bolivien, Kolumbien, Peru und Venezuela verheerende Auswirkungen mit sich bringt. Allein in den folgenden 25 Jahren sterben in Kolumbien 40 000 Indianer bei der Kautschukernte.

Ende 19. Jh. Große Welle von Landnahmen in Peru und Bolivien. In den späten zwanziger Jahren dieses Jahrhunderts haben die *haciendas,* landwirtschaftliche Großgrundbesitztümer, nahezu das gesamte Land, das noch im 19. Jahrhundert von Indianern bewirtschaftet wurde, übernommen.

1910 Die Indianer kämpfen während der Mexikanischen Revolution um ihr Land, das sie einst an die Spanier verloren haben. Trotzdem werden die Rechte der Indianer auch nach der Revolution weitgehend ignoriert.

1919 Emiliano Zapata, Nahuatl-sprechender Bauer und Guerrillaführer, Verfechter der Agrarreform und radikaler Wortführer während der Mexikanischen Revolution, wird ermordet.

Ab 1920 Der *Indigenismo* erscheint als politische Bewegung auf der Bildfläche. Es handelt sich um eine kraftvolle intellektuelle und politische Bewegung mit wichtigen Beratern wie José Carlos Mariátegui und Víctor Raúl Haya de la Torre, dem Gründer der APRA-Partei in Peru.

1932 Die indigenen Völker in El Salvador bilden bei der Niederschlagung eines Bauernaufstandes, die 30 000 Menschenleben fordert, die wichtigste Zielscheibe.

1934 Der *Reorganization Act* gibt den indianischen Stämmen der USA die Souveränität zurück und überträgt den Stammesführern die Vollmacht, eigene Verfassungen aufzustellen und sowohl die gesetzliche als auch die finanzielle Kontrolle über die Reservationen auszuüben. Die Aufteilung von Stammesland in einzelne Parzellen kommt ebenfalls zum Stillstand.

1934 In den USA wird der *Dawes Act* von 1887 aufgehoben. In dem dazwischenliegenden Zeitraum haben die indigenen Völker der USA zwei Drittel ihres Landes verloren.

1940 In Pátzcuaro (Mexiko) wird der erste Interamerikanische Indigenistenkongreß abgehalten, auf dem die überall verbreitete staatliche Integrationspolitik diskutiert wird.

1952 Bolivianische Revolution, angeführt von der nationalrevolutionären Bewegung MNR, einem populistischen Bündnis, das 1952/53 durch den Einfluß bewaffneter Minenarbeiter und indianischer Bauern zu einer Bewegung der Linken wird. Das MNR stimmt zwar der Verstaatlichung von Zinnminen und der Enteignung von Hochland-*haciendas* zu, die Agrarreformen von 1953 teilen das Land trotzdem in Tausende einzelner Parzellen auf, was für viele Gemeinschaften die Isolation bedeutet.

1964 In Ecuador schließen die Stämme der Shuar und Achuar ein indigenes Bündnis.

1968 In Peru ergreifen linke Militäroffiziere die Macht und propagieren einen »militärischen Sozialismus«. Eine Agrarreform fordert die Oligarchie (Alleinherrschaft) im Hochland heraus. Die Militärjunta erhebt Quechua zur offiziellen Sprache. Die Reformen betonen die Gemeinschaft, doch Probleme wie fehlende finanzielle Mittel, die schwache Infrastruktur und die Machenschaften der Grundbesitzer schmälern ihre Erfolge maßgeblich.

1969 Brasilianische Regierungsbehörden werden beschuldigt, einen biologischen Krieg gegen Indianer zu führen.

1969 Das *American Indian Movement* entsteht aus einer indigenen Ghettogemeinschaft in Minneapolis (USA).

1971 In Kolumbien wird die indigene Organisation CRIC (Indigener Regionalrat von Cauca) von 2000 Páez, Coconucos und Guambianos gegründet.

1973 Während der 71tägigen Belagerung von Wounded Knee, dem Ort des Massakers von 1890, sterben zwei Mitglieder des *American Indian Movement* bei bewaffneten Kämpfen.

1973 Die Katarista-Organisation in Bolivien veröffentlicht das Manifest von Tiawanaku, das von vier indigenen Organisationen in La Paz ausgearbeitet worden ist. Es beginnt mit einem Zitat des Inka Yupanqui, in dem er folgendes über die Spanier sagt: »Ein Volk, das ein anderes unterdrückt, kann niemals frei sein.« Die Bewegung betont in Sprache und Symbolik ihren ethnischen Charakter, um zu verdeutlichen, daß sie im Kampf gegen die Ausbeutung gleichermaßen Indigene wie auch eine soziale Schicht vertritt. Mit ihrem Namen bezieht sie sich in ihrer Arbeit auf Tupaq Katari, der ebenfalls für indigene Rechte gekämpft hatte.

1974 Die Dene geben eine Erklärung ab, die mit folgenden Worten beginnt: »Die Regierung Kanadas ist nicht die Regierung der Dene.«

1977 Verurteilung des von vielen als unschuldig erachteten Leonard Peltier, einem Mitglied des *American Indian Movement,* zu zweimal lebenslänglicher

Haft. Die Proteste gegen diese Strafe geben den Anstoß für den erneuten indigenen Widerstand der achtziger Jahre.

1979 Die Erklärung der Haudenosaunee (Irokesenbund der Sechs Nationen) verkündet, daß es sich bei ihm um »eine der ältesten ohne Unterbrechung amtierenden Regierungen der Welt« handelt.

1979 Die Militärdiktatur von General Pinochet in Chile erläßt ein Gesetz, das die Aufteilung des Landes der Mapuche-Indianer vorantreibt.

1980 Eine Untersuchung in den USA zeigt, daß 28 Prozent der 1,75 Millionen Indianer, Inuit und Aleuten des Landes unter der Armutsgrenze leben.

1980-1984 Durch konterrevolutionäre Maßnahmen der guatemaltekischen Armee werden 440 Dörfer (hauptsächlich der Maya) zerstört, 40 000 Menschen getötet und eine Million Menschen aus ihrer Heimat vertrieben.

1983 Mario Juruna, ein Xavánte, wird der erste indigene Kongreßabgeordnete Brasiliens.

1984 Die Guambiano- und Páez-Indianer gründen in Kolumbien die Guerrillaorganisation *Comando Quintín Lame,* um weitere Beschlagnahmungen ihres Landes zu verhindern. *Quintín Lame* wird zur einzigen bewaffneten indigenen Macht der jüngeren Geschichte Amerikas.

1984 COICA, die Organisation indigener Völker des Amazonasbeckens und gleichzeitig die größte indigene Organisation ganz Amerikas, wird gegründet.

1984 In Nordkanada erhalten die Inuvialuit von der kanadischen Regierung die Kontrolle über ein fast 35 000 Quadratkilometer großes Erdölgebiet. Sie bauen daraufhin eine eigene Erdölgesellschaft auf, die *Inuvialuit Petroleum Corporation.*

1985 In Accomarca, einer Stadt im Bezirk Ayacucho, werden 70 Quechua, darunter Frauen und Kinder, von der peruanischen Armee getötet. Das Massaker steht für eines von vielen dieser Art, die während des konterrevolutionären Krieges gegen die Guerrilla des »Leuchtenden Pfads« im Hochland Perus stattfinden.

1985 Als sie durch einen Vertrag mit nur einem Prozent am Produktionserlös beteiligt werden, erzwingen Krieger der Kayapó in Brasilien die vorübergehende Stillegung der María-Bonita-Mine. Mit Hilfe des brasilianischen Militärs vertreiben sie mehr als 5 000 Minenarbeiter von ihrem Arbeitsplatz. Die Kayapó erklären sich nur unter der Bedingung der Demarkation ihres Gebiets durch die brasilianische Indianerbehörde FUNAI bereit, das Bergwerk wieder zu öffnen. Im Mai unterzeichnen sie einen Vertrag, der ihnen ein drei Millionen Hektar großes Gebiet zuspricht. Als feststeht, daß die Indianer in Zukunft mit fünf Prozent am Gewinn beteiligt werden, nimmt die Mine wieder ihren Betrieb auf.

1987 Inmitten des von den USA unterstützten Krieges der *Contras* gegen die sandinistische Regierung wird Nicaragua mit dem von der Nationalversammlung einstimmig verabschiedeten Autonomiegesetz zum ersten Land Amerikas, das seine multiethnische Natur anerkennt. Das neue Gesetz garantiert die von den Sumos, Ramas und Miskitos der Atlantikküste geforderten kulturellen und religiösen Rechte sowie die Freiheit, die indigene Sprache verwenden zu dürfen. Das Gesetz erkennt zudem an, daß die neuen Rechte erst dann richtig ausgeübt werden können, wenn die indigenen Minderheiten über ökonomische Grundlagen verfügen, die nicht nur das Überleben, sondern auch Wachstum und Entwicklung gewährleisten.

1988 Die Kuna aus Panama stellen in dem 26seitigen Heft *Research Program: Scientific Monitoring and Cooperation* Regelungen für Forscher und Wissenschaftler zusammen, die sich in ihrem Gebiet aufhalten. Sie fordern darüber hinaus, daß die betreffenden Wissenschaftler über ihre Forschung Bericht erstatten und Mitglieder der Kuna als Assistenten, Führer und Informanten beschäftigen, um »Wissen und Technologien zu vermitteln und Kuna als Wissenschaftler auszubilden«.

1988 Brasiliens neue Verfassung, die ein ganzes Kapitel zu indigenen Völkern enthält, wird verabschiedet. Die Verfassung erkennt sowohl die Existenz kollektiver Rechte und sozialer Organisationen der Indianer als auch ihre Praktiken, Religionen, Sprachen und Glaubensvorstellungen an. Sie überträgt den Gemeinschaften das Recht, ihre Meinungen über die Ausbeutung natürlicher Ressourcen zu äußern und ihre Einwände auch vor Gericht zu bringen. Vor allem enthält die Verfassung eine fünfjährige Frist für die Demarkation der offiziell anerkannten indigenen Gebiete, deren Ende für Oktober 1993 vorgesehen ist. Doch letztendlich sind Ende 1993 erst weniger als die Hälfte der über 500 Gebiete demarkiert worden.

1988–1995 Malaria und Grippe befinden sich unter den von Nicht-Indianern eingeschleppten Krankheiten, an denen 21 Prozent der Yanomami im Amazonasgebiet sterben.

1989 Die Konvention 169 zu Indigenen und Stammesvölkern der Internationalen Arbeitsorganisation wird verabschiedet. Es handelt sich bei ihr um die einzige aktuelle, die Rechte der indigenen Völker betreffende Konvention. Seit Inkrafttreten im September 1991 ist sie bis 1996 von nur sechs Regierungen in ganz Amerika unterzeichnet worden.

1990 In Kanada verhindert der Cree-Ojibwa-Politiker Elijah Harper eine Verfassungsvereinbarung mit Quebec und ebnet den indigenen Völkern des Landes damit den Weg zu neuen Verhandlungen für eine Verfassung, die den Ureinwohnern das »unveräußerliche Recht zur Selbstverwaltung« einräumt.

1990 Die Kayapó berufen eine internationale Versammlung in Altamira ein, um gegen das Staudammprojekt in ihrem Gebiet zu protestieren. Vertreter des brasilianischen Energiekonzerns Eletronorte teilen sich das Podium mit Kayapó-Häuptlingen, um vor einem Publikum aus 650 indigenen Vertretern 40 verschiedener Nationen und 400 ausländischen Journalisten zu sprechen. Im folgenden Monat kündigt die Weltbank an, die Staudämme nicht mehr länger zu finanzieren.

1990 Protestierende Mohawk-Indianer nehmen an einer elfmonatigen Besetzung in Oka (Quebec) teil.

1990 *Marsch für Boden und Würde* in Bolivien. 800 Moxeños, Yuracarés, Chimanes und Guaranís brechen von der Stadt Trinidad (in 237 Meter Höhe) im Amazonasbecken zu einem 530 Kilometer langen Fußmarsch in die bolivianische Hauptstadt La Paz (in 3 636 Metern Höhe) im Hochland auf. Sie protestieren dagegen, daß die Regierung bei der rücksichtslosen Ausbeutung der Mahagoni-Bestände in einem 160 000 Hektar großen Waldstreifen der Chimanes tatenlos zusieht. Sie tragen ein Transparent mit der Aufschrift »Marsch für Boden und Würde«. Als sie die Bergpässe erklimmen, die das Hoch- und Tiefland Boliviens miteinander verbinden, kommen ihnen Tausende von Quechua und Aymara entgegen, um sie anzuspornen oder am Marsch teilzunehmen.

1990 160 Mitglieder der CONAIE, der Konföderation Indigener Nationalitäten von Ecuador, besetzen die Kathedrale Santo Domingo inmitten der Altstadt der ecuadorianischen Hauptstadt Quito, um die Beilegung der Landstreitigkeiten in sechs Hochlandprovinzen zu fordern. Die Aktion löst landesweite Proteste aus, bei denen Straßen blockiert, Vertreter der lokalen Behörden und der Polizei als Geiseln genommen und Gebiete besetzt werden. Als das Land regelrecht lahmliegt, ist die Regierung bereit, über die 16 Forderungen der CONAIE nach kulturellen Rechten zu verhandeln.

1990 Die Einwohner der indigenen Stadt Santiago Atitlán in Guatemala erreichen den Abzug der Armee, nachdem ein Massaker der Truppen 13 Bewohnern das Leben kostete. Während der zehnjährigen Besatzung durch die Armee wurden insgesamt 268 Atitecos getötet während eine weitaus größere Anzahl von ihnen »verschwand«.

1991 Im Vorfeld des 500jährigen Jubiläums von Columbus' Ankunft in Amerika treffen sich über 500 Vertreter indigener Gruppen aus 27 verschiedenen Ländern in Guatemala.

1991 Kolumbien räumt der indigenen Bevölkerung durch seine neue Verfassung so umfassende Rechte ein wie kein anderes Land Amerikas.

1992 Breite Proteste gegen die 500-Jahr-Feiern von Columbus' Ankunft in Amerika. Rigoberta Menchú Tum, eine Maya-Menschenrechtsaktivistin, erhält den Friedensnobelpreis.

1992: Ungefähr 90 der 230 Indianerstämme, die noch um die Jahrhundertwende im Amazonasgebiet lebten, existieren nicht mehr.

1993 UN-Jahr Indigener Völker – Die UN-Arbeitsgruppe Indigene Bevölkerungen legt der UN-Unterkommission zur Verhütung von Rassendiskriminierung und zum Schutz von Minderheiten einen Entwurf einer universellen Erklärung der Rechte indigener Völker vor.

1993 Als Präsident Gonzalo Sánchez de Lozada Bolivien für eine Dienstreise verläßt, wird der Vizepräsident Víctor Hugo Cárdenas zum ersten Indigenen ganz Amerikas, der seit Benito Juárez die Regierung eines Landes übernimmt.

1993 Auf dem Fluß Ene im Amazonasgebiet von Peru töten Guerrilleros des »Leuchtenden Pfads« ungefähr 60 Ashaninka-Indianer als Vergeltung dafür, daß diese durch die Organisation von Zivilpatrouillen in ihrem Gebiet mit der Führungsgewalt kooperieren.

1993 Um die Erdölproduktion bis 1996 zu verdoppeln, stellt die Regierung Ecuadors eine Fläche von 8000 Hektar für Probebohrungen zur Verfügung, nach ihrer Aussage »unterentwickelte Gebiete«. Tatsächlich handelt es sich jedoch zum großen Teil um das Land indigener Gruppen.

1993 Die kanadische Kommission für Menschenrechte veröffentlicht einen Bericht, der zu dem Ergebnis kommt: »Die Mushuau-Innu sind eindeutig die Opfer eines Ethnozids und kulturellen Völkermords.« Der Bericht zeigt deutlich die Schuld der Regierungen Kanadas und Neufundlands.

1993 Ein Team von US-Juristen reicht vor einem New Yorker Gericht eine 1,5-Milliarden-Dollar-Zivilklage von 30 000 ecuadorianischen Indianern gegen den Ölkonzern Texaco ein. Gefordert wird, daß Texaco »den verursachten Schaden an Mensch und Umwelt wiedergutmacht«, den er in Ecuador durch die 20 Jahre andauernde Erdölförderung angerichtet hat. Aufgrund des internationalen Drucks erklärt sich Texaco bereit, Mittel für die Beseitigung der entstandenen Schäden im Regenwald bereitzustellen.

Januar 1994 Das überwiegend indianische Zapatistische Nationale Befreiungsheer (EZLN) besetzt vier Städte in Chiapas (Mexiko).

1995 Beginn des UN-Jahrzehnts der Indigenen Völker.

1996 Abkommen von San Andrés über indianische Rechte und Kultur zwischen EZLN und der mexikanischen Regierung, das jedoch von letzterer nicht eingehalten wird.

1996 Friedensabkommen zwischen UNRG-Guerilla und guatemaltekischer Regierung. Ende des 35jährigen Bürgerkriegs, dessen Opfer vor allem Maya waren.

1997 Brasiliens Ureinwohner erhalten ein Tausendstel ihres Landes zurück. Präsident Cardoso unterzeichnet ein Dekret, das die Territorien von 23 Amazonasvölkern festlegt.

1998 »Versöhnungserklärung« – Erstmals entschuldigt sich die kanadische Regierung offizell bei den Ureinwohnern für das ihnen seit Jahrhunderten angetane Unrecht.

1999 Der östliche Teil der kanadischen Northwest Territories wird als Nunavut Territory zum selbstverwalteten Gebiet der dort lebenden Inuit.

1999 Mit einer Wahlbeteiligung von weniger als 20 Prozent wird in Guatemala eine Verfassungsreform abgelehnt, die der indianischen Bevölkerung mehr Rechte gegeben hätte. Ein Kernstück des Friedensprozesses ist damit gescheitert.

2002 Ausschluß des Abgeordneten und Anführers der Koka-Bauern, des Aymara Evo Morales, aus dem bolivianischen Parlament führt zu schweren Unruhen im Land.

Die indigenen Völker Amerikas

Die Angaben stammen aus der Untersuchung *Ethnologue: Languages of the World,* herausgegeben von Barbara F. Grimes (12. Auflage, Dallas 1992). Aus Platzgründen werden nur indigene Gruppen mit einer Bevölkerung von mehr als 1000 aufgeführt. Die Angaben in Klammern beziffern - falls bekannt - die Anzahl der Menschen, die noch die Sprache dieser Gruppe sprechen.

▪ Argentinien

Chiriguano 15 000
Chorote 2 300
Mapudungun 40 000
Mocoví 3 000–4 000
Pilagá 2 000
Quechua 855 000
Quichua 75 000
Toba 15 000–20 000
Wichí Lhamtés Vejoz 25 000

▪ Belize

Kekchí 10 000–20 000
Mopán Maya 6 000
Yucateco 5 800

▪ Bolivien

Aymara 1 785 000
Ayoreo 1 000–1 500
Cavineña 1 000
Chipaya 1 000
Chiquitano 20 000
Chiriguano 15 000
Guaraní 1 000–3 000
Guaruyu 5 000
Ignaciano 4 000
Movima 1 000
Quechua 2 899 000
Reyesano 1 000
Tacana 3 500
Trinitario 5 000

Tsimané 5 500
Wichí Lhamtés Nocten 1 427
Yuracare 2 500

▪ Brasilien

Apurinã 1 500
Baniwa 5 460
Bora 1 500–2 000
Canela 2 500
Chiripá 2 500
Curripaco 340–1 500
Desano 1 586
Fulnió 1 526–3 500
Gavião do Jiparaná 1 070–1 615
Guajajára 10 000
Guaraní 26 000 (942 500–943 000)
Hupdë 1 580
Kaingang 18 000
Kaiwá 12 000–14 000
Karajá 2 700
Katukína, panoan 1 000
Kayapó 2 208
Krahô 1 200
Makuxí 3 800
Mundurukú 1 700
Nhengatu 3 000
Pakaásnovos 990–1 147
Potiguára 4 000
Sateré-Mawé 5 000
Terêna 15 000
Ticuna 12 000
Tucano 2 631

Waiwai 886-1 058
Wapishana 1 500
Xavánte 7 500
Yanomami 16 000

■ Chile

Aymara 20 000 (einige)
Huilliche 156 000 (einige tausend)
Mapudungun (Mapuche) 400 000
   (200 000)
Rapanui 2 200 auf den Osterinseln,
   200-300 auf dem Festland

■ Costa Rica

Boruca 1 000 (5)
Bribri 5 000
Cabécar 3 000

■ Ecuador

Achuar-Shiwiar 2 000
Chachi 5 000
Colorado 1 800
Quichua 1 456 000-1 479 000
Shuar 30 000-32 000

■ El Salvador

Kekchí 12 300
Lenca 36 858
Pipil 196 600 (20)

■ Französisch Guayana

Aukaans 6 000-8 000
Kahlina 1 200

■ Grönland

Inuit 40 000

■ Guatemala

Achí 55 000
Aguacateco 16 700

Cakchiquel 442 600
Chortí 31 500
Chuj 41 600
Ixil 52 900
Jacalteco 37 300
K'iche' 886 900
Kekchí 335 800
Mam 430 800-445 800
Mopán Maya 2 600
Pokomam 40 400
Pokomchí 54 100
Q'anjob'al 49 000
Sacapulteco 36 800
Sipacapense 6 000
Tacaneco 20 000
Tectiteco 2 600
Tzutujil 81 900
Uspanteco 2 000

■ Guyana

Akawaio 3 000-4 000
Arawak 5 000 (1 500)
Makuxí 1 300
Patamona 3 000-4 000
Waiwai 886-1 058
Wapishana 9 000

■ Honduras

Lenca 50 000 (wenige)
Miskito 10 000

■ Kanada

Abnaki-Penobscot 1 800 inkl. USA (20)
Algonquin 5 000 (3 000)
Assiniboine 3 500 inkl. USA (150-200)
Atikamekw 3 255 (3 255)
Babine 2 200 (1 600)
Blackfoot 15 000 inkl. USA (9 000)
Carrier 2 600 (2 000)
Cayuga 3 000 inkl. USA (380)
Chilcotin 1 800 (1 200)
Chipewyan 5 000 (4 000)

Cree 64 000 inkl. USA (46 700)
Dakota 23 000 inkl. USA (19 000)
Dogrib 2 300 (2 300)
Gwich'in 2 600 inkl. USA (1 500)
Haida 2 000 inkl. USA (295)
Haisla 1 000 (250)
Halkomelem 6 700 (500)
Heiltsuk 1 200 (450)
Inuit 33 000 (18 840)
Kutenai 1 500 inkl. USA (100)
Kwakiutl 3 300 (1 000)
Lakota 20 000 inkl. USA (6 000)
Lilooet 2 800 (300–400)
Malecite-Passamaquoddy 3 000 inkl.
    USA (1 500)
Micmac 11 000 (6 000)
Mohawk 10 000 inkl. USA (3 000)
Montagnais 9 000 (7 000)
Nass-Gitskian 5 000 (2 500)
Nootka 3 500 (500)
Ojibwa 93 000 inkl. USA (51 000)
Okanagan 3 000 inkl. USA (500)
Onandaga 1 500 inkl. USA (100)
Oneida 7 000 inkl. USA (250)
Potawatomi 7 500 inkl. USA (500)
Salish 3 000 (30)
Seneca 8 000 inkl. USA (200)
Shuswap 6 500 (500)
Slavey 5 000 (4 000)
Squamish 2 300 (20)
Stoney 3 200 (1 000–1 500)
Thompson 3 000 (500)
Tlingit 9 500 inkl. USA (2 000)
Tshimshian 4 000 inkl. USA (1 435)
Tuscarora 1 000 inkl. USA (30)
Tutchone 1 500 (450)
Wyandot 2 500 inkl. USA (0)

■ Kolumbien

Camsá 4 000
Catío 15 000–20 000
Chamí 9 000

Cogui 3 000–5 000
Cuaiquer 20 000
Cubeo 5 000
Cuiba 2 000
Curripaco 2 000–2 500
Embera 2 000
Epena Saija 3 500
Guahibo 15 000
Guajiro 82 000
Guambiano 9 000
Huitoto 3 000–4 000
Ica 5 272
Inga 11 000–16 000
Koreguaje 1 750
Motilón 1 500–2 000
Nhengatu 3 000
Páez 40 000
Palenquero 2 500
Piapoco 3 000
Puinave 2 000
Sáliba 2 000
Tadó 1 000
Ticuna 4 000
Tucano 2 000
Tunebo 1 800
Waumeo 3 000
Yucuna 800–1 000
Yukpa 2 500

■ Mexiko

Amuzgo 31 800–34 500
Chatino 37 500–39 200
Chichimeca 2 200–3 200
Chicomuceltec 1 500
Chinanteco 61 300–65 900
Chocho 2 500
Chol 85 000–90 000
Chontal 39 000–50 000
Chuj 2 000–3 000
Cora 15 000
Cuicateco 21 000–27 000
Huarijío 3 000–5 000

Huasteco 73 300
Huave 21 000–23 000
Huichol 12 500
Jacalteco (westliche) 1 000
Mam 11 000
Matlatzinca 2 000–2 200
Mayo 50 000
Mazahua 250 000–400 000
Mazateco 160 200–215 200
Mixe 89 500–92 500
Mixteco 256 000–276 000
Nahuatl 1 743 500–1 759 100
Otomí 184 500–221 500
Pame (zentrale) 4 350
Pima bajo 2 000
Popoloca 27 500–28 500
Popoluca 38 100–38 200
Tarahumara 35 600–50 600
Tarasco 57 000–60 000
Tectiteco 1 000
Tepehua 8 000–14 500
Tepehuan 14 000–19 000
Tlapaneco 40 000
Tojolab'al 12 000–14 000
Totonaco 256 500–268 800
Trique 16 000
Tzeltal 45 000
Tzotzil 135 000
Yaqui 12 000
Yucatec 914 200–934 200
Zapotec 506 700
Zoque 17 200–18 200

■ Nicaragua

Miskito 150 000
Monimbo 10 000 (0)
Subtiaba 5 000 (0)
Sumo 6 700

■ Panama

Buglere 2 500
Embera 7 000–8 000

Guaymí 70 000
Kuna 45 000–50 000
Teribe 1 500–2 000
Waumeo 3 000

■ Paraguay

Angaite 4 000
Ayoreo 3 000
Chamococo 1 800
Chiriguano 2 000
Chiripá 7 000
Chulupí 18 000
Guaraní 35 000 (3 068 000)
Lengua 10 000
Maca 1 000
Pai Tavytera 10 000–12 000
Sanapaná 2 900
Tapieté 1 800
Toba-Maskoy 2 500

■ Peru

Achuar-shiwiar 3 000–3 500
Aguaruna 25 000–30 000
Amahuaca 500–1 500
Amuesha 4 000–8 000
Aymara 300 000–500 000
Bora 1 000–1 500
Campa 29 000–37 000
Candoshi-Shapra 3 000
Cashibo-Cacataibo 1 000–1 500
Cashinahua 850–1 200
Chayahuita 6 000
Cocama-Cocamilla 15 000–18 000
Huambisa 6 000–10 000
Huitoto 1 200–1 500
Jaqaru 2 000
Jebero 2 300–3 000
Machiguenga 6 000–8 000
Nomatsiguenga 2 500–4 000
Piro 1 700–2 500
Quechua 3 318 900–3 350 900
Quichua 8 000–10 000

Shipibo-Conibo 11 300–15 000
Ticuna 6 000
Urarina 2 000–3 500
Yagua 3 000–4 000
Yaminahua 700–1 100

▦ Surinam

Arawak 2 000 (700)
Aukaans 25 000
Kalihna 2 500

▦ USA

Abnaki-Penobscot 1 800 inkl. Kanada (20)
Aleut 2 000 (500)
Apache 17 000 (14 300)
Arapaho 5 000 (1 500)
Arikara 1 000 (200)
Assiniboine 3 500 inkl. Kanada (150–200)
Blackfoot 15 000 inkl. Kanada (9 000)
Caddo 1 800 (300)
Cayuga 3 000 inkl. Kanada (380)
Cherokee 78 500 (22 500)
Cheyenne 5 000 (2 000)
Choctaw-Chickasaw 25 000 (12 000)
Comanche 6 000 (500)
Cree 64 000 inkl. Kanada (46 700)
Crow 7 000 (5 500)
Dakota 23 000 inkl. Kanada (19 000)
Flathead-Kalispel 3 000 (800)
Gros Ventre 1 200 (10)
Gwich'in 2 600 inkl. Kanada (1 500)
Haida 2 000 inkl. Kanada (295)
Havasupai-Walapai-Yavapai 1 500 (1 200)
Hidatsa 1 200 (100)
Hopi 6 500 (5 000)
Inuit 16 000 (7 500)
Iowa 1 000 (5)

Jemez 1 488 (1 263)
Karok 3 781 (100)
Keres 11 500 (8 000)
Kikapoo 1 500 (1 200)
Kiowa 6 000 (800)
Klamath-Modoc 2 000 (150)
Koyukon 2 200 (700)
Kutenai 1 500 inkl. Kanada (100)
Lakota 20 000 inkl. Kanada (6 000)
Luiseño 1 500 (100)
Lumbee 30 000 (0)
Lushootseed 2 000 (60)
Malecite-Passamaquoddy 3 000 inkl. Kanada (1 500)
Menomini 3 500 (50)
Mesquakie 2 500 (800)
Miami 2 000 (0)
Micmac 2 100
Miccosukee 1 200 (1 000)
Mohave 1 500 (700)
Mohawk 10 000 inkl. Kanada (3 000)
Mohegan-Montauk-Narragansett 1 400 (0)
Muskogee 20 000 (10 000)
Navaho 200 000 (130 000)
Nez Percé 1 500 (500)
Ojibwa 93 000 inkl. Kanada (51 000)
Okanagan 3 000 inkl. Kanada (500)
Omaha 2 500 (1 500)
Onandaga 1 500 inkl. Kanada (100)
Oneida 7 000 inkl. Kanada (250)
Osage 2 500 (5)
Oto 1 400 (50)
Paiute 4 000 (2 000)
Papago-Pima 20 000 *(15 000)*
Pawnee 2 000 (200)
Pomo 1 000 (100)
Ponca 2 000 (25)
Potawatomi 7 500 inkl. Kanada (500)
Powhatan 3 000 (0)
Quapaw 2 000 (0)
Quechan 1 500 (500)

Quinault 1 500 (6)
Salish 5 000 (80)
Seneca 8 000 inkl. Kanada (200)
Shawnee 2 000 (200)
Shoshone 7 000 (3 000)
Spokane 1 000 (50)
Tenino 1 000 (200)
Tewa 2 383 (1 298)
Tiwa 3 635 (2 659)
Tlingit 9 500 inkl. Kanada (2 000)
Tshimshian 4 000 inkl. Kanada
   (1 435)
Tuscarora 1 000 inkl. Kanada (30)
Unami 2 000 (10)
Ute 5 000 (2 500)
Washo 1 000 (100)
Winnebago 3 500 (1 500
Wintu 1 000 (20)
Wyandot 2 500 inkl. Kanada (0)
Yakima 8 000 (3 000)

Yaqui 5 000
Yuchi 1 500 (50)
Yupik 21 000 (16 600)
Yurok 3 000-4 500 (10)
Zuni 5 929 (4 484)

■ Venezuela

Guahibo 5 000
Guajiro 45 000
Kalihna 4 000-5 000
Mandhuaca 3 000
Maquiritari 4 970
Panare 1 200
Pemon 4 850
Piaroa 12 000
Sanumá 1 000-4 000
Warao 15 000
Yanomamö 12 000-14 000
Yaruro 2 000-3 000

Danksagungen

Die Sioux-Indianer der nordamerikanischen Prärie fühlten sich ihren Geschichtenerzählern und Chronisten stets zu besonderem Dank verpflichtet. Wenn es mir überhaupt gelungen ist, die Geschichte der indigenen Völker Amerikas zu erzählen, so habe ich zahlreichen Personen und Institutionen dafür zu danken.

Eine Reihe von Organisationen stellte die Forschungsmittel für dieses Buch zur Verfügung. Die *Norwegian Church Aid,* die *Swedish NGO Foundation for Human Rights,* ICCO, der *Calpe Trust* und das *Honduran Committee für Human Rights* hatten alle das nötige Vertrauen, diesem Buch ihre Rückendeckung zu geben, als es erst aus einem dreiseitigen Konzept bestand.

Ich möchte auch *Survival International* und *Cultural Survival* dafür danken, daß sie mir für die Nachforschungen zu diesem Buch mit ihren Bibliotheken und ihrer Sachkenntnis zur Verfügung standen.

Nach Abschluß der produktiven Phase haben viele einzelne in äußerst großzügiger Weise ihre Zeit darauf verwandt, das Manuskript zu lesen und zu kommentieren. Ich danke Julian Berger, dem Sekretär der UN-Arbeitsgruppe Indigene Bevölkerungen, Richard Wilson vom Anthropologischen Institut der Sussex University, Terry Janis vom *Indian Law Resource Centre* und Tracy Ullveit-Moe von *amnesty international.* Zu besonderem Dank bin ich Andrew Gray verpflichtet, einem ehemaligen Mitarbeiter der Internationalen Arbeitsgruppe für Indigene Angelegenheiten, der das Manuskript mehrfach gelesen und sich stundenlang mit meinen Fragen befaßt hat.

Claire Diamond, die Bibliothekarin des *Canning House* in London, forschte unermüdlich nach Büchern für mich und bewies eine sagenhafte Geduld gegenüber meinen Ausleihwünschen. Liz Morrel vom Londoner *Latin America Bureau* vollbrachte wahre Wunder bei der Fotorecherche. Duncan Green, mein Herausgeber im *Latin America Bureau,* nahm Verzögerungen, widersprüchliche Schreibweisen von Quechua-Worten und inhaltliche Ungereimtheiten gelassen hin. Mein herzlicher Dank gilt auch Emma Pearce für die erstklassige Chronologie und Auflistung der Bevölkerungen im Anhang.

Zu guter letzt, jedoch nicht minder herzlich, möchte ich all den bekannten und unbekannten indigenen Völkern danken, die mir während meiner 15jährigen Journalistentätigkeit und auf meinen Reisen quer durch Amerika ihre Zeit widmeten und ihre Sicht der Dinge mit mir teilten. Soweit es irgend möglich ist, gibt dieses Buch ihre Ansichten in all ihrer prächtigen Vielfalt wieder. Einige werden zitiert, ihre Organisationen beim Namen genannt. Andere bleiben anonym. Noch andere sind tot. Ihnen allen gilt mein liebevolles Andenken.

Phillip Wearne